건전한 성경 해석의 비결
언어의 직공이 되라
김지찬 지음

🕯생명의말씀사

언어의 직공이 되라

ⓒ 생명의말씀사 1996

1996년 3월 15일 1판 1쇄 발행
2017년 9월 18일   21쇄 발행

펴낸이 | 김재권
펴낸곳 | 생명의말씀사

등록 | 1962. 1. 10. No.300-1962-1
주소 | 서울시 종로구 경희궁1길 5-9(03176)
전화 | 02)738-6555(본사)・02)3159-7979(영업)
팩스 | 02)739-3824(본사)・080-022-8585(영업)

지은이 | 김지찬

인쇄 | 예원프린팅
제본 | 정문바인텍

ISBN 89-04-03036-6 (04230)
       89-04-18043-0 (전 4권)

저작권자의 허락없이 이 책의 일부 또는 전체를
무단 복제, 전재, 발췌하면 저작권법에 의해 처벌을 받습니다.

"자세히 읽기" 시리즈 서언

　건전한 성경 해석의 비결은 무엇인가? 그것은 한마디로 성경 본문을 자세히 읽는 것(close reading)이다. 너무나 당연한 말 같으면서도 우리는 그 동안 이 일을 등한히 여겼다. 해석이란 성경 본문의 의미에 대한 판단을 의미하는 것이라면 본문의 의미가 무엇인지를 파악하는 일이 선행되어야 한다. 그러려면 본문에 깔아놓은 저자의 의도의 단서들을 열심히 살펴야 한다. 그럼에도 불구하고 지금까지 많은 성경 해석자들은 이 작업을 소홀히 하였다. 한번의 독서에서 얻은 첫인상에 근거하여 쉽게 본문의 의미를 결정한 것이 사실이다. 미국의 신학교 교수인 고든 피(Gordon D. Fee)와 더글러스 스튜어트(Douglas Stuart)는 "대학과 신학교 강단에서 수년간 경험한 바에 의하면 많은 사람들이 본문을 잘 읽는 단순한 일도 잘하지 못하고 있다는 사실이다"라고 털어놓는다. 이것은 불행하게도 필자의 한국 강단에서의 짧은 경험과도 일치한다.

　인간의 언어는 다중 의미를 지니고 있다. 다중 의미를 가지고 있다는 말은 이를 해석하기 위해서 천천히 시간을 들여야 함을 의미한다. 요모조모로 뜯어보고, 곱씹어 보아야 한다. 씹어 먹을 필요가 없는 물까지 씹어 먹으라며 정수기를 팔아먹는 세상에, 다중 의미의 복합체인 성경을 그냥 삼켜서야 설사가 나지 않겠는가?

그러나 우리는 성경 본문을 대할 때 요리조리 뜯어 가며 생각하는 자세를 갖지 않는다. 너무나 조건 반사적인 태도를 취한다면 지나친 말일까? 으레 알고 있는 내용이거니 생각하고, 건성 건성 읽는다.

알프레드 코집스키(Alfred Korzybski)는 인간이 기호에 보이는 반응을 신호 반응(signal reaction)과 상징 반응(symbolic reaction) – 혹은 의미 반응(semantic reaction) – 으로 나누었다. 신호 반응은 모든 동물이 보이는 조건 반사적 반응이다. 이 반응은 생각할 틈도 없이 일어나는 반응이다. 많은 사람들이 성경을 읽을 때, 신호 반응을 일으키고 있다. 특정 본문하면 으레 고정된 의미가 자동적으로 생각나는 것은 그 동안 우리의 성경 읽기가 신호 반응적 읽기에 가까웠음을 보여 주는 것이다. 성경 본문을 앞뒤의 문맥의 빛 아래서 언어의 선택과 배열이라는 형식을 차근차근 살펴보고, 의미를 재생산해 내는 일을 우리는 소홀히 해왔음이 사실이다. 성경을 대할 때 신호 반응보다는 의미 반응을 보이기 위해서 우리가 해야 할 일은 단순하다. 자세히 읽는 것뿐이다.

구약성경은 히브리어라는 언어의 구조물이다. 성경 본문 안에는 언어로 표현되지 않은 것은 없다. 성경 안에 등장하는 인물들이나 이들의 행동이나 사건들은 모두 언어로 표현되어 있다. 등장인물의 대화나 내레이터의 지문(地文)이나 논평이나 해설도 언어로 표현되어 있다. 더욱이 본문에 들어 있는 관점이나 견해나 가치도 언어로 제시되어 있다. 결국 성경 본문의 맨밑 기저에는 언어의 층이 놓여 있는 것이다. 역사적 사실이나 신학적 내용은 언어로 표현되어 있는 것이다. 성경의 역사적 요소나 신학적 요소는 언어적 요소의 도움을 받아 언어적 형태로 제시되고 있음을 유념해야 한다.

"자세히 읽기" 시리즈 서언 7

 이것이 부인할 수 없는 사실이라면 언어의 층에 대한 이해 없이는 본문 안에 들어 있는 어떤 요소도 이해할 수가 없다. 그러나 최근까지만 하더라도 이런 기본적인 사실에 대한 깊은 이해가 없었다. 신학교내에서도 그저 히브리어 문법을 공부하고 단어를 외우는 정도에서 히브리어로 성경 본문을 번역하는 것으로만 만족한 것이 사실이다. 언어의 층에 대한 세밀하고도 다각도적인 연구가 부족하였다. 그저 사전을 이용해 단어를 찾아내고 번역을 한 다음 바로 신학적 내용이나 역사적 내용에 대한 연구로 넘어가는 것이 보통이었다.

 흔히 성경은 문학의 백미라고도 한다. 좋은 글은 표현이 잘 되어 있다. 잘된 표현과 좋은 글은 표현 매재인 언어를 능숙하게 이용한 결과이다. 언어를 이용한 문예 작품뿐 아니라 모든 표현 예술이 그렇다. 각 장르의 고유한 표현 매재를 능숙하게 이용하지 않고서야 어떻게 훌륭한 예술을 만들 수가 있겠는가? 위대한 화가는 선과 색채의 마술사이며, 위대한 음악가는 소리의 마술사가 아닌가? 선과 색채를 자유자재로 다룰 줄 알아야 원하는 그림을 그릴 수 있으며, 소리에 능숙해야 원하는 음악을 만들 수 있는 것이다. 성경 기자는 이런 면에서 언어의 능숙한 직공이다.

 하나의 물건을 표현하는 데는 하나의 언어밖에 없다는 플로베르의 일물일어설(一物一語說)을 군이 들먹이지 않는다 하더라도, 새로운 인식은 오직 하나밖에 없는 언어의 형식으로 표현될 수밖에 없다. 성경 기자가 전달하려는 내용(신학적, 역사적)은 여러 가지 방식으로 표현이 될 수도 있는데, 단지 그 중에서 한 가지를 그저 선택하여 표현한 것이라고 볼 수 없다. 그가 전달하려는 정확한 내용은 그가 실제 선택한 언어적 형식으로만 표현이 가능했기에 그런 형식을 택한 것으로 보아야 한다. 그가 취한 언어적 형식을 통해 그가 하려는 말을 표현했다고 보기보다는, 그가 택한 언어적 형식 자체가 그가 말하고자 하는 이야기의 구체적이고도 정확한 내용이라고 보아야 하는 것이다. 그러므로 성경 기자가 택한 언어는 사전적 의미가 같다고 해서 이 말을 다른 말로 바꾸어 놓을 수 없는 것이다.

성경 기자가 전하려는 메시지가 언어적 내용뿐 아니라 언어적 형식에 의해 전달되는 것이 사실이라면, 우리는 언어적 형식을 자세히 읽어내야만 한다. 속독하듯이 대충 대충 읽어서는 저자의 의도를 알아낼 도리가 없다. 만일 성경이 일어난 사건을 보고하는 뉴스 기사나 정보를 전달하는 글이라면 대충 읽고도 무슨 내용인지, 저자의 의도가 무엇인지 알 수가 있을 것이다. 그러나 성경은 이런 류의 정보 전달식 글이 아니기 때문에 이런 식으로는 저자의 의도를 곡해할 뿐이다. 성경은 추상적인 교리의 형태로나 조직 신학의 형태로 우리에게 주어지지 않았음이 이를 입증한다.

따라서 필자는 "자세히 읽기"라는 시리즈 제목하에 4권의 책을 기획하였다. 그리고 그 첫 권을 "언어의 직공이 되라"는 타이틀로 선을 보이게 된 것이다. 성경 기자는 소리의 기교와 비유적 언어와 수사법에 능한 언어의 장인이었으므로, 성경 해석자도 이런 장인에 의해 창출된 본문을 제대로 이해하기 위해서는 언어의 장인이 되어야 한다는 바람이 오랫동안의 산고(産苦)를 즐겁게 견디게 한 힘이었다. 6년간의 유학을 거쳐 귀국한 지 3년 만에 내 나라 말로 첫 작품을 끝맺으면서 생긴 감회는 그저 일정한 기간의 노고가 끝났기 때문에 생긴 것만은 아니었다. 신학을 시작한 이후로 새벽마다 진정한 "말씀의 종"이 되게 해달라고 새벽마다 무릎을 꿇으셨던 작고하신 할머님과 어머님의 기도가 없었다면 필자가 과연 쓸

모 있는 인간이 되었을까? 더욱이 아버님과 식구들의 관심은 필자가 많은 이들의 합작품의 결과임을 상기시켜 주기에 충분하였다. 게다가 사랑의 격려를 아끼지 않는 아내와 예지와 진솔, 특히 생후 5개월밖에 되지 않는 진우는 컴퓨터와 씨름하다가 생긴 두통을 제거하는 청량제였다.

무대에 첫 작품을 올리면서 마치 첫날밤 신부 같은 기대와 떨림의 교차를 느끼는 것은 필자의 소심함 때문만은 아니리라. 물론 독자들의 질책을 두려워하는 것은 아니다. 얼마든지 독자들의 따끔한 비평도 달게 받으려고 한다. 그러나 글을 쓰는 작업은 고독한 일이다. 따라서 독자들의 격려도 비평 못지않게 중요하다. 앞으로 시간이 허락하는 대로, 제 2 권 "구조를 분석하라", 제 3 권 "장르에 유의하라", 제 4 권 "오직 성경 본문만을 스승으로 삼으라"를 순서에 따라 무대에 올릴까 한다. 독자들의 격려를 기대하며 본 시리즈가 성경을 사랑하는 자들에게 미약하나 도움이 되기를 바라는 마음 간절하다.

목차

"자세히 읽기" 시리즈 서언 ·· 5

제 1 부 서론 : 루터의 권면

1. 시인과 수사학자가 되라 ·· 15

제 2 부 소리와 의미

2. 소리에 유의하라 ··· 33
3. 유사 발음 반복에 주의하라 ··································· 40
4. 동음 이의어 반복에 유의하라 ································ 63
5. 각운, 두운, 모운에 유의하라 ································· 83

제 3 부 비유적 언어와 의미

6. 비유적 언어에 유의하라 ·· 99
7. 직유에 유의하라 ··· 113
8. 은유에 유의하라 ··· 141
9. 환유에 유의하라 ··· 171

10. 제유에 유의하라 ·· 195
11. 의인법에 유의하라 ·· 206
12. 상징에 유의하라 ·· 221
13. 알레고리에 유의하라 ·· 241

제4부 수사법과 의미

14. 수사법에 유의하라 ·· 261
15. 아이러니에 주의하라 ·· 267
16. 풍자에 유의하라 ·· 288
17. 과장법에 유의하라 ·· 307
18. 패러디에 유의하라 ·· 330

제5부 결론 : 언어는 존재의 집

19. 언어의 직공이 되라 ·· 351

참고 도서 ·· 363

제1부

서론 : 루터의 권면

1
시인과 수사학자가 되라

1. 모로 가도 서울만 가면 되는가

우리 대부분은 언어에 대해서 너무나 순진한 견해를 가지고 있다. "모로 가도 서울만 가면 된다"는 식의 사고 방식을 가지고 있다. 의미의 전달만 이루어지면 형식은 별것 아니라는 투로 언어를 사용하고 있다. 예를 들면 의미가 같으니까 "해"라고 해도 되고, "태양"이라고 해도 상관없는 것이 아니냐는 식이다. 언어는 단지 내용을 전달하는 중립적 용기라는 생각을 많이 가지고 있다. 한 단어의 의미와 개념은 일정한 형식에 고정되어 있으며, 이런 의미는 사전에서 찾아볼 수 있다고 흔히들 생각한다. 따라서 언어로 쓰여진 글을 해석할 때는 단어의 사전적 의미를 합산하면 된다고 생각하는 이들이 더러 있다. 언어 사용의 목적은 그저 내용 전달이며, 같은 내용을 전달하는 데는 얼마든지 여러 방식을 사용할 수 있다는 것이다. 그러나 이는 사실이 아니다.

플로베르는 하나의 물건을 표현하는 데는 오직 하나의 언어밖에 없다는 일물일어설(一物一語說)을 주창하였다. 이 이론은 새로운 인식은 오직 하나밖에 없는 언어의 형식으로 표현될 수밖에 없다는 주장이다. 굳이 이런 이론을 들먹이지 않는다 하더라도, 성경 기자가 전달하려는 신학적-역사적 내용은 여러 가지 방식으로 표현될 수도 있는데 단지 그 중에서 한 가지를 그저 선택하여 표현한 것이라고 볼 수 없다. 그가 전달하려는 정확한 내용은 그가 실제 선택한 언어적 형식으로만 표현이 가능했기에 그런 형식을 택한 것으로 보아야 한다. 그가 취한 언어적 형식을 통해 그가 하려는 말을 표현했다고 보기보다는, 그가 택한 언어적 형식 자체가 그가 말하고자 하는 이야기의 구체적이고도 정확한 내용이라고 보아야 하는 것이다. 그러므로 성경 기자가 택한 언어는 사전적 의미가 같다고 해서 이 말을 다른 말로 바꾸어 놓을 수 없는 것이다. 단순히 지식과 정보를 전달하는 과학이나 수학의 논문은 얼마든지 사전적 의미가 같은 다른 단어로 대치가 가능할 것이다. 그러나 다가치적인 기능의 언어로 구성되어 있으면서 전인격에 호소하는, 문예성(文藝性)이 강한 성경 본문은 이런 식으로 대해서는 아니된다.

언어는 정보 전달의 기능만을 갖는 것이 아니기 때문이다. 성경의 언어도 정보를 전달하는 중립적 용기로만 쓰인 것이 아님은 두말할 나위도 없다. 언어는 흔히 5가지 용법을 가지는데, 즉 정보적(informative), 인식적(cognitive), 지령적(performative), 표현적(expressive), 친교적(cohesive) 기능을 가진다.[1] 언어의 이런 다양한 용법은 각기 개별적으로 쓰이기도 하지만, 주로 다른 용법과 연계되어 사용된다. 이런 경우 어떤 용법이 주도적으로 쓰이고 있는지를 살펴보아야 올바로 해석을 할 수가 있다.

---

[1] G. B. Caird, *The Language and Imagery of the Bible*(Philadelphia : Westminster, 1980), 8.

2. 라반의 표리 부동

라반은 맨손으로 자기를 찾아온 야곱을 맞아들이면서 "너는 참으로 나의 골육(骨肉)이로다"(창 29 : 14)라고 했다. 이 말을 액면 그대로, 정보적이나 인식적 용법으로 쓰인 것으로 받아들이면 라반이 야곱을 골육지친으로 반갑게 환대하는 말이라고 생각하기 쉽다. 문자적으로 번역하면 "너는 나의 뼈요 나의 살이로다"[2]로 번역할 수 있기 때문이다. 이런 표현은 아담이 잠이 깨어 하와를 처음 본 순간 탄성을 지르며 창조해 낸 시적인 언어와 거의 유사하다. "이는 내 뼈 중의 뼈요 살 중의 살이라"(창 2 : 23).[3] 그렇다면 라반의 말은 야곱을 정말 자기 골육으로 반갑게 맞이한 것인가?

그러나 이 같은 해석은 본문을 읽어가다 보면 곧 문제에 직면하게 된다. 라반은 한 달이 지난 다음 야곱에게 "네가 비록 나의 생질이나 어찌 공으로 내 일만 하겠느냐 무엇이 네 보수겠느냐 내게 고하라"(창 29 : 15)고 말한다. 여기서 우리는 라반이 혈족 관계를 주종(主從) 관계로 전락시키려는 의도를 본다. 물론 겉으로는 마땅한 대가를 치루려는 것처럼 보이지만, 보수를 이야기함으로써 더 이상 외삼촌과 생질의 관계가 아니라, 주인과 종의 관계로 재정립하려는 시도를 볼 수가 있다. 이것은 라반이 20년 동안 야곱의 품삯을 열 번이나 변경한 데서도 잘 알 수가 있다(창 31 : 7). 야곱 이야기에서 라반은 매우 이기적이고 타산적인 인물로 등장한다.

라반은 자기 동생 리브가를 이삭에게 시집보낼 때에도 중매쟁이로 온 아브라함의 종이 가져온 보물과 재산에 혹한 적이 있었다.

---

[2] אַךְ עַצְמִי וּבְשָׂרִי אָתָּה : You are my bone and my flesh.
[3] זֹאת הַפַּעַם עֶצֶם מֵעֲצָמַי וּבָשָׂר מִבְּשָׂרִי : This is now bone of my bones and flesh of my flesh.

"소녀가 달려가서 이 일을 어미 집에 고하였더니
리브가에게 오라비가 있어 이름은 라반이라
그가 우물로 달려가 그 사람에게 이르니
그가 그 누이의 고리와 그 손목고리를 보고
또 그 누이 리브가가 그 사람이 자기에게
이같이 말하더라 함을 듣고
그 사람에게로 나아감이라"(창 24:28-30).

라반이 우물로 달려간 과정을 설명하면서 누이의 고리와 손목고리를 "본 것"을 강조하고 있음을 주목해야 한다. 결국 라반은 누이를 아브라함의 아들 이삭에게 시집보내는 대가로 많은 보물을 얻게 된다(창 24:53).

이 같은 경험이 있기에 라반은 야곱이 왔다는 소식에 은근히 기대를 하였던 것이 분명하다. 라헬이 야곱이 왔다는 소식을 전하자 라반이 보인 행동이 이를 잘 반영하고 있다. "라반이 그 생질 야곱의 소식을 듣고 달려와서 그를 영접하여 안고 입맞추고 자기 집으로 인도하여 들이니"(창 29:13). 라반의 신속한 영접 행동은 그의 일상적인 타산적 행태에 비추어 볼 때 무엇인가의 기대에서 나온 것이 분명하다. 딸들마저도 라반의 이기심을 질타하고 있다. "우리가 우리 아버지 집에서 무슨 분깃이나 유업이나 있으리요 아버지가 우리를 팔고 우리의 돈을 다 먹었으니 아버지가 우리를 외인으로 여기는 것이 아닌가"(창 31:14-15).

어쨌든 라반의 이런 기대는 야곱의 실제 처지에 대한 이야기를 듣고 무산되었음이 분명하다. "야곱이 자기의 모든 일을 라반에게 고하매 라반이 가로되 너는 참으로 나의 골육이로다 하였더라"(창 29:13-14). 야곱이 자기의 모든 일을 라반에게 고한 다음에 라반이 어떤 느낌을 가졌을 것인가는 불을 보듯 뻔하다. 그런 상황에서 "너는 나의 뼈요 나의 살이로다"라고 했다면 이는 단순히 라반의 인식을 알리는 정보적 용법으로 쓰인 것이 아님을 알 수가 있다. 내심 실망을 했으면서도 이를 내색하지 않으려는, 그러면서도 야곱을 붙잡아 두고 이용해 보려는 복잡한 심리가 기저에 깔려 있다. 그렇다면 우리는 이를 "어쨌든 너는 나의 뼈요 나의 살이로다"로 번역하는 것이 좋다. 한글 개역에 "참으로"라고 번역된 히브리어 아크('ak)는 때론 앞에 나오는 내용과 대조되는 말을 할 때 나오는 부사로도 쓰인다.[4] 따라서 이 라반의 말은 라반의 인식을 전하는 정보적 기능이 아니라, 라반의 내적인 태도를 반영하는 표현적 기능으로, 그리고 야곱과의 친밀성을 유지하려는 친교적 기능으로 쓰인 것임을 알 수가 있다. 성경 기자가 라반의 이 같은 말을 옮겨 적은 것은 라반의 야곱에 대한 인식을 전달하기 위한 것으로 보아야 한다.

3. 친교의 언어

실제로 "나의 뼈요 나의 살"이라는 표현은 구약에서는 주로 친교적 기능으로 쓰이고 있음을 볼 수 있다. 상호 신뢰와 공통의 정서를 창출하기 위해 쓰이는 언어를 우리는 친교적 언어라고 할 수 있다. 사랑하는 남녀의 경우가 친교적 언어를 가장 많이 사용한다. 사랑을 하면 말이 많아지기 마련이다. 사랑하는 사람들이 눈만 뜨

---

[4] 히브리어 아크(אַךְ)는 "진실로", "참으로"라는 강한 긍정으로도 쓰이지만, 예레미야 34:4 의 "그러나 유다 왕 시드기야여 나 여호와의 말을 들으라"에서처럼 "그러나", "그럼에도 불구하고", "어쨌든"의 대조의 의미로 쓰이는 경우도 있다. 창세기 9:4 ; 사무엘상 18:17 ; 열왕기상 17:13에서도 이런 용법으로 쓰이고 있다. 윌리암 L. 할러데이 편집, 구약 성경의 간추린 히브리어, 아람어 사전, 손석태, 이병덕 공역(서울 : 도서출판 참말, 1988), 18 참조.

면 전화하고 만나는 모습을 보고 무슨 할 말이 저렇게 많을까 의심했던 자들도 눈에 콩까풀이 씌워지기만 하면 다변이 되는 것은 사랑의 힘 때문이다. 말하지 않고는 견딜 수 없게 만드는 힘, 그것이 사랑의 능력이다. 그러나 대개, 이때 말들은 자잘한 말들이다. 춥지 않은 줄 알면서도 "자기 추워?" 한다든가, 저녁을 금방 먹어 배가 고프지 않을 줄 알면서도 "자기 배고파? 뭐 사 먹을까?" 한다든지 하는 것은 다 친교의 언어이다. 이런 쓸데없는 말들의 중요성을 인식하지 못한다면 연애는 성공할 수가 없다. 친교의 언어는 사람과 사람 사이를 이어 주는 가교의 역할을 하기 때문이다.

아비멜렉이 세겜인들을 자기 편으로 끌어모아 왕노릇하려고 할 때 던진 친교적 언어가 무엇이었는가? "여룹바알의 아들 칠십인이 다 너희를 다스림과 한 사람이 너희를 다스림이 어느 것이 너희에게 나으냐 또 나는 너희의 골육지친(너희들의 뼈요 너희들의 살)임을 생각하라"(삿 9 : 2).[5] 이스라엘 지파가 다윗을 헤브론에서 왕으로 삼을 때 다윗을 설득한 무기도 바로 이것이다. "보소서 우리는 왕의 골육(당신의 뼈요 당신의 살)이니이다"(삼하 5 : 1).[6]

라반이 야곱에게 "어쨌든 너는 나의 뼈와 나의 살(나의 골육)이라"고 한 것은 정보적 기능이 전혀 없는 것은 아니지만 라반의 실망을 보여 주는 표현적 기능과 야곱을 향한 친교적 기능이 두드러지게 나타난다. 결국 다양한 언어의 용법을 이해하지 못하는 한 오해의 소지는 어디에든 남아 있다. 따라서 우리는 본문의 언어적 요소를 자세히 읽는 훈련을 받아야 한다. 성경은 정보를 전달하는 기호들로만 이루어진 단순 기호 복합체가 아니라, 여러 의미를 지

---

[5] כִּי־עַצְמֵכֶם וּבְשַׂרְכֶם אָנִי : I am your bone and your flesh.
[6] הִנְנוּ עַצְמְךָ וּבְשָׂרְךָ אֲנָחְנוּ : Behold, we are your bone and your flesh.

닌 언어의 조직이기 때문이다. 이 안에는 자기 표현과 지령과 정보와 인식 그리고 친교라는 요소가 담겨 있기에, 다가치적이고 복합적이며 다중적이다. 따라서 성경을 구원에 관한 단순한 정보의 모음집으로 보아서는 올바로 이해할 수가 없다. 성경은 외시(外示) 의미만 갖는 기호들의 집단이 아니다. 성경은 함축 의미와 다중 의미로 가득 찬 유기적 언어 복합체이다.

4. 함축 의미의 중요성

함축 의미를 이해하지 못해서 일어나는 해프닝이 얼마나 많은가? 말 한마디로 천냥 빚을 갚는다는 우리 속담은 이를 가장 잘 보여 준다. 이런 함축 의미는 아무렇게나 언어로 표현될 수 있다고 흔히들 생각한다. 그러나 이것은 사실이 아니다. 메시지만 있으면 어떻게 표현해도 상관이 없다고 말한다. 그러나 실제로 함축 의미는 대부분 어떻게 말해지느냐에 달려 있다. 밖에 잠시 외출하고 돌아온 아내에게 "어딜 그렇게 칠칠맞게 밖으로 싸돌아 다니는 거야?"라고 쏘아붙였다고 가정해 보자. 되돌아오는 말은 뻔한 일. "내가 언제 싸돌아 다녔어요? 사내가 돼가지고 방구석에 처박혀 있으면서." 그러나 같은 내용이라도 "어디 갔다 오는 길이요? 무슨 일이 있었소?"라고 물었다면, 대꾸도 달라졌을 것이다.

성경은 아무리 보아도 단일 의미체인 신호들의 총합이 아니다. 외적인 의미에 의존하여 메시지를 전달하는 과학 보고서나 뉴스가 아니기 때문이다. 따라서 성경에서는 함축 의미가 외시 의미보다 중요하다. 만일 성경이 외시 의미로만 전달되는 문헌이라면 한 번 읽으면 그것으로 만족할 것이다. 하릴없는 사람이 아니고서야 누가 신문 기사를 두 번 읽으며, 탐정 소설을 두 번 읽겠는가? 사건의 내용과 범인이 누구인지를 알고 나면, 더 이상 읽고 싶은 유혹을 느끼지 않는다. 그러나 성경은 그렇지 않다. 읽고 또 읽어도 읽을 때마다 새로움을 느끼는 것은 성경이 그 의미 전달에 있어서 외시 의미보다는 함축 의미에 의존하기 때문이다. 따라서 한번 읽고 나면 더 이상 음미할 것이 없어지는 3류 소설과는 달리, 읽으면 읽을수록 새로운 맛을 느끼는 것이다.

그렇다면 형식을 쉽게 건너뛰고 내용 파악으로 넘어가는 우리의 성경 읽기는 문제가 많음이 절로 드러난다. 그림과 음악도 궁극적으로는 전달하려는 내용이 있지만, 이를 표현하는 방식에 더 많은 신경을 쓴다. 그러나 성경의 경우에는 그렇지 못하다. 그림이나 음악의 경우만큼 형식이나 재료에 해당되는 언어에 많은 신경을 쓰지 않는다. 이것이 문제이다. 언어는 늘상 우리가 쓰고 있는 것이기에 별것 아니라고 생각하는 것 같다. 그러나 성경을 기록한 재료가 언어인 이상, 성경 언어에 대한 이해와 습득에 많은 신경을 써야 한다. 본서에서 살펴보게 되겠지만 성경 기자는 탁월한 언어의 장인이었다. 자신이 하려는 이야기를 곡진하고 실감나게 하기 위해 언어와 치열한 싸움을 한 언어의 대가라고나 할까! 그저 사상이나 개념을 전달하기 위해 중립적인 전달의 용기로 언어를 사용한 것이 아니다. 만일 우리가 성경 기자를 이런 태도로 간주한다면 성경의 원래 메시지를 이해할 수가 없다. 따라서 우리도 또한 언어의 장인이 되어야 한다.

5. 어거스틴 같은 대가도 실수를

그러나 실제로 성경 해석사를 살펴보면 성경이 언어로 이루어져 있다는 사실만큼 무시된 것도 없다. 이 같은 주장에 "아니 무슨 얼토당토 않은 이야기를 늘어놓고 있느냐"고 언성을 높일 분도 있을지 모른다. 그러나 성경의 해석사를 들여다보면 이 주장이 허무

맹랑한 이야기가 아님을 알 수가 있다.

  구약 성경이 히브리어로 기록되었다면 히브리어 지식이 구약 이해에 필수적임은 너무나 당연하다. 그러나 이런 당위를 인식하는 데만도 1,500년이 걸렸다면 여러분들은 무엇이라고 대답하겠는가? 성경을 원어로 해석해야 한다는 점을 강조하며, 히브리어와 헬라어 연구에 불을 붙인 것은 르네상스와 종교 개혁 시대부터였다. 유대교의 경우처럼 언어의 중요성을 기독교가 인식하지 않은 것은 아니지만 초기 기독교는 구약을 히브리어가 아닌 번역본에 의존하여 읽었다. 초기 기독교 학자들도 구약을 히브리어가 아니라 헬라어로 읽었으며 이로 인해 어처구니 없는 실수도 범하였다.

  예를 들어 어거스틴은 창세기 10 : 9의 "니므롯이 여호와 앞에서 특이한 사냥꾼"이라고 할 때 "여호와 앞에서"란 표현을 가지고 고민을 하였다. 헬라어로는 엔안티온 퀴리우 투 테우(enantion kuriou tou theou)[7]인데 "앞에서" 란 의미의 전치사 엔안티온이 때로는 "대항하는"이란 의미로도 쓰인다. 이 때문에 어거스틴은 "여호와 앞에서 특이한 사냥꾼"이라고 번역해야 하는지, 아니면 "여호와에게 대항하는 특이한 사냥꾼"이라고 번역해야 하는지에 대해 길게 논의하고 있다.[8] 그러나 이 같은 논의는 히브리어 원문으로 보면 쓸데없는 것임이 드러난다. 엔안티온에 상응하는 히브리어 전치사 리프네(lipne)[9] 는 "대항하는"의 의미가 없이 항상 "앞에서"의 의미로 쓰이기 때문이다. 만일 어거스틴이 히브리어로 이 본문을 읽었다면 이런 식의 번거로움은 피할 수 있었을 것이다.

---

[7] ἐναντίον κυρίου τοῦ θεοῦ
[8] 어거스틴, 신의 도성, 16권 4장(Book 16, section 4).
[9] לִפְנֵי

6. 신학적 관심의 지배 – 중세 교회 시대

이런 일이 가능했던 것은 초대 기독교와 중세 교회의 관심이 신학적인 데 있었다. 이때에는 성경에 대한 문예적 관심이나 역사적 관심보다는 신학적 관심이 지대하였다. 이단들과 싸우면서 기독교의 정통 교리를 세울 수밖에 없었던 초대 교회에서는 당연히 신학적 관심이 지배적일 수밖에 없었다. 그러나 문제는 중세에 들어서면서 나타났다. 가톨릭 교회의 교리를 지지하는 근거로 성경을 사용하려는 지나친 변증적 관심 때문에 성경을 종교적 진리나 교리를 담고 있는 신학적 문서로만 본 것이다. 성경을 다양한 관점에서 보지 않고, 한 평면에서 움직이는 것으로 간주하였다. 따라서 족장이나 선지자 시대의 삶과 당시 중세 시대의 삶을 구분하는 엄청난 간격에 대해서는 인식하지 못한 것이 사실이다. 원래 성경 기자나 독자들에게 어떤 의미가 있었는가를 밝히는 것이 관심이 아니었기에, 때로는 성경 해석이 매우 자의적이었다. 이렇게 되다 보니 성경이 히브리어라는 언어로 쓰여진 글이라는 사실이 점차 관심 밖으로 밀려나게 되었으며, 그저 교리나 진리의 체계를 담고 있는 신학적 내용의 문서라는 점만 부각되기에 이르렀다. 이미 초대 교부나 가톨릭 정통 신학에 의해 알려진 신학적 내용을 담고 있는 글로 간주되었을 뿐이었다. 결국 중세 시대에는 언어로 표현된 저자의 의미보다는 교회의 전승이 본문의 의미를 결정하는 요인이었다. 따라서 굳이 히브리어라는 원어로 성경을 읽을 필요조차 느끼지 못했는지 모른다.

7. 문예적 관심의 부흥 – 종교 개혁 시대

결국 히브리어라는 원어로 구약을 읽기 시작한 것은 르네상스 인문주의자들의 공로라 할 수 있다. 이들은 성경 본문을 새롭게 펴내고 성경 히브리어 문법과 사전을 펴냄으로써, 이때부터 기독교 해석은 히브리 본문에 의존하였으며, 기독교 히브리어 학자들은 랍비들로부터 독립을 선언하고, 이들보다 문법과 사전을 펴내는 데 열성을 더하였다. 종교 개혁자들은 인문주의와 연결되어 있었다. 루터와 칼빈 같은 종교 개혁자들은 하나님을 위한 열정과 교회 개혁의 정열을 가지고 있었기에 "원천으로"(*ad fontes*) 돌아가자는 캐치프레이즈를 내걸게 되었다. 이것은 교황이나 교회의 회의가 아닌 성경으로 돌아감을, 다양한 영적 의미에서 "하나의 단순하고 확고한 문자적 의미"로 돌아감을, 성경 원어를 성경 연구의 기초로 삼는 방식으로 돌아감을 의미하였다.

따라서 성경의 문예성에 많은 관심을 지니고 있었다. 교회가 성경을 문예 작품(literature)으로 이해할 때만이 성경으로 들을 수 있다는 점을 종교 개혁자들은 간과하지 않았다. 이 점은 이미 종교 개혁자인 루터가 분명히 밝힌 바가 있다.

> (성경) 문예성에 대한 지식 없이는 순수한 신학은 결코 제자리에 설 수가 없다. 문자들에 대한 이해가 시들어지고 쇠퇴할 때, 신학 또한 비참하게 쓰러지고 쇠퇴하게 된다. 마치 세례 요한을 보내셔서 준비를 하셨듯이, 하나님께서는 언어와 문자를 먼저 흥왕시킨 다음에 위대한 하나님의 말씀을 계시하셨다……가능한 한 많은 시인들과 수사학자들이 나타나기를 바란다. 이 같은 연구를 통해서만 거룩한 진리를 이해할 수 있고 능숙하게 다룰 수 있기 때문이다. 따라서 여러분께서는 여러분의 젊은이들에게 시와 수사학을 열심히 하도록 권면하시기를 바란다.[10]

8. 역사적 관심의 지배 – 신교 정통주의와 비평주의 시대

그러나 그 후 성경학계는 어원 연구와 역사 연구에 지나친 신경을 쓰다 보니 그만 루터의 이 같은 권면에 귀를 기울이지 못하였다. 때로는 성경의 시와 수사학에 관심을 기울이기도 하였으나, 단순히 테크닉과 기술 등을 언급하는 지엽적인 수준에 머물렀을 뿐, 성경의 문예성(literary character)이라는 넓은 문제에 대해서는 관심을 기울이지 못했다. 즉 성경이 우선 글로 쓰여졌다는 사실이 제기하는 문제에 대해서는 관심을 가지지 않았다. 역사적 관심이나 신학적 관심이 압도적이었기 때문이다. 어떤 방식으로 기록되었느냐는 형식의 문제보다는 무슨 역사적, 신학적 내용이 담겨 있느냐에 더 관심이 많았다. 아니 형식의 문제는 거의 안중에 들어오지도 않았다. 어떤 내용을 담고 있느냐를 분명히 이해하기 위해서는 어떻게 기록되었는지의 형식의 문제를 먼저 이해해야 한다는 점을 간과한 것이다.

구체적으로 예를 들어 보자. 17-18세기의 일부 신교 개혁자들의 추종자들, 다시 말해 신교 정통주의자들은 성경에 대한 언어학적, 문예적 연구를 계속하기보다는 변증학과 교의학에 더 많은 관심을 기울이게 되었다. 이로 인해 성경이 언어로 이루어진 글이라는 점보다는 신학과 교리를 담은 종교적 문헌이라는 점이 강조되기에 이르렀다. 이들은 성경을 교회의 교리나 신앙고백을 지지하는 증거 구절들의 모음집으로 격하시키고, 변증적이고 교의학적인 관심으로만 성경을 대하는 우를 범하였다. 신학적 관심이 문예적 관심을 압도한 것이었다. 종교 개혁 시대에 눈을 뜨게 된 문예적

---

[10] Smith and Charles M. Jacobs(eds.), *Luther's Correspondence* (United Lutheran Publication House, Philadelphia, 1918), II, 176f.

관심이 또 다시 신학적 관심에 밀려 뒷전으로 사라지게 된 것이다. 중세의 누룩을 완전히 청산하지 못한 것이다.

이에 대해 합리주의자들이 반동을 일으킨 것은 당연한 귀결이었다. 성경은 고대 이스라엘의 역사적 산물이므로 역사적인 배경하에서 이해해야 한다는 점을 강조한 것은 비평주의자들이었다. 이들의 관심은 역사적이라고 할 수 있다. 물론 성경이 실제 역사 위에 근거하고 있기에 역사적 배경에서 본문을 이해하려 한 것은 잘못이 아니다. 그러나 지나친 역사적 관심이 성경 본문 이해에 방해가 되었다. 실제로 무슨 일이 일어났는가? 본문이 형성되기까지 어떤 과정을 거쳤는가? 등의 역사적 관심이 지배적이었다. 이들은 본문을 사용해서 무슨 일이 실제로 일어났는가를 재구성하는 데 주된 관심이 있었다. 따라서 본문이 언어라는 형식으로 이루어진 구조물이라는 사실을 또다시 무시하였다.

이것은 보수주의도 마찬가지이다. 보수주의는 성경의 역사성을 입증한다는 좋은 동기에서 출발한 것까지는 좋았지만, 어쩔 수 없이 역사적 관심에만 매달리는 잘못을 저질렀다. 그러다 보니 동기와 목적은 달랐지만 비평주의와 마찬가지로 역사적 관심에 지배를 받는 우를 범하였다. 이런 이유로 그 동안 성경 해석자들은 성경이 언어로 이루어졌다는 사실에 충분한 주의를 기울이지 않은 것이다.

9. 종교 개혁자의 후배들은 시인과 수사학자가 되어야 한다

성경이 실제 역사를 기초로 하고 있건, 종교적 내용을 담고 있건 간에 언어로 표현되어 있다는 점은 간과해서는 아니된다. 그러나

이 같은 사실을 인식하는 데는 오랜 세월이 걸렸다. 구약성경은 히브리어라는 언어의 구조물이다. 성경 본문 안에는 언어로 표현되지 않은 것은 없다. 성경 안에 등장하는 인물들이나 이들의 행동이나 사건들은 모두 언어로 표현되어 있다. 등장 인물의 대화나 내레이터의 지문(地文)이나 논평이나 해설도 언어로 표현되어 있다. 더욱이 본문에 들어 있는 관점이나 견해나 가치도 언어로 제시되어 있다.

더욱이 성경의 언어는 정보를 전달하는 단순한 사실의 언어가 아니다. 성경의 언어는 함축적이며 다중적이다. 성경은 단지 사상들과 개념들의 집합만은 아니다. 오히려 상징과 이미지와 은유와 환유와 알레고리와 비유와 이야기와 인물들로 가득 차 있다. 성경 기자는 독자를 설득하기 위해 고도의 언어적 장치를 사용한 수사학적 전략가였다. 본문에 주의를 기울이게 하고, 특정한 주제를 부각시키며, 핵심 의미를 드러내기 위해 소리의 기교와 테크닉을 이용할 줄 아는 자였다. 추상적 사고를 생동감 있게 구체화시키는 직유, 새로운 세계 인식을 가능케 하고 이에 근거하여 행동을 통제하는 은유, 사물에 대한 인습적 시각을 거부하고 고유한 별명을 통해 사물에 대한 새로운 인식을 가능케 하는 환유와 제유, 인간적 표현들을 통해 세계의 현상을 이해하고 현실 대응 논리를 제시하는 의인법, 인간의 상상의 신경 조직을 건드려 전인격에 호소하는 상징, 속뜻을 숨기고 다른 사물을 내세워 감추어진 의미를 폭로하는 알레고리 같은 비유적 언어 장치를 잘 사용한 비유의 대가였다. 더욱이 비판적 의도를 속으로 숨기고 시침을 떼면서 오히려 비난의 강도를 높이는 아이러니, 잘못된 현실을 비웃고 꼬집음으로 은폐된 인간의 악을 드러내는 풍자, 우리 눈에 안 보여 잊기 쉬운 것의 중요성을 현미경적 시각을 통해 밝혀 주는 과장법, 남의 표현이나 문체를 본따서 외형과 내용의 부조리를 통해 메시지를 전달하는 패러디 같은 언어 장치를 통해 독자로 하여금 스스로 판단하고 해석하도록 만든 수사학의 장인이었다.

　성경 기자가 이같이 비유와 수사학에 능한 인물이었기에, 독자들은 언제 끌려왔는지 모르게 자연스럽게 성경 기자의 판단과 해석에 수긍하기 마련이다. 결국 이런 언어적 장치들에 대한 이해가 없이는 성경 본문의 메시지를 올바로 이해할 수가 없다. 따라서 성경 해석자는 루터의 말대로 시인과 수사학자가 되어야 하는 것이다.

　이를 위해서 우리가 해야 하는 첫번째 작업은 성경 기자가 탁월한 언어의 예술가였다는 점을 인식하는 것이다. 따라서 본서에서는 성경 기자가 사용한 발음상의 테크닉, 비유적 언어, 수사법이 어떤 것인가를 살펴봄으로써 성경 기자가 언어의 직공이라는 주장을 입증하려고 한다. 2부에서는 소리와 의미라는 제목으로 소리는 의미와는 아무 상관도 없는 중립적 용기가 아니라, 의미 전달의 핵심 채널임을 살펴볼 것이다. 특별히 유사 발음 반복 기법과 동음이의어 반복 테크닉, 각운, 두운, 압운에 주의를 기울일 것이다. 3부에서는 비유적 언어와 의미라는 제목하에, 성경 기자가 사용한 비유적 언어의 기법인 직유, 은유, 환유, 제유, 의인법, 상징, 알레고리 등을 다루게 될 것이다. 4부에서는 수사법과 의미라는 제목으로 아이러니, 풍자, 과장법, 패러디를 살펴볼 것이다.

　이런 과정을 통해 우리가 추구하려는 목적은 한 가지이다. 성경 기자가 탁월한 시인과 수사학자인 만큼, 성경 해석자인 우리도 시인과 수사학자가 되어야 한다는 점을 강조하는 것이다. 앞으로 등장할 많은 용어들과 정의에 대하여 굳이 외우려고 할 필요가 없다. 위의 강조점만 확실해진다면 본서의 소기의 목적은 달성되는 것이다.

본론으로 넘어가기에 앞서 한 가지 주의해야 할 점이 있다. 필자는 독자의 이해를 돕기 위해 일상 생활이나 문학에서 종종 인용을 하면서 성경의 언어적 기법들과 비교할 것이다. 그러나 이것이 성경을 문학과 동일시하는 것으로 오해되어서는 아니된다. 성경은 결코 허구에 기초한 문학 작품이 아니다. 성경은 실제 일어난 역사에 기초한 하나님의 말씀이다. 그럼에도 불구하고 성경은 그 어떤 문학 작품보다 문학적이다. 성경을 역사적이냐 문학적이냐로 양분하는 사고는 위험하다. 성경은 역사적이고 신학적이면서 동시에 문학적이다. 아니 더 정확히 말하자면 이 세 요소를 합친 것 그 이상이다. 왜냐하면 신학적이고 역사적이고 문학적인 요소가 놀랍게 연결되어 만들어진 유기체적 구조물이기 때문이다. 이런 점에서 독자들의 오해가 없길 바란다.

혹시 평신도들이나 히브리어를 모르는 일반 독자들의 불편을 덜기 위해서 히브리어나 헬라어는 될 수 있으면 각주에 넣어 처리하였으며, 본문에서는 한글과 영어로 음역(音譯)하였다. 이런 조치는 히브리어나 헬라어 같은 성경 원어의 중요성을 무시하기 때문이 아니다. 오히려 의도는 정반대이다. 원어를 모르는 독자들이 본서를 읽고 자극을 받아 히브리어나 헬라어 연구를 해주었으면 하는 바람이 오히려 깔려 있다. 단지 처음부터 소외감을 느껴 원어에 대한 거부감을 가질 것을 우려하여 이런 조치를 취한 것이다.

제2부

소리와 의미

2
소리에 유의하라

1. 아리랑의 정서

　우리 민요 아리랑의 반복구인 "아리랑 아리랑 아라리요"는 실제로는 의미를 알 수 없는 소리의 연속이다. 그럼에도 불구하고 이 소리는 적어도 우리 한국인에게는 대체로 비슷한 정서적 반응을 불러일으킨다. 무엇이라고 꼬집어 말하기는 어려워도 설움과 한이 담긴 정서를 불러일으키는 것이 사실이다. 그렇다면 의미와 무관한 소리도 잘 조직하면 어떤 의미를 전달한다고 볼 수 있다.

　사실상 언어로 이루어진 글은 그것이 시든 산문이든 관계없이 일련의 소리들로 이루어져 있다. 의미란 이 일련의 소리 가운데서 생기는 것이다. 이런 점에서 소리는 모든 문예적 글의 최저 기층이라고 할 수 있다. 소리의 층은 의미의 전제 조건인 셈이다.[1] 의미가 언어의 내용이라면, 소리는 언어의 형식이라 할 수 있다. 우리가 굳이 언어를 입으로 말하지 않는다 하더라도 소리는 언어의 형식

---

　　[1] R. Wellek and A. Warren, *Theory of Literature : A Seminal Study of the Nature and Function of Literature in all its contexts*(London: Penguin Books, 1985), 158.

으로 남아 있다. 그냥 언어를 생각만 해도 우리의 의식 속에 절로 그 언어의 소리가 떠오른다. 예를 들어 "바다"라는 단어를 입으로 소리 내지 않고 눈으로 바라만 보아도 "바다"라는 소리가 떠오르는 것을 느낀다. 결국 이 소리는 실제의 소리가 아니라 소리의 이미지이기 때문에, 언어학에서는 "청각 영상"이라고 한다. 모든 언어에는 의미와 함께 반드시 이 청각 영상인 소리가 짝을 이루고 있다.

그런데 대개 많은 이들은 소리와 의미는 별개의 것이라고 생각한다. 왜냐하면 일상적인 담화에서는 소리의 측면을 별로 고려하지 않는 경향이 있기 때문이다. 따라서 실제로 성경 해석자들은, 최근까지는 성경 본문을 해석할 때 소리의 부분에 대해 관심을 많이 기울이지 않은 것이 사실이다.[2] 그러나 소리는 의미와는 아무 상관도 없는 중립적 용기가 아니다.

특별히 소리가 없으면 한 개인의 독특한 감정과 정서를 표출할 수가 없다. 같은 의미 내용을 담은 것이라 하더라도 이를 표출하는 소리의 종류에 따라 전하는 메시지가 달라지기 때문이다. 예를 들어 "참 잘했다"는 표현을 살펴보자. 평범한 어조로 차분하게 "참 잘했다"라고 한다면, 이는 문자 그대로 칭찬하는 메시지이다. 그러나 감정을 넣어서 "차ㅡㅁ, 자ㅡㄹ 했다"라고 끌면서 이야기하면, 반어조의 꾸중이 되는 것이다. 이와 같이 소리는 말하는 사람의 감정을 직접적이고 구체적으로 반영한다. 이에 에른스트 카시

---

[2] 이것은 일반 문학계에서도 마찬가지이다. 소리란 의미와 관계없이 그저 내용을 담는 형식으로만 보아왔다. 물론 시를 이야기할 때는 음악성과 운율을 이야기해 왔지만, 산문을 이야기할 때는 소리에 대해서는 거의 무관심하였다. 실제로 지금도 소리에 대한 고려의 유무가 시와 산문을 구분하는 근거로 쓰이고 있는 것이 사실이다. 이형기, 당신도 시를 쓸 수 있다(문학 사상사, 1991), 50 참조.

러(Ernst Cassirer)는, 본래 언어는 사고나 사상을 표현하는 것이 아니라 감정과 감동을 표현하는 것이라고 말한다. 결국 말하는 자의 감정과 감동을 알려면, 이를 표출하는 기본 장치인 소리에 민감해야 한다.

2. 에메랄드가 보드라울 수 있는가

어디 그뿐인가? 소리는 의미와는 뗄레야 뗄 수 없는 관계를 맺고 있다. 소리를 기술적으로 잘 다루어낸 예술은 음악이다. 따라서 글에서도 언어의 소리 부분이 빚어내는 효과를 음악성이라고 한다. 이런 음악성이 시에 강하게 등장하는 것은 사실이다. 김영랑의 시 "돌담에 속삭이는 햇발"의 둘째 연을 살펴보자.

　　새악시 볼에 떠오르는 부끄럼같이
　　시의 가슴을 살포시 적시는 물결같이
　　보드레한 에메랄드 얇게 흐르는
　　실비단 하늘을 바라보고 싶다.

여기서 "보드레한 에메랄드 얇게 흐르는"에서 고딕체로 되어 있는 "에" 소리의 겹침을 주목하라. 에메랄드는 보드레할 턱이 없는 단단한 보석임에도, 이 시를 읽으면 보드레한 느낌이 생기는 것 같은 인상을 받는 것은 무엇인가? 김영랑의 시에는 외래어가 등장하는 일이 없다고 한다. 다만 이 시의 에메랄드가 유일한 예외라는 것이다. 결국 이것은 김영랑이 신중하게 고른 시어라 할 수 있다. 그리고 바로 이로 인해 "에" 소리의 겹침이 빚어내는 탁월한 음악성을 획득하고 있다. 그 음악성이 갖는 힘은 단단한 에메랄드를 보드레한 것으로 바꾸어 놓을 만큼 위력이 있는 것이다. 결국 여기서 우리는, 소리는 의미와는 별개의 것이 될 수 없음을 알 수가 있다. 언어학에서 소리와 의미를 떼어 놓는 것은 편의적 조치에 불과할 뿐이다. 실제로는 소리와 의미는 뗄래야 뗄 수 없는 혼융일체를 이루고 있다.

또 다른 예로 이정진의 시조 한 수를 들어 보자.

산채를 맵다는가 박주를 쓰다는가
우리는 초야에 묻혔으니 맵고 쓴 줄 몰라라
매아미 맵다 울고 쓰르라미 쓰다 우네.

실상은 맵다거나 쓰다고 울리 없는 매아미와 쓰르라미가 이 시조에서는 매아미는 맵다고 쓰르라미는 쓰다고 우는 느낌을 자아내고 있다. 그 이유는 무엇인가? "매아미 맵다"와 "쓰르라미 쓰다"의 동음 반복 때문이다. 결국 소리의 조직에 의한 효과로 이 같은 느낌을 자아내는 것이다. 시에서는 이같이 소리가 매우 중요하다. 그러나 이것이 꼭 시에만 해당되는 것은 아니다. 산문에서도 소리는 의미의 기본 요소이다.

3. 저널리즘은 너절리즘

1994년도에 주사파(主思派) 논쟁을 불러일으킨 서강대 박홍 총장은 한때 "한국의 저널리즘은 너절리즘"이라고 혹평한 적이 있다. 한국의 언론계가 사회의 공기(公器)로서 여론을 건전하게 이끌기보다는, 군중의 호기심과 말초신경만을 자극하는 너절한 이야기를 늘어 놓는 황색 페이퍼에 불과하다는 자신의 견해를 "저널리즘-너절리즘"의 발음 대조로 극명하게 드러내었다. 여기서 발음의 층은 의미와 아무런 연관이 없는 장식의 요소로 쓰인 것이 아니다. "저널"과 "너절"의 발음의 유사는 의미를 전달하는 핵심 채널이다.

4. 철없는 여자

저자는 독자들을 설득하기 위해 단어의 소리도 이용한다. 동일한 발음이 나나 의미가 다른 동음 이의어를 반복하여 주제를 표출하기도 하고, 의미를 강화하기도 한다. 아래의 신문 광고 문안을 보고 무엇을 광고하는 것인가 추측해 보라.

"당신은 철없는 여자?
철 있는 여자?"

언뜻 보면 무슨 책 광고 같기도 하고, 영화 제목 같기도 하다. 그러나 그 밑에 "헤모 큐, 마시는 빈혈 치료제"에서 우리는 어떤 단서를 얻을 수 있다. 어린애처럼 군다는 의미의 "철이 없다"는 관형어구와 실제로 혈액에 "철분이 없어" 생기는 빈혈 사이의 동음 이의어 반복을 노린 광고 문안인 것이다.

이렇게 유사 발음이나 동일 발음의 단어들을 이용한 수사학적 기법을 우리는 성경에서도 많이 찾아볼 수 있다. 우리가 이런 발음 테크닉에 주의를 기울이지 않는다면 성경 기자가 의도한 의미를 놓칠 가능성이 크다. 의미란 단어의 의미의 합산이 아니라 이런 발음의 유사 관계의 그물코 가운데서도 생기는 것이다.

따라서 발음의 요소는 의미 전달의 핵심 기능을 감당하고 있다고 말할 수 있다. 물론 모든 글의 기저에 이러한 고도의 언어 테크닉이 항상 사용된다는 것은 아니다. 글이 간략하고, 힘이 있고, 경제적일수록 이런 발음 테크닉을 많이 사용하게 된다. 간략하고 경제적이며 힘이 있는 성경의 문체가 이런 테크닉을 많이 사용하리라는 것은 충분히 예상할 수 있다.

5. 읽도록 의도된 성경

이것은 주로 읽혀질 목적으로 기록된 구약성경 본문에는 더 더욱 잘 들어맞는다. 구약성경 본문은 입으로 전달되는 오랜 구전(口傳) 단계를 거쳤을 뿐 아니라, 기록된 문서도 읽혀질 목적으로 성문화된 것이기에, 우리는 성경 본문이 지니는 소리의 차원에 대해서 무관심해서는 아니된다. 특별히 고대 이스라엘에서는 흔히 성경을 큰 소리로 읽었다. 다시 말해 성경 본문은 원래 눈으로 보도록 기록된 것이 아니라, 귀로 듣도록 기록된 것이다. 고대 이스라엘은 현대처럼 활자 시대가 아니었기에, 성경 본문은 회당이나 그 밖의 공공 예배 장소에서 읽혀지도록 의도된 것이다. 따라서 귀로 인식할 수 있는 소리가 매우 중요한 역할을 담당하였다. 새로운 단락의 시작과 끝, 강조, 변화, 발전 등을 드러내기 위해서는 소리를 이용하는 수밖에 없었다. 따라서 소리의 요소는 현대의 독자들이 생각하는 것 이상으로 성경에서 중요한 기능을 담당하였다.

유대인들이 지금까지도 그들의 성경을 미크라(reading aloud, 크게 읽기) 라고 부르는 것은 이에 연유한 것이다. 그러나 현대 성경학도들은 성경을 눈으로 읽는 데 익숙해 있을 뿐, 소리를 내어 읽는 것은 등한시하고 있다. 그렇다면 이는 읽도록 의도된 성경을 제대로 해석하지 못하는 것을 의미하는 것이다. 따라서 최소한 성경 해석자들과 설교자들은 원문을 읽고, 원문의 소리가 메시지 전달에 끼치는 효과를 살펴보는 훈련이 필요한 때가 아닌가 생각한다.[3] 더욱이 우리가 이런 상황을 고려하지 않는다 할지라도 성경 본문은 일련의 발음들로 구성되어 있고, 이 발음들에서 의미가 나

오는 것이다. 물론 산문은 시와는 달라서, 시에서만큼 발음이 중요
한 것은 아니다. 그러나 산문에서도 음성의 층은 의미의 필요 조건
이다.[4] 이 점은 우리의 논의 가운데서 차츰 분명하게 드러날 것이
다.

차제에 한 가지 더 강조할 것이 있다. 음성은 의미와는 구별되어
분석되어서는 아니된다는 점이다.[5] 소리 자체로는 그 어떤 심미적
효과나 정서적 효과를 낼 수가 없다. 문예적 성격이 강한 글일수록
그 글을 형성하는 다층 구조(소리의 층과 의미의 층)가 유기적으
로 잘 연결되어 있기 때문이다. 소리의 층은 그 위에 있는 의미의
층과 밀접하게 연결되어 있어야 좋은 글이라 할 수 있는 것이다.
한걸음 더 나아가, 앞으로 살펴보게 되겠지만 성경 본문의 발음
차원은 의미 전달에 중요한 역할을 감당한다. 발음상의 여러 기교
나 테크닉은 단지 장식물이 아니요, 심미적인 효과와 의미 전달의
중요한 수단이다. 현저한 청각상의 발음 효과는 독자로 하여금 본
문에 주의를 기울이게 하며, 특정한 순간을 강조할 뿐 아니라 본문
전체의 효과를 돕는 기능을 감당함으로써, 저자가 전하려는 의도
를 강하게 부각시키는 효과를 일으킨다.[6]

---

[3] Luis Alonso Schökel, *A Manual of Hebrew Poetics*, Subsidia Biblica 11(Roma, 1988), 20.
[4] Wellek and Warren, *Theory of Literature*, 158.
[5] Wellek and Warren, *Theory of Literature*, 158.
[6] C. Conroy, *Absalom, Absalom*, Analecta Biblica 81(Rome : Biblical Institute Press, 1978), 115.

3
유사 발음 반복에 주의하라

1. 주사파 논쟁으로 열받은 한반도

조선일보 1994년 7월 25일자에 실린 오룡의 만화 "야로씨"에 실린 이야기이다.

아내 : (퇴근하는 남편을 향해) "데모요."
남편 : "주사파를 뿌리뽑아야지, 나라가 조용할 날이 없다."
아내 : "주사파가 아니라 주서파요."
남편 : "주서파?"
아이들 : (피켓을 들고 아버지 주위를 돌며)
"서울 38.4도, 바다로 가자, 바캉스도 모르는 수구 세력은 물러가라."
아버지 : "主暑派!"

위의 만화 대사는 유사한 발음이 나는 두 단어를 재치 있게 사용하여 전달하려는 메시지를 4단의 짧은 그림과 대사로 잘 드러내고 있다. 여기서 스토리의 재미는 주사파(主思派 : 김일성의 주체 사상을 따르는 무리를 가리킴)와 주서파(主暑派 : 더위도 아랑곳하지 않고 바캉스도 떠나지 않는 구세대를 가리키는 용어로 만화 작가가 만들어낸 단어)라는 두 단어 사이의 발음의 유사성에 있다. 주사파 논쟁으로 나라가 조용할 틈이 없는 데다가, 1994년 여름에 밀어닥친 수십년 만의 찜통 더위로 인한 불쾌지수는 높아가고, 바다로 피서를 떠날 만한 여유가 없는 서민 가장은 엎친 데 덮친 격으로 식구들이 데모까지 일으키고 있으니 어찌 열을 받지 않을 수 있겠는가! 이 같은 논지를 "주사파 – 주서파"의 발음 유사로 잘 살리고 있는 만화 작가의 재치를 우리는 눈여겨 볼 필요가 있다.

2. 유사 발음 반복 기법

소리가 유사하면 우리는 발음이 유사한 두 단어가 가리키는 사물에 자연스레 주의를 기울이게 된다. 우리의 귀는 발음의 유사성을 금방 찾아내기 마련이다. 이렇게 되면 우리는 두 사물 사이의 관계가 무엇인지에 대해 주의를 기울이게 된다. 이때는 흔히 둘 사이의 관계를 강조하는 것이 보통인데, 때로는 유사성을 때로는 대조를 나타낸다. 결국 유사 발음 단어 반복(paronomasia) 기법이란 유사한 발음이 나는 두 단어의 반복을 통해서 이 두 단어에 의해 언급되는 두 사물 사이의 유사성을 가리키기도 하고, 대조를 나타내기도 하는 기법을 가리킨다.[1] 성경 기자도 때로 중요한 교훈

---

[1] 성경에 쓰이고 있는 히브리어는 현재는 사용하지 않는 사어(死語)이다. 따라서 정확한 음가(音價)를 알 수는 없다. 물론 우리가 현재 소유하고 있는 히브리어 성경 본문(맛소라)의 발음 체계, 즉 자음과 모음과 액센트는 고대 이스라엘의 발음 전승을 상당히 충실히 전달하고 있는 것은 사실이나, 다른 발음 전승들의 존재를 놓고 볼 때 특정한 발음을 고집하면서 이것만이 최고의 발음 전승이라고 말하기는 어렵다. 따라서 자음이나 모음의 음가에 어떤 의미를 부여하는 것은 어렵다. 그러나 최소한 자음이나 모음의 소리의 반복은 그 소리가 어떤 음가인지 모른다고 하더라도, 어쨌든 소리의 반복은 부인할 수 없는 객관적인 자료가 된다. 따라서 동일한 소리의 반복이나 유사한 소리의 반복이 의미 전달에 어떻게 도움이

을 이런 기법을 사용하여 부각시키기도 한다.

3. 누드와 지혜의 함수 관계

에덴 동산으로 돌아가 이야기를 시작해 보자.

> "아담과 그 아내 두 사람이 벌거벗었으나(아롬 : 'ārôm)[2] 부끄러워 아니하니라
> 여호와 하나님의 지으신 들짐승 중에 뱀이 가장 간교(아룸 : 'ārûm)[3] 하더라……
> 여자가 그 나무를 본즉 먹음직도 하고 보암직도 하고 지혜롭게 할 만큼 탐스럽기도 한 나무인지라
> 여자가 그 실과를 따먹고……
> 이에 그들의 눈이 밝아 자기들의 몸이 벗은 줄(에롬 : 'êrôm)[4]을 알고"(창세기 2 : 25 — 3 : 7).

여기서 우리는 아롬 혹은 에롬(벌거벗은)[5]이란 단어와 아룸(간교

되는지를 살펴보는 것은 유익한 일이 된다.
[2] עָרוֹם
[3] עָרוּם
[4] עֵירוֹם
[5] 위 본문에서는 벌거벗음이란 용어가 아롬(עָרוֹם)과 에롬(עֵירוֹם)의 두 형태가 쓰이고 있다. 이 두 용어의 차이점에 대해서는 세일헤머(John H. Sailhamer)가 다음과 같이 잘 설명하고 있다. "2 : 25의 아롬(벌거벗음)과 3 : 7의 에롬(벌거벗음) 사이에는 차이가 있다. 비록 이 두 용어가 오경에 자주 쓰이는 것은 아니지만, 신명기 28 : 48에서 후자가 사용된 용법에 의해 후자는 독특한 함축을 지닌다. 신명기에서는 하나님을 신뢰하고 하나님의 말씀에 순종하지 못함으로써 이스라엘이 포로 됨이라는 형벌을 받을 것임을 설명하면서 이 용어를 사용하고 있다. '네가 주리고 목마르고 헐벗고 (밑줄은 원문에 없음) 모든 것이 핍절한 중에서 여호와께서 보내사 너를 치게 하실 대적을 섬기게 될 것이니 그가 철 멍에를

한)이란 단어 사이에 발음이 유사함을 알 수가 있다. 두 단어의 발음상의 유사성은 우연이라고 하기에는 너무 긴밀한 관계를 지니고 있다.

아룸(간교한)이란 단어는 애매한 표현이다. 창세기 2장의 한글 성경에는 "간교한"이라고 번역되어 부정적 의미를 드러내고 있으나 항상 그런 것은 아니다. 잠언에는 지혜자가 가져야 할 슬기를 가리키는 용법으로 쓰이고 있다(잠 12:16, 13:16). 물론 이 슬기는 잘못 쓰면 궤휼이 되어 버리기도 함을 성경은 지적하고 있다(욥 5:12, 15:5).[6] 어찌되었든 인간은 지혜롭기를 원했다. 그래서 뱀의 꾐에 빠져 지혜롭게 할 만큼 탐스러운 선악과 열매를 따먹었다. 그러나 결과는 어떠했는가? 원하던 지혜를 얻었는가? 그렇지 않다면 인간이 발견한 것은 무엇인가?

간교한(아룸) 뱀의 꾐에 빠져 지혜롭게 할 만큼 탐스런 열매를 따먹었으나, 그들은 지혜로워지기는커녕 자신의 벌거벗은 것(에롬)만을 발견하게 되었다. 아룸(지혜로워지려)하려 했으나 에롬(벌거벗음)만을 발견하게 되는 인간의 어리석음을 이보다 간략하고

네 목에 메워서 필경 너를 멸할 것이라.' 인간의 첫번째 벌거벗음과 두번째 벌거벗음의 상태를 구분하면서 저자는 스토리의 의미를 포착할 수 있는, 미묘하지만 인식할 수 있기에 충분한 단서를 제시하고 있다. 타락의 결과 인간은 단지 그들의 벌거벗음을 깨달은 것이 아니다. 신명기 28:48에서처럼 하나님의 심판 아래 들어가게 되었다는 의미에서의 벌거벗은 상태를 깨닫게 된 것이다." J. H. Sailhamer, *The Pentateuch as Narrative: A Biblical-Theological Commentary*, Library of Biblical Interpretation(Grand Rapids: Zondervan, 1992), 103 참조. 이와 반면에 Victor P. Hamilton은 이 두 용어 사이에 어떤 차이도 인정할 수 없다고 말한다. Victor P. Hamilton, *The Book of Genesis: Chapters 1-17*, NICOT(Grand Rapids: Zondervan, 1990), 191 참조.

[6] Hamilton, *The Book of Genesis: Chapters 1-17*, 187.

효과적으로 전달할 수가 있겠는가?[7] 여기서는 두 단어의 발음의 유사성은 첫번째 조상의 어리석은 행동을 강조하면서, 이들의 노력이 의도와는 정반대의 결과를 초래하였음을 강하게 지적하고 있다. 지혜와 벌거벗음 사이에 존재하는 함수 관계는 오늘도 변함없이 인간들의 삶을 지배하고 있다.

이 같은 해석에 대하여 일부 독자들은 너무 자의적이라고 비난할지 모른다. 단지 소리의 유사성으로 이 같은 관계를 도출할 수 있느냐고 의문을 제기할 수도 있다. 물론 일리가 있는 말이다. 그러나 우리는 단지 소리의 유사성만으로 본문의 내용이 말하지 않는 것을 도출하지는 않았다. 아담과 하와가 지혜로워지려고 하다가 오히려 자신들의 수치만을 발견한 것은 본문의 내용 안에 이미 담겨 있다. 결국 아룸과 에롬이라는 두 단어의 소리의 유사성은 저자의 입장에서 보면 이미 내용에 들어 있는 의미를 강화하는 기법에 불과한 것이다. 물론 독자의 입장에서는 이 같은 기법은 어떤 의미가 산출되고 강조되고 있는지를 알아내는 중요한 단서가 된다. 따라서 본문 해석의 귀중한 단초가 된다.

성경 본문의 의미는 그저 단어들의 사전적 의미의 합산만으로 전달되는 것이 아니다. 더욱이 소리는 의미 전달에 아무런 도움도 주지 않는 중립적 용기가 아니다. 우리는 기저에 깔린 소리의 층마저도 본문의 의미를 창출하는 데 기여하고 있음을 볼 수 있다. 이런 의미에서 성경 본문은 소리와 언어가 유기적으로 잘 연결되면서 의미를 산출하는 유기체적 언어 구조물임을 알 수가 있다.

---

[7] G. J. Wenham, *Genesis 1-15*, WBC(Waco : Word Books, 1987), 72 참조.

4. 유신의 심장을 쏜 야수의 심정

이런 사실은 히브리어를 모국어로 사용하는 이들에게는 이 같은 장구한 설명이 없이도 명약관화했을 것이다. 1995년 연말을 강타한 5.18특별법 제정으로 다시 부각된 5공화국의 한 사건을 예로 들면 금방 알 수가 있다.

박정희 대통령을 시해한 김재규는 법정에서 "야수의 심정으로 유신의 심장을 쏘았다"고 진술했다. 우리는 여기서 "야수의 심정", "유신의 심장"이란 은유가 단지 장식품이 아님을 알 수 있다. 자기가 하려는 말을 이런 은유가 없이도 할 수 있겠지만 간략한 문장으로 자신의 심경을 이보다 더 분명하게 표현할 수 있겠는가?

그는 시해 당시 자신의 마음을 "야수의 심정"으로 표현함으로써 냉혹한 행동을 할 수밖에 없었음을 잘 드러냈다. 또한 "유신의 심장"이란 은유를 사용함으로써 박 대통령이 유신 체제의 핵심적인 인물임을 드러냈다. 더욱이 "야수와 유신", "심정과 심장"이 서로 발음상 화음을 이루면서 "야수 같은 유신"의 "심장"을 겨누었던, 당시 자신의 "심정"을 극명하게 보여 주고 있다.

여기서 야수와 유신, 심정과 심장의 발음의 유사성은 그저 우연의 소산인가? 아니면 김재규의 생각을 단적으로 나타내는 의도적인 표현인가? 이것은 물으나마나한 질문이다. 한 문장으로 자신의 심정을 이보다 더 잘 나타낼 수 있을까?

이같이 모국어인 경우에는 유사 발음 단어의 반복이 의미와 직결됨을 즉각에서 알 수가 있다. 문학과는 거리가 먼 것처럼 보이는 군인의 입에서도 이 같은 함축적 표현이 가능하다면, 언어의 집에서 평생을 살아야 하는 성경 해석자들이 어떤 노력을 기울여야 하는가는 더 말해 무엇하랴?

5. 모리아 산의 하나님

이는 성경에서도 마찬가지이다. 우리는 유사한 발음이 나는 단어를 사용해서, 두 단어를 연결시킬 뿐 아니라 이를 통해 의미를 강조하고 심화시키는 모습을 볼 수 있다. 특히 히브리 성경에서는 라아(rā'āh : 보다)[8] 동사와 야레(yārē' : 경외하다)[9] 동사는 흔히 병행 단어로 자주 쓰이면서 발음 효과를 노리는 것을 본다. 우리는 한 본보기로서 아브라함이 이삭을 희생 제물로 바치는 이야기를 들 수가 있다.

> "이삭이 그 아비 아브라함에게 말하여 가로되……
> 불과 나무는 있거니와 번제할 어린 양은 어디 있나이까
> 아브라함이 가로되
> 아들아 번제할 어린 양은 '하나님이 자기를 위하여 친히 보시리라'(엘로힘 이르에)……
> 사자가 가라사대
> 그 아이에게 네 손을 대지 말라 아무 일도 그에게 하지 말라
> 네가 네 아들 네 독자라도 내게 아끼지 아니하였으니
> 내가 이제야 네가 '하나님을 경외하는 줄'(예레 엘로힘)을 아노라"(창 22 : 7 – 12).

이삭이 "불과 나무는 있거니와 번제할 어린 양은 어디 있나이까?"라고 묻자 아브라함은 번제할 어린 양은 엘로힘 이르에('ĕlohîm yir'eh : 하나님이 보시리라)[10]라고 대답한다. 결국 아브라

---

[8] רָאָה
[9] יָרֵא
[10] אֱלֹהִים יִרְאֶה 한글 개역 성경에는 "준비하시리라"고 번역되어 있으나, 직역을 하면 "보시리라"이다.

함은 하나님께서 번제할 어린 양을 보시고 계시다는 확고한 신앙 위에서 이삭을 제물로 바친다. 이에 마지막 순간에 하나님께서는 아브라함이 독자 이삭이라도 아끼지 않고 바치는 모습을 보고는 아브라함을 가리켜 예레 엘로힘(yĕrē' ĕlohîm : 하나님 경외자)[11]라고 부른다(창 22 : 12).

여기서 우리는 아브라함의 대답과 하나님의 말씀 사이에 나타나는 두 개의 단어 사이에 발음의 유사성을 통한 연결이 있음을 볼 수가 있다. 엘로힘 이르에(하나님이 보시리라)라고 말하는 자는 예레 엘로힘(하나님 경외자)으로 불리우는 것이다. 자기가 볼 때는 제3의 대안이 보이지 않지만 믿음에 근거하여, 과거의 언약의 주와의 생생한 체험, 즉 약속을 지키시는 하나님의 성실하심을 믿는 신앙에 근거하여, 하나님의 명령을 준행하면서, "하나님께서 보시리라"고 말하는 자는 하나님 경외자가 된다는 것이다. 우리는 여기서 발음상의 유사성이 단지 장식적인 도구가 아니라 핵심적인 의미를 더욱 강조하고 심화시키는 모습을 보게 된다.

물론 소리라는 형식은, 형식 자체로 가치를 지니지만 그것이 내용과 유기성을 가질 때 그 의의가 두드러진다. 우리 시조 가운데 한 수를 예로 들어 보자.

    청산도 절로 절로 녹수도 절로 절로
    산 절로 수 절로 산수간에 나도 절로
    이 중에 절로 자란 몸이 늙기도 절로 하리라.

여기서 "절로 절로"의 리을(ㄹ) 음은 물 흐르듯 자연스럽게 흘러

---

[11] יְרֵא אֱלֹהִים

가는 유동감을 준다. 그런데 중요한 것은 소리의 유동감과 내용이 딱 맞아떨어진다는 데 있다. 물 흐르듯 되는 대로 살아야겠다는 시조의 내용과 소리가 딱 들어맞는다. 여기서 유기성(有機性)이 드러난다. 이쯤 되면 소리라는 형식과 의미라는 내용이 서로 따로 노는 것이 아님을 알게 된다.

앞에서 언급한 성경의 예로 돌아가서, 엘로힘 이르에(하나님이 보시리라)와 예레 엘로힘(하나님 경외자) 사이의 발음의 유사성은 이 둘 사이에 유기적 질서를 새로 수립함으로써 새로운 관점으로 인생을 보게 되고, 새로운 세계관을 갖게 되는 것이다. 모든 것이 주어졌고, 새로운 것은 없다는 순환론적인 고대 근동 아시아의 폐쇄적인 세계관을 거부하고, 아브라함이, 지금 보지 못하는 것을 하나님이 보실 것이며 새로운 길을 여실 것이라는 열려진 세계관을 갖는 것이 얼마나 중요한가를 이런 식으로 표현하고 있는 것이다. 세상은 폐쇄된 체계이기에 그저 되는 대로 자연의 순리에 따라 사는 것이 인생의 길이라는 고대 근동 아시아의 자연 종교를 성경은 배격하고 있다. 하나님의 명령에 순종하기만 하면 세계는 열려 있으며, 불가능해 보이는 일들이 가능한 세계임을 잘 보여 준다. 이런 세계관을 본문의 내용이 말하고 있을 뿐 아니라 발음의 유사성을 동원해 강조하고 있다.

6. 발꿈치 잡는 버릇은 부전자전

"그 해산 기한이 찬즉
태에 쌍둥이가 있었는데
먼저 나온 자는 붉고 전신이 갖옷 같아서
이름을 에서라 하였고 후에 나온 아우는 손으로 에서의 발꿈치(아켑 : 'āqēb)[12]를 잡았으므로

그 이름을 야곱(야콥 : ya'ăqob)¹³이라 하였으며
리브가가 그들을 낳을 때에
이삭이 육십세이었더라"(창 25 : 24-26).

야곱은 태에서부터 형과 싸우더니 태어날 때 형의 발꿈치(아켑)를 잡는 바람에 야곱(발꿈치를 공격하는 자, 혹은 잡은 자)이란 이름을 얻었다(창 25 : 26).¹⁴ 여기서 우리는 발꿈치를 가리키는 어근(עקב : 'qb)이 한번은 "발꿈치"란 의미의 명사로, 한번은 "발꿈치를 잡다"(공격하다)는 의미의 동사로 쓰이면서 야곱이란 이름의 의미를 명확히 밝히고 있음을 본다. 실제로 야곱은 그 자신의 이름대로 에서의 발꿈치를 두번씩이나 붙잡는다. 에서는 동생이 자신이 받을 축복을 아버지에게서 빼앗은 것을 안 연후에 이같이 말한다.

"그의 이름을 야곱이라 함이 합당치 아니하니이까
그가 나의 발꿈치를 잡음(아캅)¹⁵이 이것이 두번째니이다
전에는 나의 장자의 명분을 빼앗고(라카흐 : lāqaḥ)¹⁶
이제는 내 복을 빼앗았(라카흐 : lāqaḥ)나이다"(창 27 : 36).

여기서 "발꿈치를 잡다"(아캅)는 동사는 "빼앗다"는 동사와 병행구로 나란히 쓰이고 있다. 따라서 "속이다"는 의미로 후대에 확

---

¹² עקב
¹³ יעקב
¹⁴ *The New Brown-Driver-Briggs-Gesenius Hebrew and English Lexicon*(Peabody, Massachusetts : Hendrickson Publishers, 1979), 784.
¹⁵ 한글 개역 성경은 속임이라고 의역되어 있으나, 여기에 쓰인 동사는 "발꿈치를 잡다"는 동일한 동사 아캅(עקב)이 쓰였다.
¹⁶ לקח

대되어 사용되고 있는 것은 그럴 만한 근거가 있는 것이다.

남을 속이고 도적질하는 교활한 야곱의 모습은 호세아와 예레미야에 의해서도 언급이 되나(호 6 : 7 – 10, 12 : 4 ; 렘 9 : 1 – 7, 12 : 1 – 13), 말라기에 의해 가장 강하게 등장한다. 말라기 기자는 야곱의 후손들인 이스라엘의 도적질을 야곱의 이름과 발음이 유사한 동사를 이용해서 잘 표현하고 있다.

"나 여호와는 변역지 아니하나니
그러므로 야곱(야콥 : ya'ăqob)의 자손들아
너희가 소멸되지 아니하느니라
만군의 여호와가 이르노라……
사람이 어찌 하나님의 것을 도적질(카바 : qāba')[17]하겠느냐
그러나 너희는 나의 것을 도적질(카바 : qāba')하고도 말하기를
우리가 어떻게 주의 것을 도적질(카바 : qāba')하였나이까 하도다
이는 곧 십일조와 헌물이라
너희 곧 온 나라가 나의 것을 도적질(카바 : qāba')하였으므로
너희가 저주를 받았느니라"(말 3 : 6, 7, 8 – 9).

말라기 선지자는 하나님의 백성이 십일조와 헌물을 제대로 드리지 않는 것을 하나님의 것을 도적질(카바)하는 행위로 맹렬히 비난하고 있다. 여기서 "도적질한다"는 동사 카바는 구약에서는 여기 외에 오직 잠언 22 : 23에만 사용되고 있다. 따라서 주전 2세기에 구약을 헬라어로 번역한 칠십인경에서는 카바 대신 아캅(발

---

[17] קבע

꿈치를 잡는다)이 원문의 동사인 것처럼 "발목을 잡다, 혹은 속이다"(프테르니조 : pternizō)로 번역하고 있다.[18] 따라서 일부 현대 번역들도 칠십인경을 따라 "사람이 어찌 하나님을 속일 수 있으랴" 등으로 번역한다.[19] 그러나 히브리 본문을 따라 여기서는 그냥 카바로 보는 것이 좋다. 카바(קבע)는 아캅(עקב)과는 히브리어 세 자음이 동일하나 순서만이 다름을 유의할 때, 유사 발음 단어 반복 기법이 쓰인 것으로 볼 수 있기 때문이다.

말라기 기자는 남의 발꿈치를 잡는(아캅) 품성이 야곱의 후손들에게 나타나 하나님의 것마저 도적질하는(카바) 죄를 범하고 있음을 날카롭게 지적하고 있다.[20] 야곱의 후손들의 속성이 어디 가겠는가? 부전자전의 모습은 전인류의 공통적인 모습임을 또다시 실감하게 된다.

7. 아모스의 환상

"주 여호와께서 또 내게 여름 실과 한 광주리를 보이시며
가라사대 아모스야 네가 무엇을 보느냐
내가 가로되 여름 실과 한 광주리니이다 하매
여호와께서 내게 이르시되
내 백성 이스라엘의 끝이 이르렀은즉

---

[18] 프테르니조(πτερνιζω)는 칠십인경에서 7번 사용되었으며, "발목을 잡다"(mit der Ferse schlagen), "속이다"(überliesten)의 의미로 쓰인다. Friedrich Rehkopf, *Septuaginta-Vokabular*(Göttingen : Vandenhoeck & Ruprecht, 1989), 251 참조.

[19] Jerusalem Bible : "Can a man cheat God?", New English Bible : "May a man defraud God?"

[20] L. Alonso Schökel, *A Manual of Hebrew Poetics*, Subsidia Biblica 11(Roma : Editrice Pontificio Institutio Biblico, 1988), 31.

내가 다시는 저를 용서치 아니하리니"(암 8 : 1, 2).

여호와께서는 아모스에게 여름 실과 한 광주리를 보여 준 후에, 무엇을 보느냐고 묻고서는 곧 바로 이스라엘의 끝이 이르렀다고 선언하신다. 이 무슨 뚱딴지 같은 말씀인가? 도대체 여름 실과 한 광주리와 이스라엘의 끝(종말)과 무슨 상관이 있는가? 여름 실과와 끝은 내용상이나 개념상 아무런 연결점이 없다.

여름 실과로 번역된 히브리어 카이츠(qayîṣ)[21]는 보통 여름이란 뜻으로 쓰이는데, 여기서는 계절의 의미로가 아니라, 생산하는 것의 의미로 쓰였다. 따라서 잘 익은 과실이란 뜻이다(렘 40 : 10 ; 삼하 16 : 1). "새로 잘 익은 과실"과 이스라엘의 종말의 선포 사이에는 아무런 개념상의 연결점을 찾을 수가 없다. 하나님께서는 개념상의 연결을 근거로 메시지를 전달하려고 의도하신 것이 아니다.

그렇다면 잘 익은 과실에서 종말로 이어지는 논리는 어디에 근거한 것인가? 여기서 우리는 소리의 층에 주의를 기울일 필요가 있다. "끝"이란 히브리 단어가 케츠(qēṣ)[22]라는 사실이 눈에 들어온다. 카이츠와 케츠, 발음의 유사성이 이 둘을 연결시키는 고리가 되는 것이다. "무엇을 보느냐? 카이츠를 봅니다. 그래, 맞다. 이스라엘에 케츠가 임하였느니라." 소리의 유사성을 근거로 논리를 전개하고 있는 것이다.[23]

아모스가 네번째 환상을 통해 받은 여름 과실 한 광주리의 시각

---

[21] קָיִץ
[22] קֵץ
[23] 한글 개역 성경에는 이 소리의 유사성을 난하주에서 밝히고 있다.

적 이미지와, 카이츠와 케츠 사이의 청각적 유사성은 아모스로 하여금 이스라엘의 종말의 확실성을 확실히 깨닫게 한 계기였는지 모른다. 아모스서 전체에 나타나는 이스라엘의 파멸의 메시지는 이 환상의 결과였음이 분명하다. "처녀 이스라엘이 엎드러졌음이여 다시 일어나지 못하리로다"(5 : 2, 참조. 5 : 16-17, 6 : 9-10, 2 : 14-16). 여기서 끝은 단지 종말의 시각을 가리키는 것이 아니라, 파멸을 가리키는 것임을 알 수가 있다.

이런 아모스의 메시지는 이스라엘 독자들의 마음에 충격적인 효과를 나타냈던 것 같다. 에스겔이 "끝"이란 핵심 단어를 사용하여 이스라엘의 파멸의 메시지를 강하게 선포하고 있는 사실을 통해서도 이를 알 수가 있다. 에스겔은 7장에서 이 단어를 가지고 임박한 여호와의 날의 성격을 설명하는 데 유용하게 사용하고 있다(에스겔 7 : 2, 3, 6에 모두 6번이나 쓰여짐).

"끝이 났도다,
끝이 났도다,
끝이 너를 치러 일어났나니
볼찌어다 임박하도다"(7 : 6).

여호와의 날을 다루고 있는 본문들 가운데서 "끝"이란 단어를 사용하는 본문은 에스겔서뿐이다. 여기서 "끝"은 아모스서에서와 마찬가지로 그저 시간의 일점, 종말의 시각을 가리키는 것이 아니다. 완전한 파멸을 뜻하는 것이다. 이런 의미의 끝의 용법은 노아 홍수 기사에서도 찾아볼 수가 있다.

"모든 혈육 있는 자의 강포가 땅에 가득하므로
그 끝날이 내 앞에 이르렀으니

내가 그들을 땅과 함께 멸하리라"(창 6:13).

아모스가 바라본 환상 속의 끝이 단순히 종말의 시각이 아니라 완전한 파멸을 가리키는 것이라면, 아모스의 메시지는 충격적인 내용을 담고 있었을 것이다. 이것은 카이츠와 케츠의 기교를 통해 이스라엘의 끝을 선언한 후에 선포한 메시지 가운데 분명히 드러난다.

"그 날에 궁전의 노래가 애곡으로 변할 것이며
시체가 많아서 사람이 잠잠히 처처에 내어버리리라
이는 주 여호와의 말씀이니라"(암 8:3).

하나님의 심판으로 인한 완전한 파멸이 다가오고 있음에도 불구하고, 이스라엘의 지도자는 경제적 풍요와 부를 만끽하며 헛된 구원의 노래를 지절거리고 있었다. 아모스서를 읽으면서 그리스도의 십자가의 복음보다는 성공의 복음을 외치며 교회 성장에만 매달린 한국 교회의 자화상이 어른거리는 것은 필자의 지나친 비관주의 때문만은 아니리라.

8. 살구나무의 비밀

발음의 유사성을 통한 논리 전개는 아모스만의 전유물은 아니었다.

"여호와의 말씀이 또 내게 임하니라
이르시되 예레미야야 네가 무엇을 보느냐
대답하되 내가 살구나무(샤케드 : šāqēd)[24] 가지를 보나이다
여호와께서 내게 이르시되

네가 잘 보았도다
이는 내가 내 말을 지켜(쇼케드 : šōqēd)[25]
그대로 이루려 함이니라"(렘 1 : 11).

언뜻 보면 본문의 의미가 잘 통하지 않는다. 살구나무와 하나님이 말씀을 잘 지켜 행하시는 것 사이에 도대체 어떤 연관이 있는지 분명치 않기 때문이다.

일부 해석자는 살구나무와 지키다라는 단어의 연상 작용에서 해석의 단서를 찾는다. 예를 들어 라빈슨(H. W. Robinson)은 살구나무는 이른 2월부터 꽃을 피우기 때문에 히브리어로 "깨어 있는 자" 또는 "감시자"란 의미를 갖는다고 주장한다. 결국 살구나무 가지는 "졸지도 않으시고 주무시지도 않으시며 다만 심판하기 위해 깨어 있는 분"으로서의 하나님을 암시하고 있다고 본다. 할러데이(W. L. Holladay)도 두 단어가 "지키다"는 어근(샤카드 : šāqad)[26]에서 나온 것을 근거로 단어의 연상에 의존하여 해석하고 있다.[27]

그러나 다른 학자들은 단어들의 연상 작용보다 발음의 유사성에서 해석의 열쇠를 찾는다. 이 두 단어들의 발음이 샤케드와 쇼케드로서 놀라울 정도로 유사하기에 여호와께서 자신의 말씀을 지켜보고 있다는 확신을 불러일으키기에 충분하다는 것이다. 하나님은 자신의 의도를 실현시키기 위해 행동하고 계시다는 확신을 불

---

[24] שָׁקֵד
[25] שֹׁקֵד
[26] שָׁקַד
[27] W. L. Holladay, *Jeremiah 1*, Hermenia(Philadelphia : Fortress, 1986), 37-38.

러일으킬 만한 발음상의 유사라는 것이다. "이는 마치 오늘날 어떤 사람이 시계(위치 : watch)를 의도적으로 바라보다가 하나님이 자신의 계획을 성취하기 위해 지켜 보고 계시다(워칭 : watching)는 것을 깨닫는 것과 같다."[28] 한글 개역 성경도 난하주에서 "살구나무라는 말과 지킨다는 말의 음이 비슷하다"고 함으로써 후자의 견해에 동조하고 있다.

그러나 이 두 견해는 서로 상충되는 것으로 볼 필요가 없다. 어원뿐 아니라 발음도 서로 유사한 두 단어를 사용함으로써 성경 기자가 이야기하려는 의도가 더욱 분명히 전달된다고 볼 수 있다. 예레미야가 살구나무 가지를 보고 있는 동안, 살구나무란 단어와 밀접히 연결된 지키다라는 단어가 연상 작용으로 머리 속에 떠올랐을 것이다. 이에 여호와께서는 "내가 내 말을 지켜 그대로 이루겠다"고 약속하신다. 예레미야가 선포한 말씀을 꼭 실행에 옮기시겠다고 여호와께서 확신을 심어 주시고 있다. 살구나무가 일찍 새 잎과 꽃망울을 터뜨림으로써 새 봄을 알리듯이, 예레미야를 통해 전달된 하나님의 말씀은 속히 성취될 것이다. 어원상 "지키는 나무"인 살구나무는 봄에 가장 먼저 꽃망울을 터뜨리며 다른 모든 나무들을 지켜 바라본다. 이와 마찬가지로 여호와께서도 자신의 말씀을 바라보시며 지켜 행하신다는 사실을, 여호와께서는 예레미야에게 시각적, 청각적 이미지로 구체화하고 있다.[29]

---

[28] 버나드 W. 앤더슨, 구약 성서 이해 하, 강성열, 노항규 역(서울 : 크리스챤 다이제스트, 1994), 438-439.
[29] 예레미야에 나오는 다른 유사 발음 단어 반복의 예들에 대해서는 E. A. Martens, *Jeremiah*, Believers Church Bible Commentary(Scottdale, Pennsylvania : Herald Press, 1986), 313 참조.

9. 빛 좋은 개살구

"대저 만군의 여호와의 포도원은 이스라엘 족속이요 그의
기뻐하시는 나무는 유다 사람이라
그들에게 공평(미쉬파트 : mišpāṭ)[30]을 바라셨더니
도리어 포학(미쉬파크 : mišpāḥ)[31]이요
그들에게 의로움(츠다카 : ṣĕdāqāh)[32]을 바라셨더니
도리어 부르짖음(츠아카 : ṣĕ'āqāh)[33]이었도다"(사 5 : 7).

이사야 5장은 저 유명한 포도원의 노래이다. 이 노래에 나오는 포도원 주인은 여호와 하나님이고, 그의 포도원은 이스라엘이었다.[34] 하나님은 기름진 옥토를 파서 돌을 제하고, 극상품 포도나무를 심었다. 그리고 망대를 세우고 술틀까지 만들었다. 하나님이 이렇게 온갖 정성으로 포도나무를 보살핀 이유는 무엇인가? 그것은 이스라엘이 다른 민족보다 도덕적으로 우월하기 때문이 아니었다. 그렇다고 다른 민족보다 강하기 때문도 아니었다. 이스라엘이 공의와 정의를 드러내는 삶을 통하여 하나님께 영광을 돌리기를 바라셨다.

그러나 이스라엘과 유다는 공평(미쉬파트) 대신 도리어 포학(미쉬파크)[35]을, 의로움(츠다카) 대신 도리어 부르짖음(츠아카)을 양산

---

[30] מִשְׁפָּט
[31] מִשְׂפָּח
[32] צְדָקָה
[33] צְעָקָה
[34] 이사야 5장뿐 아니라 시편 80 : 8에 보면 이스라엘을 애굽에서 건져 내어 가나안 땅으로 인도한 것을 포도나무 심은 것에 비유하고 있다. "주께서 한 포도나무를 애굽에서 가져다가 열방을 쫓아내시고 이를 심으셨나이다."
[35] מִשְׂפָּח outpouring (of blood), bloodshed(ס 대신 שׂ가 쓰인 것임).

해 내었다. 한마디로 좋은 포도 열리기를 바랐으나 들포도가 맺힌 것이었다.

공평과 포학, 의로움과 부르짖음은 한글로는 서로 발음이 다르나, 히브리어로 보면 유사하다. 미쉬파트와 미쉬파크, 츠다카와 츠아카. 오직 한 음절씩만 발음이 다르다. 그러나 각 쌍의 단어의 내용은 정반대이다. 공평과 포학, 의로움과 부르짖음 서로 얼마나 다른가! 하나님께서는 유다에게 미쉬파트를 기대하셨지만 유다는 미쉬파크를 드러냈으며, 하나님께서는 유다에게 츠다카를 기대하셨지만 유다는 츠아카만을 드러냈다.

그렇다면 이같이 발음상으로는 유사하나 내용상으로는 전혀 반대인 한 쌍의 단어를 선택한 이유는 무엇인가? 아마도 유다가 겉으로 보면 좋은 열매 맺는 나무와 매우 유사하나 실제로는 전혀 다름을 이야기하기 위해 이런 기법을 선택한 것이 아닌가 생각한다. 유다는 겉으로 볼 때에는 극상품 포도나무였지만, 실제로는 들포도를 맺은 나무였다. 겉으로는 종교 행위와 예배 의식에 열중이었지만 실제의 삶에 있어서는 공의와 의로움이 없는 자들이었다.

림버그는 이 같은 점을 강조하기 위해 "Justice(져스티스 : 공의)를 원하셨으나 Just Vice(져스트 바이스 : 바로 그 악) 이 웬말이며, Righteousness(라이쳐스니스 : 의)를 기다리셨더니 Rottenness(라튼니스 : 부패)가 웬말인가"로 번역하고 있다. 림버그는 이 같은 발음 기법이 극적인 박진감을 더해 주고 있다고 말한다.[36] 더욱이 이 같은 유사 발음 반복은 아이러니의 효과를 높인다.

---

[36] J. 림버그, 예언자와 약자, 이군호 역(서울 : 대한 기독교 출판사, 1993), 116. 참조, Alonso-Schökel, *A Manual of Hebrew Poetics*, 22 : "Sound can give a solemn quality to an antithesis."

오늘 우리는 어떤가? 잎만 무성한 무화과나무는 아닌가? 빛 좋은 개살구처럼 겉치레만 화려한 신자로 전락하고 있지는 않은가! 극상품 포도나무처럼 보이는 나무에 매달린 들포도를 상상해 보라. 이보다 더한 아이러니가 어디 있는가? "내가 좋은 포도 맺기를 기다렸거늘 들포도를 맺음은 어찜인고!" 자기 신부를 비난하는 신랑의 포도원의 노래는 오늘도 슬픈 애가가 되어 우리의 귓가에 들린다.

10. 왜 하필이면 전능자에게서 멸망이

"너희는 애곡할찌어다
여호와의 날이 가까왔으니
전능자(샤다이 : šadday)[37]에게서
멸망(쇼드 : šõd)[38]이 임할 것임이로다"(사 13:6).[39]

아모스 시대에 이르기까지 여호와의 날은 일반적으로 여호와께서 이스라엘의 적을 물리치시고 이스라엘을 세우시는 날로 이해되었다. 그러나 아모스 선지자는 여호와의 날에 여호와께서 이스라엘의 죄도 심판하실 것이라고 선언하기 시작하였다(암 1:1-3:

---

[37] שַׁדַּי
[38] שֹׁד
[39] 히브리어 원문을 보면 멸망이라는 단어 앞에 전치사 카프(כ)가 붙어 있다. 이 전치사는 "……과 같이", 혹은 "……처럼" 같은 비교의 의미를 지니는 전치사로 쓰인 것이 아니라, 별의미 없이 그저 술어 앞에 쓰인 소위 "진실의 카프" (kaph veritatis)인 것처럼 보인다. 여기서 진실의 카프란 카프가 때로 전치사로서 약간의 강조의 기능을 가지고 있는 데서 생긴 용어이다. 즉 비교의 전치사로 쓰일 때는 "모든 면에서"란 뜻이 함축되어 있다. 그러므로 "진정으로"란 의미가 함축된 것으로 볼 수 있다. 참조, E. Kautzsch and A. E. Cowley, *Gesenius Hebrew Grammar*(Oxford : Clarendon Press, 1910), §118x.

2). 어찌되었든간에 여호와의 날은 하나님을 인정하지 않는 이방인들과 하나님의 언약을 파기한 이스라엘 백성들이 모두 처벌되는 심판의 날이다.[40] 따라서 여호와의 날은 악인들에게는 멸망의 날이 될 수밖에 없다. 이것은 결코 놀랄 일이 아니다. 전능자에게서 멸망이 나오는 것은 명약관화하기 때문이다.

전능자와 멸망의 관계는 그 개념상으로는 분명해 보이지 않는다. 그러나 히브리어로 전능자와 멸망은 유사한 발음으로 되어 있다. 전능자는 샤다이며 멸망은 쇼드이기 때문이다. 발음상으로 볼 때 샤다이에게서 쇼드가 나오는 것은 너무나 당연하지 않은가? 이와 같이 유사한 발음의 단어를 반복하여 여호와의 날, 전능자에게서 멸망이 나오는 것은 필연적임을 강조하고 있다. 만일 전능자인 하나님에게서 멸망이 임한다면, 그 결과는 어떻게 될 것인가? 그것은 완전한 파멸일 것이다. 이사야 기자는 여호와의 날이 교만한 자들에게 멸망의 날이 될 수밖에 없음을 강조하기 위해 멸망이라는 히브리어 쇼드와 유사한 발음이 나는 샤다이라는 하나님의 이름을 골라서 사용하고 있는 것이다. 이렇게 성경 기자는 자신의 메시지를 심화시키고 강화시키기 위해 발음 기법을 사용하고 있음을 볼 수 있다.[41]

---

[40] Richard H. Hiers, "Day of the Lord," *Anchor Bible Dictionary*, vol. 2(New York : Doubleday, 1992), 83.

[41] 이미 칼빈은 이 두 단어가 동일한 어근인 샤다드(שדד)에서 나온 것이라고 주장하면서, 워드플레이(wordplay)의 기법이 쓰였음을 지적하고 있다(J. A. Alexander, *The Prophecies of Isaiah*<Grand Rapids : Zondervan, 1970 reprinting>, 272에서 재인용).

11. 결론

우리는 이상에서 유사한 발음이 나는 두 단어의 반복이 이 두 단어가 가리키는 사물의 관계를 강조하고 있음을 보았다. 아름과 에롬의 유사 소리 반복은 인간의 독자적인 지혜 추구가 가져오는 비극적 결말(수치심)을 잘 지적하고 있다.

엘로힘 이르에(하나님이 보시리라)와 예레 엘로힘(하나님 경외자) 의 반복은 소리의 유사성으로 인해 이 둘 사이의 새로운 유기적 질서를 수립함으로써 새로운 관점으로 인생을 바라보게 만든다. 이삭을 바치라는 이해할 수 없는 하나님의 명령 앞에서 "하나님이 보시리라"는 비전을 가지고 순종하는 자에게 하나님께서 "하나님 경외자"라는 칭찬과 함께 이미 준비한 어린 양을 제공하시는 축복을 강조하고 있다. 발음의 유사성은 단순한 언어의 장식이 아니라 의미 전달의 핵심적 장치임이 드러난다.

남의 발꿈치를 잡으며 속임수에 능한 야곱의 후손들이 급기야는 하나님의 물건까지 도적질하는 범죄를 아캅과 카바의 사운드 플레이(sound play)로 구상화하는 성경 기자의 솜씨는 놀랍다. 아모스가 본 여름 과실 한 광주리의 시각적 이미지와 카이츠(여름 실과)와 케츠(끝)의 발음의 유사성은 아모스에게 이스라엘의 종말과 파멸에 대한 충격적 인식을 가능케 하였다.

하나님께서는 유다에게 미쉬파트를 기대하셨지만 유다는 미쉬파크를 드러냈으며, 하나님께서는 유다에게 츠다카를 기대하셨지만 유다는 츠아카만을 드러냈다. 이같이 발음상으로는 유사하나 내용상으로는 전혀 반대인 한 쌍의 단어를 선택한 이유는, 유다는 겉으로 볼 때에는 극상품 포도나무였지만, 실제로는 들포도를 맺은 나무였다는 점을 강조한 데 있었다. 발음 기법이 극적인 박진감과 아이러니의 효과를 높이고 있다.

이같이 유사 발음 단어 반복은 새로운 유기적 질서를 구축함으로써 새로운 의미를 창출하게 만들 뿐 아니라, 지자가 전달하려는 의도를 강하게 부각시키는 효과를 일으킨다. 이런 기법은 단순히 성경에만 나타나는 것이 아니라, 고대 근동 아시아의 다른 문헌, 예를 들어 아카디아 문헌이나 우가릿 문헌에서도 살펴볼 수가 있다.[42] 그러나 이런 고대 근동 아시아의 문헌들에 대한 예는 지면 관계상 생략하였다. 더욱이 이런 기법이 쓰인 성경 본문의 예는 수도 없이 많다. 따라서 성경을 해석하는 자들은 본문의 맨 밑에 깔려 있는 발음의 층에 대해 더 깊은 관심을 기울여야 한다.

---

[42] W. G. E. Watson, *Classical Hebrew Poetry : A Guide to its Techniques*, JSOTS 26(Sheffield : JSOT Press, 1986), 242-243.

4
동음 이의어 반복에 유의하라

1. 고추 잠자리

수수께끼 놀이를 해보자. "곤충 가운데 숫놈만 있는 것은?" 그래도 학교 다니면서 생물이랍시고 공부를 해본 사람이면 곤혹스럽기 그지없다. 숫놈만 있어가지고는 번식이 불가능하기에, 그런 곤충이 있을까? 어떤 하릴없는 친구가 이런 수수께끼나 만들고 있지라는 생각이 들상법한 문제이다. 그러나 정답이 "고추 잠자리"라는 말을 들으면 그렇구나 라는 생각이 든다. 생물학적으로는 말도 안되는 문제가 성립하는 것은 "고추"라는 단어가 여러 가지로 쓰인다는 데 있다.

독자들의 이해를 돕기 위해 우스운 수수께끼를 하나 더 들도록 하자. "샴푸로 머리를 감을 때 제일 먼저 감는 곳은?" 인간으로 태어나서 머리 안 감는 사람이 있을 리 없지만, 이 수수께끼에 대한 대답은 그리 쉬운 것은 아니다. 해답은 "감다"는 동사가 두 가지 의미를 가지고 있다는 점에서 찾을 수 있다. "감다"는 단어가 "몸이나 머리를 물에 담가 씻다"는 의미뿐 아니라 "아래위 눈시울을 붙이다"는 의미도 갖고 있다는 점에 착안하면, 대답은 "눈"이

된다. 이를 현학적으로 말하면 동음 이의어(同音異意語) 테크닉이라고 할 수 있다. 어찌되었든간에 이 두 개의 수수께끼를 통해 발음은 단지 장식이 아니라 의미 전달에 중요한 수단임을 알 수가 있을 것이다.

2. 열대야란 무엇인가

1995년 여름도 그랬지만 1994년 여름은 정말 더워도 너무 더웠다. 밤에도 30도를 넘는 열기가 지속되는 바람에 열대야(熱帶夜) 현상이라는 말을 많이 들을 수가 있었다. 1994년 7월 24일자 KBS 저녁 9시 뉴스에서 앵커맨이 항간에 떠도는 우스갯소리로 뉴스를 마무리하였다.

"열대야(熱帶夜)가 무엇인가?
물을 열 대야는 퍼부어야 잠을 잘 수 있는 밤을 가리킨다."

이것은 물론 우스갯소리이지만 동음 이의어를 통한 의사 전달이 얼마나 효과적인가를 잘 보여 준다.

3. 재(財) 와 재(災)

일사유사(逸士遺事)란 문헌을 보면 가난하게 두 아들을 기르는 과부의 이야기가 나온다. 이 과부는 김학성(金學聲)의 어머니로서 어느날 처마 물 떨어지는 땅 밑에서 우연히 금은보화가 가득 든 솥을 발견하였다. 그런데 이 현모는 놀랍게도 다시 그 솥을 땅에 묻어버리고 딴 곳으로 이사하였다고 한다. 재(財)가 자라나는 자식들에게 재(災)로 작용할지도 모른다는 우려 때문이었다고 한다.[1] 노태우 대통령의 5천억 비자금 파문을 대하면서 이 현모의 모습이 새삼 떠오르는 것은 단지 필자만은 아니리라. 많은 재산이 재앙이 될 수도 있다는 사실은 역사가 증명하고 있다. 이 같은 역사의 교훈을 재(財)와 재(災)의 동음 이의어로 표현한 현모의 탁월한 인식을 본받을 필요가 있다.

4. 사자와 꿀

삼손은 딤나 여인과의 결혼식장에서 블레셋인들과 수수께끼 내기를 한다. 블레셋인들이 내기를 수용하자, 삼손은 병행법을 동원해서 수수께끼를 낸다.

"먹는 자에게서 먹는 것이 나오고
강한 자에게서 단 것이 나왔느니라."

"Out of the eater, something to eat,
out of the strong, something sweet."[2]

이 수수께끼가 갖는 여러 가지 문학적, 수사학적 테크닉은 여기서 다룰 수는 없다. 이 수수께끼가 "삼손과 사자"의 에피소드와 연결된 것만큼은 분명하다. 삼손이 딤나로 가던 도중 사자를 만나 맨손으로 사자를 찢어 죽였다. 그리고 얼마 지나 근처를 지나가다가 사자 시체에 어떤 일이 생겼나 궁금하여 다가가 보니 그 안에 벌과 꿀이 있었다. 이에 삼손은 손으로 꿀을 파내 자기도 먹고 부모에게 가져다 주어 먹게 하였다. 결국 이 수수께끼는 삼손의 개인적 체험과 연관되었다는 것을 현재 본문 형태로는 부인할 수가 없

---

[1] 이규태, "대도와 패물 심리," 조선일보 1983년 4월 20일.
[2] מֵהָאֹכֵל יָצָא מַאֲכָל
וּמֵעַז יָצָא מָתוֹק׃

다. 따라서 일부 학자들은 이 수수께끼를 나쁜 수수께끼, 불공평한 수수께끼, 대답할 수 없는 수수께끼라고 부른다. 그러나 삼손의 수수께끼는 개인적인 체험에 근거한 것이긴 하나 대답이 불가능한 것은 아니다. 삼손은 자기의 체험에 대한 지식이 없어도 해답을 내릴 수 있게끔 여러 가지 요소를 고려해서 수수께끼를 만들었다. 이 점에 대한 상세한 내용도 지면 관계상 생략하려고 한다.

어쨌든 이 수수께끼의 해답은 "사자에게서 나온 꿀"이었다. 그런데 여기서 한 가지 흥미로운 것은 사자와 꿀이 모두 아리('ărî)[3] 라는 동음 이의어라는 점이다. 초기 히브리어에서 아리는 사자도 꿀도 가리키기 때문이다.[4] 그렇다면 아마도 이 수수께끼의 해답은 동음 이의어 테크닉을 이용한 "아리에서 나온 아리"[5]였을는지 모른다.

그러나 블레셋인들은 이런 가능성 외에도 또 다른 가능성들 때문에 쉽게 해답을 발견할 수가 없었다. 우선 결혼식장이라는 배경에다가, "먹는 것", "단 것", "먹는 자", "힘센 자"라는 이미지 때문에 성적인 행위를 해답으로 연상할 수도 있었다. 먹는 자와 강한 자는 신랑(혹은 신부) - 관점에 따라 - 일 수 있고, 먹는 것과 단 것은 성행위에 따른 정액일 수 있기 때문이다.

한편 달리 관점을 바꾸어 보면 이 수수께끼는 음주와 구토를 가

---

[3] אֲרִי

[4] W. Baumgartner, H. Hartmann, E. Y. Kutscher, J. J. Stamm, *Hebräische und aramäisches Lexikon zum Alten Testament*, Lief. 1 (Leiden : E. J. Brill, 1967), 84 ; M. Pope, *Song of Songs*, AB(Garden City : Doubleday, 1985), 504-505 ; J.C. de Moor, "ar, 'Honey-Dew,'" *UF* 7(1975), 590-591.

[5] אֲרִי מֵי אֲרִי(아리 메 아리), honey from a lion : 사자에서 나온 꿀.

리킬 수도 있다. 먹는 자와 힘센 자는 술을 마시는 음주자요, 먹는 것과 단 것은 음주 후에 다시 토해낸 구토물로 볼 수도 있기 때문이다. 결국 이 같은 다양한 가능성 때문에 블레셋인들은 함부로 해답을 추측할 수 없었을 것이다.

삼손은 자신의 체험에 근거하고, 사자와 꿀이 모두 아리라는 동음 이의어라는 점에 착상한 후 이 같은 수수께끼를 만들어 블레셋인들을 혼동시키는 데 성공하였다. 20세기 초의 탁월한 독일 비평주의 학자인 헤르만 궁켈(H. Gunkel)은 삼손은 자연인이고, 블레셋인은 문화인으로 대조하여, 삼손 이야기를 자연인 대 문화인의 대결로 이해한다. 그러나 삼손은 머리 기르고 자연을 돌아다니는 무지몽매한 자연인이 아니었음을 알 수 있다. 블레셋인들의 두뇌를 농락한 수수께끼 솜씨는 삼손이 결코 백치의 장사가 아니었음을 잘 보여 준다. 그러나 삼손도 여인의 사랑 앞에서는 속수 무책일 수밖에 없었음은 에로스에 약한 남자의 보편적 속성 때문은 아닐까?

5. 수수께끼와 동침

삼손은 하나님이 주신 나실인의 사명을 저버리고 처음부터 블레셋 여인과 사랑에 빠졌다. 부모를 졸라 딤나의 블레셋 여인과 결혼하게 된 삼손은 결혼식장에서 블레셋인들을 굴복시키기 위해 수수께끼를 냈다. 그러나 블레셋인들은 비겁하게 삼손의 아내를 협박하여 여인의 눈물에 약한 삼손에게서 해답을 알아냈다. 이에 삼손은 화가 나서 다음과 같이 외쳤다

"삼손이 그들에게 대답하되
너희가 내 암송아지로 밭갈지(카라쉬 : ḥāraš)[6] 아니하였더면

나의 수수께끼를 능히 풀지 못하였으리라"(삿 14 : 18).

암송아지란 은유법과 "밭갈다"라는 동사는 고대 근동 아시아의 문헌에서는 성적 상징으로 자주 쓰였다.[7] 물론 여기서 딤나 블레셋인들이 삼손의 아내를 성적으로 이용한 것은 아니었다. 단순히 삼손이 성적인 표현으로 딤나 블레셋인들의 공정치 못한 태도를 비난한 것이다.

그런데 흥미롭게도 "밭갈다"(카라쉬 : ḥāraš)는 동사와 발음이 같은 동음 이의어인 "침묵하다"(카라쉬 : ḥāraš)는 동사가 가사의 창기집에서 일어난 사건에 사용되고 있다.

"혹이 가사 사람에게 고하여 가로되
삼손이 여기 왔다 하매

---

[6] חָרַשׁ

[7] 예를 들어 우가릿 문헌을 살펴보자. 우가릿 문헌은 주전 2,000년경부터 1,100년 어간까지 시리아의 지중해 연안에 위치하였던 우가릿 왕국의 폐허인 라쉬 샤므라 언덕에서 발굴된 문헌으로서 이스라엘이 역사의 무대에 등장하던 시기인 주전 14-13세기에 기록된 종교적 신화들을 보여 주고 있어 구약 배경 연구에 배우 중요한 문서들이다. 이 문서들은 세 학자에 의해 잘 편집되었다. M. Dietrich, O. Loretz, J. Samnartin, *Die keilalphabetischen Texte aus Ugarit*, Bd. 1(Neukirchen-Vluyn, 1976)의 책을 흔히 KTU라는 약자로 표시한다.

암송아지가 성적 상징으로 쓰이고 있는 문헌은 KTU 1.6 : II. 6-9, 28-30이다 : "Anatu missed her lover, and her heart longed for him, like the heart of a cow for her calf, like the heart of a ewe for her lamb"(아나투가 그녀의 정부를 그리워하며, 그녀의 마음은 그를 향한 갈구로 넘쳤다. 마치 암소가 송아지를 그리워하듯, 어미 양이 새끼양을 그리워하듯). 아모스 4 : 1 참조. 한편 밭갈다는 표현은 Rib-Addi of Byblos의 한 서신에서 볼 수 있다 : "My field is like a woman without a husband, on account of its lack of cultivation"(내 밭은 남편 없는 여인 같으니, 밭갈음이 없는 연고라).

곧 그를 에워싸고 밤새도록 성문에 매복하고
밤새도록 조용히(카라쉬 : ḥāraš) 하며
이르기를 새벽이 되거든 그를 죽이리라 하였더라"(삿 16 : 2).

삼손이 창기집에 들어간 것을 본 가사의 블레셋인들은 성문에 매복한 다음에 밤새도록 침묵(카라쉬 : ḥāraš)하며 삼손이 기생과 밤새 사랑에 빠져 힘을 소모하기를 기다렸다. 여기서 우리는 블레셋인들이 삼손이 밭갈기를 기다리며 입을 다물고 조용히 매복하고 있는 모습을 본다. 전에는 블레셋인들이 삼손의 아내를 밭갈았다고 삼손이 비난하고 있는데, 이제는 삼손이 가사의 기생을 밭갈고 있다. 전에는 블레셋인들이 삼손의 아내를 밭가는(카라쉬 : ḥāraš) 데 성공하였으나, 이제는 삼손이 밤새 밭갈리라고 기대하고 조용히 침묵(카라쉬 : ḥāraš)하였으나, 삼손이 밤중에 일어나 버리는 바람에 실패하였다. 양쪽 다 밭가는 일이 중심적인 모티브로 나타난다. 가사의 블레셋인들은 딤나의 동료들과 마찬가지로 밭가는 전략을 사용하였다. 그러나 가사의 블레셋인들은 딤나의 블레셋인들과는 달리 밭가는 전략에서 실패하고 말았다. 어찌되었든 여기서 우리는 성경 기자가 "밭갈다"와 "침묵하다"라는 히브리 동음 이의어 카라쉬를 사용해서 이렇게 서로 멀리 떨어진 성경 본문을 연결시킬 뿐 아니라 아이러니컬한 의미를 창출하고 있음을 볼 수가 있다.

6. 주사파(主思派) 와 주사파(注射派)

이런 동음 이의어 반복은 신문 만화에 자주 나타난다. 1994년 8월 18일자 경향신문의 김판국의 청개구리 만화란을 살펴보자.

TV : "정당에도 주사파"(청개구리 씨가 TV 보며 놀람)
신문 : "언론에도 주사파"(신문 보며 놀람)
청개구리 : "주사 독감"(머리를 감싸고 병원으로 감)
청개구리 : "병원에도 주사파"(주사를 들고 서 있는 간호사를 보며)

김일성의 주체 사상을 따르는 주사파(主思派)가 사회 각계 각층에 퍼져 있다는 서강대 박홍 총장의 폭로성 발언이 한창일 때, 주사파 논쟁으로 열받은 한반도의 모습을 재미있게 그리고 있다. 병원에서 주사(注射)를 들고 있는 간호사마저도 주사파에 속한다며 주사 독감에 걸려도 갈 곳이 없는 일반 국민의 낭패감을 잘 표현하고 있다. 이 같은 발음 테크닉에 대해 고대의 성경 기자가 문외한이었을까? 그렇지 않다는 사실은 성경을 면밀히 살펴보면 금방 드러난다.

7. 신앙의 요구

"대저 아람의 머리는 다메섹이요
다메섹의 머리는 르신이며
에브라임의 머리는 사마리아요
사마리아의 머리는 르말리야의 아들이라도
육십오 년내에 에브라임이 패하여
다시는 나라를 이루지 못하리라
만일 너희가 믿지(타아미누 : ta'ămînû)[8] 아니하면
정녕히 굳게 서지(테아메누 : tē'āmēnû)[9] 못하리라"(사 7 : 8

---

[8] תַּאֲמִינוּ
[9] תֵּאָמֵנוּ

−9).

한글 개역에 "믿다"와 "서다"로 번역된 단어는 히브리어로는 동일한 단어 아만('āman)[10]에서 나온 것으로서 전자는 사역형(히필형)으로, 후자는 수동형(니팔형)으로 쓰인 것이다. 여기서 아만의 기본 개념은 "굳건하다"(to be firm)이다. 이를 살려서 직역해 본다면 "너희가(믿음에) 굳건하지 못하면, 굳건하게 서지 못하리라"고 번역할 수 있다.[11]

주전 약 735년경에 앗수르 왕 르신과 이스라엘 왕 베가는 반앗수르 동맹에 참여하지 않은 아하스를 징벌하기 위해 유다를 침공해 들어왔다.[12] 이에 유다 왕 아하스와 유다 백성은 크게 두려워하였다. "왕의 마음과 그 백성의 마음이 삼림이 바람에 흔들림같이 흔들렸더라"(사 7:2). 이같이 두려워하는 아하스에게 하나님은 이사야를 통해서 위로와 격려의 메시지를 전하였다. "너는 삼가며 종용하라 아람 왕 르신과 르말리야의 아들이 심히 노할지라도 연기 나는 두 부지깽이 그루터기에 불과하니 두려워 말며 낙심치 말라"(사 7:4).

그러나 아하스는 하나님을 신뢰하기보다는 앗수르를 의지하였다. 이것은 큰 실수가 아닐 수 없었다. 하나님은 하나님의 백성을 통해 자신을 열방에 알리는 방법을 택하셨다. 그렇다면 하나님의

---

[10] אָמַן

[11] 이 경우는 엄밀히 말해서 동음 이의어 반복 기법이 아니다. 정확히 표현하자면 "어근 반복 기법"(root play)이라고 해야 하나, 여기서는 지면 관계상 따로 다루지 않으므로 동음 이의어 반복을 다루는 항목에서 다루고 있는 것이다.

[12] 정확한 연대는 알 길이 없다. 그러나 아하스가 주전 736년에 등극하였으며 다메섹에 대한 포위가 주전 734년이므로, 이 사이에 일어난 것임이 분명하다.

백성은 하나님은 신뢰할 수 있는 분이라는 사실을 우선적으로 배우고 이를 드러낼 필요가 있었다. 그런데 하나님을 의지하기보다는 앗수르를 의지한다면, 하나님의 백성은 열방에게 전할 메시지도, 구원의 희망도 사라지는 것이다. 하나님은 세계 열방과는 비교도 되지 않으실 정도로 큰 분이시며, 어떤 상황에서도 의지할 수 있는 분이라는 사실을 체험적으로 깨닫는다면, 하나님의 백성은 열방에게 전할 메시지가 있는 것이다. 따라서 이런 사명을 감당하지 못하는 자는 그냥 내버려 둘 수가 없는 것이다.

이에 하나님께서는 이사야를 통해서 아하스 왕에게 "만일 너희가(믿음에) 굳건히 서지 못하면 정녕히 굳게 서지 못하리라"고 선언하신 것이다. 히브리어가 아니고서는 결코 한 단어로 표현할 수 없는 명제를 한 단어를 사용해서 이렇게 표현한 것이다. 타아미누 하지 않으면 테아메누하지 못하리라. 믿는 것과 굳게 서는 것 사이의 함수 관계를 이것보다 더 강력하게 설명할 수는 없으리라. 이것은 현대를 사는 우리에게도 마찬가지이다. 하나님만을 신뢰하지 못하는 많은 현실적 상황적 핑계를 댈 수 있을 것이다. 그러나 믿음에 굳게 서지 못하면 우리도 아하스와 마찬가지로 굳게 서지 못할 것이다.

8. 기호의 우리와 우리의 기호

모든 언어에는 발음은 동일하나 뜻이 다른 동음 이의어들이 많이 있다. 한글에 "우리"는 나의 복수를 뜻할 수도 있고, 동물들을 가두어 놓는 어떤 틀을 가리킬 수도 있다. 결국 우리란 단어는 소리는 동일하나 뜻은 서로 다르다. 그런데 이런 동음 이의어를 잘 사용하면 메시지를 간략하게 전달하는 데 보통 효과적인 것이 아니다.

꽤 오래전 필자는 김경용의 기호학이란 무엇인가라는 책을 샀다. 그런데 부제가 "기호의 우리, 우리의 기호"라고 붙어 있었다. 처음에는 언뜻 의미가 통하지 않았다. 워낙 둔재라 "우리"가 동음 이의어로 쓰인 것임을 알아채지 못한 것이었다. 그러나 이 부제는 호기심을 일으키기에 충분하였다. "기호"란 말과 "우리"란 말이 반복될 뿐 아니라 순서가 뒤바뀌는 현상이 무엇인가 암시하고 있었다. 기호를 A로 우리를 B로 표시하면, A-B-B-A 형식이 되어 역전되고 있기 때문이다. 그러면서도 아직은 "우리"라는 단어가 두 가지 의미를 가진 줄은 알지 못했다. 버스 안에서 새로 산 책을 펴 들고 1장을 읽으면서 필자는 우리란 단어가 동음 이의어로 쓰이고 있음을 알았다.

마지막으로, 이 책 전체를 흐르고 있는 하나의 기본 가정에 대해서 미리 말해 두는 것이 좋겠다. 이 책의 제목 "기호의 우리, 우리의 기호"가 말하려는 것은 다음과 같은 것이다. 인간은 근본적으로 기호의 제작자이고, 자기 자신이 만들어 놓은 기호의 테두리 안에서 살아가는 존재라는 사실이다. 인간은 기호에 의해서 외부의 세계를 이해하며, 이해한 것만큼을 기호의 세계상으로 환치해 놓고 그 안에 안주한다. 그래서 기호는 "우리의 것"임과 동시에 우리들은 "기호의 우리, the cage of signs" 속에 산다. 우리는 기호의 울타리를 결코 넘을 수 없다.

책의 표제와 제목은 흔히 책의 내용을 가장 잘 보여 주는 표지판과 같은 것이기에 신중한 고려를 거쳐 붙이기 마련이다. 짧지만 내용을 함축적으로 보여 주어야 하기 때문이다. 위의 책의 경우에는 성공한 케이스라 할 수 있다. 제목이 짧고 함축적이면서도 독자들의 호기심을 자극하기 때문이다. 이 책의 저자는 동음 이의어 테크닉을 사용하여 "기호의 우리, 우리의 기호"란 부제를 붙임으로써 소기의 목적을 달성하였다. 기호를 만들어 놓고 우리의 것이라고 주장하지만, 결국은 기호의 우리(울타리) 가운데 갇혀 살 수밖에 없는 아이러니를 잘 표출하고 있다.

9. 에로스에 약한 삼손

"여인이 아들을 낳으매 이름을 삼손이라 하니라
아이가 자라매 여호와께서
그에게 복을 주시더니(바라크 : bãrak)[13]
소라와 에스다올 사이 마하네단에서
여호와의 신이 비로소
그에게 감동하기 시작하니라"(삿 13 : 24-25).

"들릴라가 삼손으로
자기 무릎(베레크 : berek)[14]을 베고 자게 하고
사람을 불러 그 머리털 일곱 가닥을 밀고 괴롭게 하여 본즉
그 힘이 없어지기 시작하였더라"(삿 16 : 19).

삼손은 태에서부터 나실인으로 성별된 하나님의 사람이었다. 더욱이 하나님께서는 삼손이 자라매 그를 복주셨으며(바라크 : bãrak, 삿 13 : 24), 여호와의 신이 그를 감동하셨다. 삼손은 여호와와 부모의 기대를 한몸에 받고 자랐다. 그러나 이런 기대는 무산되고 말았다. 그것은 삼손의 여성 편력 때문이었다. 삼손은 적의 도시인 딤나에 내려가서 블레셋 여인을 보고 올라와 부모에게 결혼시켜 달라고 요청하였다. 적의 도시에 내려가 그가 한 일이라곤

---

[13] בָּרַךְ
[14] בֶּרֶךְ

자기 눈에 맞는 여자를 고른 것뿐이었다. 이렇게 나타난 삼손의 에로스 추구는 결국 파멸을 맞고야 만다.

　삼손은 들릴라와 사랑의 불장난을 계속한다. 세번씩이나 자신의 힘의 근원을 가지고 장난치던 삼손은 마침내 힘의 비밀을 드러내고 만다. "내 머리에는 삭도를 대지 아니하였나니 이는 내가 모태에서 하나님의 나실인이 되었음이라 만일 내 머리가 밀리우면 내 힘이 내게서 떠나고 나는 약하여져서 다른 사람과 같으리라"(삿 16 : 17). 이에 들릴라는 삼손이 비밀을 고함을 보고 마지막으로 그를 잡을 조치를 취한다. "들릴라가 삼손으로 자기 무릎(베레크 : berek)을 베고 자게 하고 사람을 불러 그 머리털 일곱 가닥을 밀고 괴롭게 하여 본즉 그 힘이 없어졌더라"(16 : 19).

　우리는 여기서 "복주다"(bārak : ברך)와 "무릎"(berek : ברך) 두 히브리어 단어의 자음(어근)이 같다는 사실에 유의할 필요가 있다. 비록 이 두 단어가 사용된 본문이 멀리 떨어져 있는 것은 사실이지만— 전자는 13 : 24, 후자는 16 : 19— 성경 기자는 동음 이의어를 반복함으로써, 주제를 표출하고 강조하는 모습을 볼 수가 있다. 삼손은 여호와의 "복"(brk)을 들릴라의 "무릎"(brk)을 베고 사랑의 불장난을 하면서 잃어버리는 우를 범한 것이다. 물론 우리는 내용상으로 이런 관계를 유추할 수 있다. 그러나 동음 이의어 반복을 통해서 이를 확실히 알 수가 있는 것이다. 소리의 동일성은 서로 떨어진 이 두 사건을 연결시키며, 하나님의 복주심과 들릴라의 행동을 대조하게 만든다. 하나님의 복주심이 한 여인에 의해 무산될 위기를 맞게 된 것이다.

　그러나 하나님께서는 그가 시작하신 일을 이루시는 분이시다. 하나님께서는 소라와 에스다올 사이 마하네단에서 여호와의 신을 삼손에게 주어 그를 감동하기 시작하셨다(삿 13 : 24 - 25). 비록 삼손이 나실인의 언약을 파기함으로써 그의 머리털을 밀어 이전의 언약의 무효함을 선언하셨지만, 그대로 계실 수는 없었다. 사사기 16 : 22에 보면 "그의 머리털이 밀리운 후에 다시 자라기 시작하니라"는 함축이 강한 언급이 등장한다. 하나님께서는 다시 삼손을 성결케 하시기를 원하였다. 다시 나실인으로서 그를 성별하신 것이다. 삼손도 그렇게 생을 마무리할 수는 없었다. 비록 눈 뽑히고 힘을 잃은 처참한 모습이있으나, 자신의 인생을 주께 드리기를 원했다. 마지막 힘을 달라고 부탁한 삼손은 다곤 신전에서 다곤 신과 함께, 블레셋인 3천명과 함께 장렬한 최후를 마쳤다. 여인의 무릎에서 불장난하며 하나님의 축복을 상실한 삼손의 최후는 단지 비극적인 것만은 아니었다. "삼손이 죽을 때에 죽인 자가 살았을 때에 죽인 자보다 더욱 많았더라"는 성경 기자의 결론은 때늦은 헌신이라도 헌신이 아주 없는 것보다는 나음을 보여 줌으로 늘상 때를 놓치는 우리에게 또 다른 희망이 되고 있다.

이런 메시지를 효과적으로 전달하기 위해 성경 기자는 두 쌍의 동음 이의어를 사용하고 있음을 볼 수 있다. 이와 같이 고도의 발음 기법은 단지 언어의 장식 문제가 아니라 메시지 창출의 핵심 수단임을 알 수 있다. 이런 기법에 대한 면밀한 관찰 없이 그저 내용 파악만으로 그치는 성경 해석은 결코 깊은 통찰력을 얻을 수가 없는 것이다.

10. 복지부동(伏地不動), 복지부동(福地富洞), 복지부동(腹脂不動)

1994년도 전반기의 공직 사회를 평가하는 유행어는 복지부동(伏地不動)이었다. 공직자들이 적극적 자세로 일하기보다는 사정의 찬바람을 의식하고 땅에 엎드려 움직이지 않고 수동적 자세로 일관하고 있다는 견해가 복지부동이라는 유행어를 낳았다. 이 유행어는 그때마다의 공직 사회를 반영하는 신종 유사 조어들을 낳았는데, 여기에는 동음 이의어를 이용한 번뜩이는 재치와 센스가 있다.

1994년 5월 13일자 신문에 난 김병석 기자의 글을 게재하기로 하겠다.

복지부동(伏地不動). 요즘 공직 사회의 최대 유행어다. 이 복지부동과 관련한 유사 조어들이 공무원들 사이에 가지 가지를 치며 번지고 있다. 복지부동에 이어 가장 먼저 딴살림을 차린 유사 조어는 복지안동(伏地眼動). 땅에 납작 엎드려 눈만 말똥말똥 굴린다는 뜻. 이후 공무원들 사이에 급속도로 번진 유사 조어는 복지뇌동(伏地腦動 — 땅에 엎드려 머리만 굴린다), 복지수동(伏地手動 — 땅에 엎드려도 고스톱은 친다), 매지부동(埋地不動 — 아예 땅 파고 들어가 움직이지 않는다) 등을 들 수 있다. 이외 요지부동(搖地不動), 착지부동(着地不動), 복지미동(伏地微動) 등도 복지부동 이후 새로 유행되고 있는 아류들.

이회창 전 총리가 경질되면서 당시 분위기를 반영한 복지냉동(伏地冷動)이라는 말도 나돌기 시작했다. 또 복지부동의 배경론으로 신토불이(身土不二 — 몸과 땅은 하나)가 등장하기도 했고, 복지부동하는 공무원은 복지부동(福地富洞 — 복받은 땅과 잘사는 동네)에 산다는 유행어도 만들어졌다.

결국 복지부동(伏地不動)과 복지부동(福地富洞)의 동음 이의어 테크닉은 공무원들의 자조적 태도를 잘 반영하는 표현이라 할 수 있다. 이같이 동음 이의어는 사용만 잘하면 짧은 지면 안에 전달하려는 생각을 잘 전할 수가 있다.

여기서 한걸음 더 나아가 중앙일보 1994년 5월 17일자 "왈순 아지매"라는 만화에서 정운경씨는 복지부동의 또 다른 동음 이의어를 만들어냈다.

"전쟁 기념관으로 해먹고,
대전 엑스포로 해먹은 사람들,
아무리 살빼 봤자,
복지부동(腹脂不動, 여기서 복지는 배의 기름)."

전쟁 기념관 건립과 대전 엑스포 행사 때 일부 공무원들이 뇌물을 받은 일이 드러났다. 일은 하지 않고 복지부동(伏地不動)하는 공무원들이 뇌물을 받고 국고를 횡령해서 복지부동(福地富洞)에 살긴 하지만 아무리 살 빼려고 애를 써도 복지(배의 기름)는 부동하다(빠지지 않는다)는 사실을 세 개의 동음 이의어가 잘 보여 준다. 이렇듯 동음 이의어들은 메시지의 요지를 효과적으로 전달하는 데 매우 중요한 기법이 아닐 수 없다.

11. 아골 골짜기와 환난의 골짜기

"거기서 비로소 저의 포도원을 저에게 주고,
아골 골짜기로 소망의 문을 삼아 주리니
저가 거기서 응대하기를 어렸을 때와
애굽 땅에서 올라오던 날과 같이 하리라"(호 2 : 15).

"아골 골짜기"로 번역된 히브리어 원문은 "환난의 골짜기"라고 번역될 수도 있다.[15] 아골이라고 번역된 히브리어 아코르('ākôr)[16]가 "아골"이라는 지명 외에 "환난"이라는 뜻도 가지고 있기 때문이다. 만일 이것이 사실이라면 "환난"의 골짜기가 "소망"의 문이 된다는 논리, 즉 환난에서 소망으로의 발전 논리를 "아골"이라는 이름을 가지고 잘 표현하고 있다고 볼 수 있다. 결국 여호수아의 가나안 정복시 아간이 처형을 당했던 아골 골짜기를 연상시키면서도 환난의 골짜기를 암시하는 이 같은 어휘 선택은 호세아의 탁월한 예술성을 보여 준다.

더욱이 아코르라는 발음은 불임을 의미하는 아카르('āqar)[17]와 유사하다. 그렇다면 이곳이 불임과 황폐함의 사막 골짜기임을 드러내기 위해 아골 골짜기를 선택한 것은 아닐까? 이것이 근거 없는 추측이 아님은 주변 문맥을 보면 금방 나타난다.

호세아는 아골 골짜기를 "거친 들"(광야)과 동일시할 준비를 이미 2:14에서 갖추어 놓았다. "그러므로 내가 저를 개유하여 거친 들로 데리고 가서 말로 위로하고." 이 거친 아골 들판이 포도원이 되고, 거기서 많은 결실이 있을 수만 있다면, 충분히 소망의 문이 될 수 있는 것이다. 놀랍게도 하나님은 아골 골짜기에서 "비로소 저의 포도원을 저에게 줄" 것이라고 선언하신다(2:15). 더욱이 "땅은 곡식과 포도주와 기름에 응한다"고 한 것을 볼 때에 결실의 풍성함을 가리키고 있는 것이 분명하다. 그렇다면 환난의 골짜기, 불임과 황폐함의 사막인 아골 골짜기가 결실이 많은 풍성한 포도원이 되리라는 선언은 소망이 아닐 수 없는 것이다. 이런 개념은

---

[15] 한글 개역 성경의 난하주에도 이 점이 언급되어 있다.
[16] עָכוֹר
[17] עָקָר

이사야에서도 찾아볼 수 있다. "사론은 양떼의 우리가 되겠고 아골 골짜기는 소떼의 눕는 곳이 되어 나를 찾은 내 백성의 소유가 되려니와"(사 65:10).

아코르(아골)라는 지명이 발음상 환난이라는 히브리어와 동일하고, 황폐함이라는 단어와 유사하다는 점을 호세아가 십분 활용하는 것을 볼 수 있다. 여기서 소리의 측면은 단지 장식적 요소가 아니라, 메시지 전달의 핵심 장치임을 알 수 있다.

이런 기법은 단지 아골 골짜기라는 표현에만 국한되는 것은 아니다. "소망의 문"이라는 용어에도 해당된다. 소망의 문이란 표현은 매우 추상적이어서 정확히 이 어구가 가리키는 것이 무엇인지를 알 수가 없다. 그러나 소망이라고 번역된 히브리어 티크봐(tiqwāh)[18]는 동음 이의어로 "줄"이란 뜻으로도 쓰인다(수 2:18, 21). 여호수아서에서는 기생 라합이 이스라엘 정탐꾼들과 약속하고 집에다 매단 붉은 줄을 가리킨다.

라합의 기사는 아간 사건과 매우 밀접하게 연결되어 있어 호세아가 의도적으로 양자를 연결시켰을 가능성을 추측해 볼 수 있다. 이 두 사건을 암시적으로 연결시키기 위해 소망과 줄이라는 동음 이의어 티크봐를 선택했다고 봄은 지나친 추측만은 아닐 것이다. 실제로 여호수아서에서는 라합은 아간의 어리석음을 부각시키는 대조적 인물(foil character)로 나타난다. 아간은 이스라엘 공동체의 한 사람이었으나, 이방의 방식으로 살다가 여호와의 총회에서 떨어져 나간 자인 반면에, 라합은 이방인이었으나 자신의 미래를 여호와에게 걸고 목숨의 위험을 무릅쓰고 헌신하여 참이스라엘

---

[18] תִּקְוָה

여인이 되었다.

이스라엘의 역사는 아간의 길과 라합의 길 사이의 진자 운동이라고 하면 지나친 도식화일까? 아간의 아골 골짜기와 라합의 붉은 줄은 이스라엘 백성들에게는 너무나 분명한 역사의 교훈이었음이 분명하다. 역사는 어쩌면 되풀이되는 것이다. 가나안 정복시에 일어났던 이 두 사건은 이스라엘 역사의 길에 놓인 유일한 두 대안이었다. 그러나 놀라운 것은 비록 아골 골짜기의 길을 택했다 하더라도, 그것이 영원한 멸망으로 곧장 인도되는 것은 아니라는 데 있다. 아골 골짜기를 소망의 문으로 만드시는 여호와 하나님이 계시기 때문이다.

이것이 바로 호세아의 신학이다. 호세아가 이스라엘과 여호와의 새로운 결혼의 장소로 아골 골짜기를 선택한 것은 이 음침한 장소가 갱신의 상징으로 쓰이고 있었기 때문일 것이다. 심판과 죽음을 건너, 아니 심판과 죽음을 통해서만 새로운 삶과 생명이 가능하다는 것이 호세아서의 핵심이다. 아간의 범죄는 아이성 공략과 가나안 입성의 장애였다. 그러나 아간의 범죄를 처벌한 후에는 무사히 가나안을 정복할 수 있었다. 전에는 가나안 입성의 장애물이었던 아골 골짜기가 이제는 가나안으로 들어가는 대로가 된 것이다.[19]

이런 고도의 신학이 동음 이의어 반복 기법에 의해 표현될 수 있다는 것이 새삼 놀랍다. 어쩌면 이런 것이 하나님의 말씀의 능력과 창조력의 단면이 아닌가 생각한다. 하나님이 말씀으로 세상을

---

[19] F. I. Andersen and D. N. Freedman, *Hosea*, AB(Garden City : Doubleday, 1985), 275.

창조하신 것은 과거 우주 창조시에 한 번 있었던 과거 이야기가 아니다. 하나님은 지금도 말씀으로 세상을 창조하시는 분이시다. 하나님의 입에서 나오는 단어들의 유기적 관계는 유기적 현실을 창출하는 창조의 말씀이다.

12. 결론

　이상에서 우리는 동음 이의어를 반복해서 사용함으로써 의사 전달이 얼마나 효과적으로 이루어지는지 살펴보았다. 삼손은 사자와 꿀이 모두 아리라는 동음 이의어라는 점에 착상한 후 "먹는 자에게서 먹는 것이 나오고 강한 것에서 단 것이 나왔느니라"는 수수께끼를 만들어 블레셋인들을 혼동시키는 데 성공하였다. 한편 삼손 스토리는 "밭갈다"와 "침묵하다"라는 히브리 동음 이의어 카라쉬를 사용해서 멀리 떨어진 성경 본문을 연결시킬 뿐 아니라 블레셋인들의 어리석은 행동을 부각시키고 있다. 앗수르의 침략으로 크게 두려워하는 아하스 왕에게 하나님께서는 이사야를 통해서 타아미누하지 않으면 테아메누하지 못하리라고 선언하셨다. "만일 너희가(믿음에) 굳건히 서지 못하면 정녕히 굳게 서지 못하리라." 히브리어가 아니고서는 결코 한 단어로 표현할 수 없는 명제를 한 단어를 사용해서 이렇게 표현한 것이다. 호세아는 두 쌍의 동음 이의어를 반복 사용함으로써 이스라엘의 역사를 아간의 길과 라합의 길 사이의 진자 운동으로 묘사하고 있다. 이렇듯 소리는 내용과는 별로 상관이 없는 장식적 요소가 아니다. 성경 기자가 자신의 메시지를 심화시키고 강화하며, 세미한 뉘앙스를 부가하는 언어적 장치인 것이다.

5
각운, 두운, 모운에 유의하라

1. 드봉 쓰봉 따봉

얼마 전부터 TV 광고로 인해 "따봉"이란 말이 "멋지다, 최고다"의 의미를 지닌 단어라는 사실이 알려졌다. 그 후로 젊은이들이 "드봉 쓰봉 따봉"이라는 신조어를 만들어냈다. 이 신조어는 모두 봉이라는 소리로 끝이 나지만 세 개의 외국어로 된 말이다. 드봉은 화장품 이름에 도입된 프랑스어이며, 쓰봉은 바지를 가리키는 일본어이며, 따봉은 멋지다는 스페인어이다. 그렇다면 "드봉 쓰봉 따봉"이라는 신조어의 의미가 무엇인가? 기성 세대로서는 추측도 불가능하다. 그러나 이 신조어가 신세대에게는 "소피 마르소가 바지를 입은 모습이 멋있다"라는 뜻이라고 한다. 소피 마르소가 드봉 화장품의 선전에 나왔으며, 쓰봉이 바지라는 뜻이니까, 이런 의미가 가능하다는 것이다.

어찌되었든간에 "드봉 쓰봉 따봉"이라는 신조어는 의미를 알든 모르든간에 처음 들을 때 재미있는 인상을 준다. 그렇다면 이 재미의 원인은 무엇인가? 아마도 "－봉"이 되풀이되는 데 있을 것이다. 사실 처음에는 전혀 무관한 3개 국어였다. 그런데 한마디의 말로 묶어 보니 듣기에 그럴 듯하다. "-봉-봉-봉" 하고 같은 소리가 되풀이되기에 그럴싸해 보이는 것이다. 어지러운 사물들에 새로운 질서가 부여되었다고 할 수 있을 것이다. 학문적으로 말하자면 "유기성(有機性)의 구축(構築)"이라고 해야 한다. 물론 이 경우에는 "봉"이라는 소리의 반복을 통해 새로운 세계 인식을 가질 수 있는 것은 아니나, 새로운 관점으로 사물을 보게 하는 것만큼은 사실이다.

2. 압운

일정한 위치에서 같은 소리 혹은 비슷한 소리를 되풀이할 때 우리는 이를 압운(押韻)이라고 한다. 한글은 교착어인 탓으로 어절이나 단어의 끝 음상이 빈약하기에 압운을 만들기가 쉽지 않다. 따라서 서구나 한시처럼 다양하지는 못하나 소리의 반복과 동일한 단어 반복으로 압운을 만들어내고 있다. 특히 단어나 구나 절이나 문장의 처음에 같은 소리나 비슷한 소리가 반복될 때에는 두운(alliteration), 단어나 구나 절이나 문장의 끝에 같은 소리나 비슷한 소리가 반복될 때는 각운(rhyme)이라고 한다.

밤하늘에 부딛친 번개불이니
바위에 부서지는 바다를 간다.
  －송욱, 쥬리에트에서－

물구슬의 봄새벽 아득한 길
하늘이며 들 사이에 넓은 숲
젖은 향기 붉웃한 잎 위의 길
실 그물의 바람 비쳐 젖은 숲.
  －김소월, 꿈길－

전자가 두운의 예라면, 후자는 각운의 예이다. 문제는 소리의 반복이 단지 소리의 반복에 그치지 않는다는 데 있다. 같은 소리가 되풀이된다고 해서 반드시 의미가 있고 쾌감을 주는 것은 아니다. 끈질기게 울어 대는 아이 울음 소리와 계속해서 울려 대는 자동차 경적 소리는 아무런 의미도 주지 않는다. 오히려 혼란과 고통만을 줄 뿐이다. 결국 같은 소리가 되풀이되되 다른 요소, 즉 내용의 요소가 첨가될 때 즐겁고 의미로운 일이라고 할 수 있다.

3. "우리"의 합창 속에 고독한 영웅

우리는 이런 모습을 삼손 이야기 가운데서 살펴볼 수 있다. 블레셋인들이 삼손을 잡아서 눈을 뽑은 다음, 승전을 축하하기 위해 다곤 신전에 모여 승전가를 부르는 모습을 우리는 사사기 16 : 23, 24에서 볼 수 있다. 이들의 승전가는 각운이 뛰어나다.

"<u>우리</u>의 신이
<u>우리</u> 원수 삼손을
<u>우리</u> 손에 붙였다"(삿 16 : 23).

"<u>우리</u> 토지를 헐고
<u>우리</u> 많은 사람을 죽인 원수를
<u>우리</u>의 신이
<u>우리</u> 손에 붙였다"(삿 16 : 24).

한글 번역에는 이 각운이 드러나지 않으나, 히브리 본문에는 잘 드러난다.

나탄 엘로<u>헤</u>누 브야<u>데</u>누,

에트 심손 오예베누
베에트 마크리브 아르체누
봐아셰르 히르바 에트 하랄레누.[1]

한글 번역에서 "우리"라고 번역된 소유 대명사 접미사는 발음이 에누(ēnû : נוּ‎)로서 각운을 형성하고 있다. 즉 승전가의 각행이 에누라는 발음으로 끝이 난다. 즉 "우리"라는 대명사 접미사가 반복되고 있는 것이다.

우리는 본문을 해석할 때 이런 사소한 접미사에 별로 신경을 많이 쓰지 않은 것이 사실이다. "우리"라는 대명사 접미사가 두번째 승전가에서 5번 쓰이고 있고, 4번은 각운으로 쓰이고 있다는 점을 대수롭지 않게 생각하고 넘어간다. 그러나 우리는 여기서 사소한 접미사의 반복이라 하더라도 그냥 그렇겠거니 하고 넘어가서는 아니된다. 첫째 우리는 이런 각운의 반복이 유포니 현상(음조가 듣기 좋은 현상)을 일으키고 있으며, 이런 현상이 코러스의 효과를 잘 드러내고 있음을 주목해야 한다. 3천명이나 되는 블레셋인들이 그들의 신인 다곤 신전에 모여 웅장한 코러스로 승전가를 부르고 있는 것이다. "우리"라는 소유 대명사 접미사의 5번의 반복은 승전가가 메아리쳐 울리고 있는 모습을 청각적으로 잘 제시하고 있다.

한편 4번의 각운의 반복은 각 행이 어디서 끝나는지를 보여 주는 구조적 역할도 담당한다. 더욱 중요한 것은 이런 각운이 단지 음성적, 구조적 기능만을 가지는 것이 아니라, 의미까지도 전달한

---

[1] שִׁמְשׁוֹן אוֹיְבֵינוּ // וְאֵת מַחֲרִיב אַרְצֵנוּ // וַאֲשֶׁר הִרְבָּה אֶת־חֲשָׁדֵינוּ // נָתַן אֱלֹהֵינוּ בְּיָדֵנוּ // אֶת

다는 점이다. "우리"의 반복은 복수성을 강조하면서 고독하게 두 눈이 뽑혀 홀로 적 가운데 서 있는 삼손의 처량한 모습을 강하게 부각시키면서, 승전가를 부르는 3천명의 블레셋인과 고독한 삼손의 모습을 극적으로 대조하는 데 공헌하고 있다. 더욱이 우리라는 접미사가 붙은 단어들, "우리의 신", "우리의 손", "우리의 적", "우리의 땅", "우리 사람을 죽인 자"를 서로 연결시키고 대조하면서 삼손과 자기들을 극명하게 대조하고 있다.[2]

여기서 "우리"라는 대명사 접미사의 반복을 통한 각운 형성은 단지 장식적 효과나 구조적 효과만을 드러내는 기능을 하는 것이 아님을 알 수 있다. 소리의 단순한 반복이 때로는 분위기를 창출하고 주제를 표출하며 대조를 극명하게 드러내는 기능도 감당하는 것을 알 수 있다. 이런 점에서 우리는 성경 본문의 소리의 층에 주의를 기울여야 한다.

4. 공당문답

연려실기술에는 조선조 세종 때의 정승 맹사성(孟思誠)과 관련된 일화가 있다. 맹사성이 고향인 온양으로부터 한양으로 돌아오는 도중에 비를 만나 용인에 있는 객사에 들었다고 한다. 거기 묵는 사람 가운데 많은 종을 거느리고 차림이 요란한 나그네가 있었으니, 이는 영남인으로서 녹사취재(錄事取才)라는 벼슬을 해보고자 서울로 올라가는 사람이었다. 그가 맹사성의 행색이 변변치 않은 것을 보고는 거드름을 피우면서, 심심한데 장난삼아 이야기나 나누자고 하였다. 그러고는 "공(公)자 당(堂)자"로 말을 끝내기로 하였다고 한다.

---

[2] Wellek and Warren, *Theory of Literature*, 160f.

맹사성이 묻되 "무슨 일로 서울 가는공?"
그 사람이 답 왈, "벼슬하러 간당."
다시 묻고 대답하되, "무슨 벼슬인공?"
"녹사취재당."
"내가 시켜 줄공?"
"아니당."
며칠 뒤 맹정승 앞에 그 사람이 벼슬을 구하여 나아오니
공이 왈, "어떤 공?"
하니 그 사람이 그제야 깨닫고 말하기를,
"죽어지이당"이라고 했다 한다.

같은 소리를 되풀이함으로써, 어떤 자리에 어떤 소리가 오리라는 기대와 확신이 표현된다. 이런 기대와 확신이 충족되었을 때 즐거움을 느끼며 새로운 사실을 확인하게 되는 것이다. 다양한 소리의 연쇄 속에서 반복되어 나타나는 동일음은 내용과 유기성을 가질 때 느낌과 뜻이 어울리면서 소기의 효과를 나타내는 법이다.

5. 여호와는 그림의 떡인가

"대저 여호와는 우리의 재판장이시요
여호와는 우리의 율법 수여자시요
여호와는 우리의 왕이시니
그가 우리를 구원하시리라"(사 33 : 22).

키 아도나이 쇼프테누
아도나이 메코크케누
아도나이 말르케누
후 요시에누.[3]

각운, 두운, 모운에 유의하라 89

위의 시에서는 넓게 보면 여호와가 구원자라는 개념이 반복되고 있다. 물론 단순한 반복이 아니라 그 안에는 어떤 진전이 있다. 재판장-율법 수여자-왕으로 이어지는 사상의 진전 가운데 "우리"라는 대명사가 시행(詩行)의 끝에 반복되고 있다. "우리"라는 대명사에 해당되는 히브리어 에누가 각운으로 반복됨으로써 같은 자리에 같은 소리가 오리라는 기대와 확신이 채워진다. "여호와가 우리의 재판장이요, 우리의 율법 수여자요, 우리의 왕이라면, 그 결과는 뻔하지 않은가? 그가 우리를 구원하시지 않겠는가?"라는 논리의 흐름이 에누의 각운으로 강하게 부각되고 있다.

비록 여호와가 재판장이요, 율법 수여자요, 왕이라 하더라도, 우리와 아무 상관이 없다면 그림의 떡인 셈이다. 우리의 진도 아리랑에는 "보고도 못 먹는 것은 그림의 떡이고, 보고도 못 사는 것은 남의 님이로구나"라는 구절이 있다. 여호와가 우리와 상관없는 재판장이라면 그림의 떡이 아니며, 여호와가 남의 율법 수여자라면 남의 님에 불과한 것이 아니며, 여호와가 우리를 모르는 왕이라면 우리를 구원할 리 만무한 것 아닌가?
그러나 여호와는 우리의 재판장이요, 우리의 율법 수여자이며, 우리의 왕이시다. 그렇다면 그는 그림의 떡도 남의 님도 아닌 것이다. 그는 우리를 구원하실 분이시다. "우리"의 세 번의 반복이 마지막 "우리"의 기대를 가능케 하며, 이 기대가 채워졌을 때 우리는 기쁨을 느끼게 되며, 새로운 질서를 보게 되는 것이다. 소리의 층은 단지 소리의 차원에서 끝나는 것이 아니라 의미의 층과 밀접한 연관을 맺고 있음을 볼 수가 있다.

יְהוָה שֹׁפְטֵנוּ // יְהוָה מְחֹקְקֵנוּ // יְהוָה מַלְכֵּנוּ // הוּא יוֹשִׁיעֵנוּ[3] כִּי

6. 동침의 유혹

이제 성경에서 또 다른 예를 들어 보자. 다윗의 아들인 암논은 이복 동생 다말을 연애하였다. 그는 상사병에 걸려 나날이 파리해져 갔다. 친구 요나답이 묘책을 알려 주었다. 병든 체하고 병석에 누워 있으면 부친이 문병을 올 때, 다말이 차려 준 음식을 먹게 해달라고 요청하라고 시켰다. 이에 다말이 음식을 장만하여 나타나자, 주위 사람을 물리치고 다음과 같이 유혹하였다.

보이 쉬크비 임미 아코티(bôʾî šikbî ʿimmî ʾăḥôtî).[4]
"와서 동침하자, 나와, 나의 누이야"(삼하 13:11).

여기서 우리가 눈여겨 볼 것은 "이"(î : ִי) 발음이 4번 반복된다는 점이다. 이 같은 발음의 반복은 단지 음성학적 요소로만 간주해서는 아니된다. 의미를 드러내는 가치가 있기 때문이다. 이 운(韻)은 단어들 사이의 관계를 설정하고 강조하며 드러내는 역할을 한다. 처음 두 단어(보이 쉬크비 : 와서 동침하자)의 "이" 각운은 2인칭 여성 단수형 꼬리로서 다말을 가리키며, 나중 두 단어(임미 아코티 : 나와, 나의 누이야)의 "이" 각운은 1인칭 단수 소유 대명사 접미로서 암논을 가리킨다. 이렇게 함으로써 암논이 원하는 다말과 암논간의 밀접한 관계를 암시하고 있다.

처음과 나중 단어(오라, 누이야)는 설득하는 말들이라면, 핵심 단어는 "나와 동침하자"이다. 중앙의 핵심 두 단어(쉬크비 임미)에서 "이"라는 발음은 한 번은 다말, 한 번은 암논을 가리키면서 둘의 하나됨을 지칭한다. 암논의 말이 얼마나 유혹적으로 들렸을 것

---

[4] בּוֹאִי שִׁכְבִי עִמִּי אֲחוֹתִי

인가를 쉽게 발음으로도 짐작해 볼 수가 있다. 이렇게 단어의 발음은 의미와 일치하면서 의미를 강화한다.[5] 소리와 의미의 유기성이라는 개념은 여기서 등장하는 것이다.

7. 두운법

두운법(頭韻法)이란 근접한 단어의 연속에 있어서의 특정 소리의 반복이 각 단어의 첫자음에 나타나는 경우를 가리킨다. 이 같은 두운법은 의미를 강화하거나, 연관된 단어를 연결시키거나, 요청이나 간청등의 감정적 요소를 강조하는 기법으로 쓰인다.[6]

(1) 창조의 두운법

브레에쉬트 바라아 엘로힘(bĕrē'šît bārā' 'ĕlōhîm).[7]
"태초에 하나님이 천지를 창조하시니라"(창 1:1).

흥미롭게도 구약성경의 첫 문장의 첫 두 단어는 동일한 세 자음들의 반복이 만들어 내는 두운법이 특징이다. "태초에"를 뜻하는 브레에쉬트의 첫 세 자음(b, r, ' / ב,ר,א)과 "창조하다"는 동사 바라아의 세 자음(b, r, ' / ב,ר,א)이 동일한 때문이다. 이것이 우연인지 아니면 저자의 문예적 기법인지 확실히 알기는 어렵다. 그러나 우연인지 저자의 의도인지를 가려내는 것은 어느 경우이든 거의 불

---

[5] Sh. Bar-Efrat, *Narrative Art in the Bible*, JSOTS 70(Sheffield: JSOT Press, 1989), 259-260.

[6] M. H. 아브람스, 문학 용어 사전, 최상규 역(서울: 보성출판사, 1991), 10-11; W. G. E. Watson, *Classical Hebrew Poetry: A Guide to its Techniques*, JSOTS 26(Sheffield: JSOT Press, 1986), 227-228.

[7] בְּרֵאשִׁית בָּרָא אֱלֹהִים

가능하다. 저자의 의도는 단지 본문에 언어로 표현된 것밖에 없기 때문이다. 더욱이 프로이드 이후 시대를 살아가는 현대인들에게는 의식과 무의식의 세계를 엄격히 구분하는 것 또한 문제가 아닐 수 없다. 분명한 것은 본문의 첫 두 단어가 발음상 두운법의 현상을 드러내고 있다는 것이다. 여기서 우리는 태초와 창조 행위를 밀접히 연결시키며 강조하려는 저자의 의도를 살펴볼 수 있다.

더욱 흥미로운 것은 창세기 1장에 창조하다라는 동사(바라아)[8]와 복주다라는 동사(바라크)[9]가 밀접히 연관되어 사용되는데(21절/22절, 27절/28절), 두 동사가 모두 동일한 자음(b : ב)으로 시작되고 있다는 점이다. 이것은 하나님의 목적 안에 창조와 복이 연결되고 있음을 강력히 시사하고 있다. 이 같은 하나님의 계획이 아브라함(אברהם) 안에서 성취되고 있음을 창세기 성경 기자가 강조하고 있는데, 아브라함이란 단어에 우리가 두운법에 관련해 지금까지 살펴본 세 자음(', r, b / ב,ר,א)이 들어 있는 점도 이채롭다 하겠다.[10]

어찌되었든간에 창세기 1:1의 첫 두 단어 사이에 나타나는 두운법은 단지 소리의 반복에 그치는 것이 아니라, 의미를 강화시키고, 한걸음 더 나아가 같은 자음으로 시작되는 단어(복주다)와 연결되면서 1장 전체의 본문이 여러 가지 함축된 의미를 전달하도록 도와주고 있음을 볼 수 있다.

---

[8] בָּרָא
[9] בָּרַךְ
[10] Gordon J. Wenham, *Genesis 1-15*, WBC(Waco : Word Books, 1987), 14.

(2) 다윗의 간청

다윗은 비록 아들 압살롬이 자신에게 반역을 일으켰지만 함부로 죽이지 말 것을 부하들에게 요청하였다. 이 요청에는 동일한 소리가 각 단어의 첫 자음으로 반복된다.

르아트-리 라나아르 르압살롬(lĕ'aṭ-lî lanna'ar lĕ'abšālôm).[11]
"나를 위하여 소년 압살롬을 너그러이 대접하라"(삼하 18: 5).

다윗의 간청에서 우리는 "리을"(1 : ל) 발음이 매 단어의 첫 자음으로 반복되고 있음을 볼 수가 있다. "리을" 자음의 4번의 반복은 다윗의 강한 감정을 잘 전달하고 있다.[12] 또한 다윗의 명령에 강한 요청의 느낌을 더하고 있다.[13]

8. 혼돈과 공허

모운법(母韻法, assonance)이란, 근접한 단어의 연속에 있어서 동일하거나 유사한 모음의 반복을 통해 강조하는 기법을 가리킨다. 예를 들어 혼돈과 공허를 가리키는 한 쌍의 히브리어는 모운법을 잘 드러낸다.

---

[11] לְאַט־לִי לַנַּעַר לְאַבְשָׁלוֹם

[12] Charles Conroy, *Absalom Absalom!*(Rome, 1978), 57-58. 두운법이 정서를 강하게 드러내는 예로서 서정주의 귀촉도라는 시를 들 수가 있다.
  신이나 삼아 줄 걸 슬픈 사연의
  올올이 아로새긴 육날 메투리.
시옷 소리와 이응 소리의 반복은 슬픔의 정서를 듬뿍 느끼게 한다.

[13] 두운법이 명령과 요청을 강화하는 기능으로 쓰이는 용도에 대해서는 Watson, *Classical Hebrew Poetry*, 226 참조.

"태초에 하나님이 천지를 창조하시니라
땅이 혼돈하고(토후 : tôhû)¹⁴ 공허하며(보후 : bôhû)¹⁵"
(창 1 : 1-2).

혼돈과 공허를 의미하는 히브리어 **토후**와 **보후** 안에는 동일한 모음인 "오우"가 반복되고 있다. 동일 모음의 반복으로 인해서 이 두 단어는 밀접히 연결되고 있다. 실제적으로 두번째 단어인 보후는 성경에 세 번(창 1 : 2 ; 사 34 : 11 ; 렘 4 : 23) 나타나는데, 독자적으로 쓰인 적은 한번도 없으며 항상 토후와 함께 쓰인다. 토후는 죽음을 가져오는 사막의 황폐함을 가리키는 데 사용되거나(신 32 : 10 ; 욥 12 : 24), 파멸을 가리키기도 하고(사 24 : 10, 34 : 11 등), 어떤 경우에는 창조와 정반대되는 것, 즉 무(욥 26 : 7 ; 삼상 12 : 21 ; 사 29 : 21 등)을 가리키기도 한다. 결국 토후는 사막, 황폐, 파멸, 무를 의미하는 용어이다.

그렇다면 **토후**와 **보후**는 창조 이전의 무질서, 혼돈의 공포를 잘 보여 주는 단어들이라 할 수 있다. 특별히 이 두 단어는 모음법에 의해 하나로 결속되는 효과를 드러내고 있다. 많은 학자들이 이를 중언법(重言法, hendiadys) — 두 개의 단어로 하나의 의미를 강조하는 기법¹⁶ — 으로 보는 것은 당연한 것이다. 그렇다면 **토후**와 **보후**는 혼돈과 공허라는 두 개의 의미를 따로 갖는다고 보기보다는 전적인 무질서(total chaos),¹⁷ 사막의 황폐함(a desert waste)¹⁸으로

---

[14] תֹהוּ
[15] בֹהוּ
[16] 영어의 예를 들면 bread and butter(빵과 버터)가 buttered bread (버터 바른 빵)의 의미로 쓰이는 것을 말한다. 두 개의 단어가 두 개의 각기 다른 의미로 쓰이는 것이 아니라 혼용되어 하나의 의미로 쓰이는 것을 의미한다.
[17] Wenham, *Genesis 1-15*, 15-16.
[18] C. Westermann, *Genesis 1-11 : A Commentary*, tr. by John J.

해석하는 것도 좋을 것이다. 같은 모음을 가진 한 쌍의 단어를 결합해서 창조 이전의 무와 무질서를 강조하는 성경 기자의 테크닉을 주목할 필요가 있다.

9. 결론

앞에서 언급된 여러 발음상의 기법들, 즉 각운법, 두운법, 모운법은 소리와 의미가 별개의 것이 아님을 보여 주는 데 충분하였으리라 생각한다. 소리의 반복은 분위기를 창출하고 주제를 표출하며 메시지 전달의 효과를 높이는 기능을 감당하고 있음을 살펴보았다. 이런 의미에서 성경 본문은 소리와 언어가 유기적으로 잘 연결되면서 의미를 산출하는 유기체적 언어 구조물임을 알 수가 있다. 여기서 중요한 것은 각운법이니, 두운법이니, 모운법이니, 유사 발음 단어 반복이니 동음 이의어 반복 기법이니 하는 용어들과 그 정의가 아니다. 그런 것을 외우기 힘든 독자들은 굳이 알려고 애쓰지 않아도 된다. 이번 기회를 통해 소리와 의미의 유기성을 배우고, 앞으로 히브리 성경 본문을 읽을 때 소리의 층에 유의한다면 소기의 목적은 달성된 것이다.

Scullion S. J.(Minneapolis : Augsburg Publishing House, 1974), 76ff.

제3부

비유적 언어와 의미

6
비유적 언어에 유의하라

1. 같은 값이면 다홍치마

한밤에 호젓한 곳에서 데이트를 즐기던 한 쌍의 연인이 있었다. 여인이 할 말이 떨어져 궁색해지자 "자기, 달이 너무도 밝지?"라고 했다. 사내는 이런 속 내용은 모르고 무뚝뚝하게 대꾸했다. "그거야 대보름달이니까 그렇지." 물론 외시 의미론 맞는 말이다. 그러나 여인이 이를 모를 리 없다. 여인이 속으로 왈, "이런 멋대가리 없는 사내도 다 있나."

문제는 여인의 말이 담고 있는 이차적 의미를 알아차리지 못한 데 있는 것이다. 여인의 느낌을 담고 있는 이차적 의미는 염두에 두지 않은 채 그저 일차적 의미만 생각한 때문이다. 결국 커뮤니케이션이 성공하지 못한 것은 이차적 의미를 알아차리지 못한 데 있다.

단어는 문장 안에서 일차적인 의미로 쓰이기도 하고 이차적인 의미로 쓰이기도 한다. 일차적인 의미를 외시 의미, 혹은 사전적 의미라 할 수 있고, 이차적 의미를 함축 의미라고 할 수 있다. 우선 외시 의미는 객관적이고 구체적이어서 모호한 데가 없다. 단어 속의 의미가 누구에게나 똑같이 알려져 있을 때 알게 되는 의미이다. 집의 외시 의미는 "거처, 혹은 사는 곳"이다.

그러나 사전에 들어 있지 않은 의미들이 있다. 예를 들어 집은 여러 가지 함축 의미를 가지고 있다. 함축 의미는 집에서 어떤 문화적 경험을 했느냐에 따라 달라진다. 집이 낙원일 수도 있고, 지옥일 수도 있다. 외시 의미와 함축 의미는 커뮤니케이션의 근거를 이룬다. 문학이건 문학이 아니건간에 모든 인간의 언어 진술은 기본적으로 외시 의미와 함축 의미를 동시에 가진다. 외시 의미에 의존하는 커뮤니케이션이란 수학과 과학의 공식일 뿐이다.

일상적 커뮤니케이션에서 외시 의미를 알아내는 것도 중요하지만, 더욱 중요한 것은 전달된 메시지의 함축 의미를 깨닫는 것이다. 외시 의미가 커뮤니케이션의 가장 기본이지만, 커뮤니케이션의 성패를 결정하는 것은 함축 의미이다. 왜냐하면 언어는 단일 의미만을 지닌 신호 체제가 아니라, 함축적인 다중 의미를 지닌 복잡한 기호 체제이기 때문이다. 언어는 단지 정보를 전달하는 것으로 그치는 것이 아니다. 현대 언어학에서의 언어의 기능을―표현적, 지령적, 정보적, 친교적, 인식적 기능― 다시 언급하지 않더라도 언어가 복잡한 기호 체제라는 점은 누구나 인정하는 주지의 사실이 되고 있다. 따라서 요모조모 뜯어 보고, 앞뒤 상황을 재면서 반응을 보이지 못한다면, 다른 사람과 성공적인 커뮤니케이션을 할 수가 없다. 다른 이의 말을 일차적인 의미로만, 신호로만 받아들인다면 참다운 인간적인 교제는 불가능하다.

엄마가 애지중지하던 꽃병을 깨뜨렸을 때, 엄마가 정말 화가 나서 하는 말은 무엇인가? "예쁜 짓만 골라서 하누만." 이 말을 신호로 받아들이고, 또다시 꽃병을 깨뜨린다면 그 땐 정말 불벼락이 떨어진다. 그러나 아무리 나이가 어리고 철이 없어도 이 엄마의 말을 겉으로 드러난 신호들의 총합으로만 이해하는 아이들은 아무도 없을 것이다. "엄마가 예쁜 짓이라고 그랬잖아요!"라고 대꾸하는 것은 만화에서나 볼 법한 일이다.

함축 의미를 이해하지 못해서 일어나는 해프닝이 얼마나 많은가? 말 한마디로 천냥 빚을 갚는다는 우리 속담은 이를 가장 잘 보여 준다. 김경용의 말을 들어 보자.

> 기호가 사람들의 마음에 불러일으키는 함축 의미 속에 인생의 묘미가 있다. 해초처럼, 외시 의미에 뿌리를 내리고 함축 의미가 이리저리 일어나는 물결 속에 흔들리면서 사는 것이 인생이다. 어떤 때는 함축 의미를 알아채지 못해 손해나 봉변을 당하기도 하고, 어떤 때는 함축 의미를 환히 알고서도 모르는 척 눈감기도 한다. 인생의 멋과 맛이 함축 의미 속에 있다.[1]

그런데 함축 의미를 좌우하는 것은 말의 뉘앙스, 격식, 때깔이다. 일반적으로 말하면 형태(form)가 언어의 함축 의미를 결정하는 요소라 할 수 있다. 외시 의미가 "무엇"에 해당된다면, 함축 의미는 "어떻게"와 관계된다. "아 다르고 어 다르다"는 말이나, "같은 값이면 다홍치마"라는 말은 함축 의미의 중요성을 잘 드러낸다. 결국 커뮤니케이션의 성패는 무엇보다는 어떻게에 달려 있음을 알게 된다. 그렇다면 언어가 어떤 사전적 의미를 가졌는가를 살피는 것도 중요하지만, 그 언어가 문맥에서 어떻게 함축적으로 사용

---

[1] 김경용, 기호학이란 무엇인가(서울 : 민음사, 1994), 51.

되고 있는지를 살피는 것은 더 더욱 중요한 일이다.

2. 비유적 언어는 음식의 양념인가

더욱이 문장에서는 이차적인 의미, 즉 함축적이고 비유적인 의미가 일차적인 의미, 즉 일상적이고 문자적인 의미보다 중요하다. 문장에서는 함축적이고 비유적인 의미를 마음껏 사용해서 어떤 효과를 드러내기 때문이다. 결국 어떤 특수한 의미나 효과를 달성하기 위해 일상적이거나 문자적인 어의(語意)에서 벗어난 언어의 사용을 비유라고 하는데, 특별히 비유적 언어의 사용은 문장의 핵심적 의미를 전달하는 경우가 많다. 왜냐하면 비유법은 일반적 의미가 아니라, 보다 구체적이고 세부적으로 하나의 대상 또는 사상과 접촉을 가지기 때문이다. 그럼에도 불구하고 비유법을 주로 언어의 장식 정도로 생각하고 중요하게 여기지 않은 것이 사실이다.

현대인들은 언어를 서술적으로, 기술적으로 사용하는 데만 익숙하기 때문에 비유적 언어를 이해하는 데 많은 어려움을 겪고 있다. 오늘날 일반인들은, 언어는 과학적이고 합리적인 사실의 언어와 감정적이고 시적인 비유적 언어로 구분되어 있다는 고정 관념을 가지고 있다. 게다가 비유적 언어는 실재를 다루고 묘사하는 데는 부족한 수단이라는 생각을 지니고 있다.

어찌되었든 비유적 언어 사용에 대한 경시 풍조는 어제 오늘의 일이 아니라 아주 오랜 역사를 안고 있다. 플라톤은 시가와 수사학에 회의적이었다. 시는 그 자체로서 어떤 진리도 주지 못하며, 또한 감정을 교란시키고 인간을 참된 진리로부터 눈멀게 한다고 보았다. 따라서 그는 자신의 유토피아적 공화국에서 시인을 추방시킬 것을 주장하고 있다. 진리는 절대적이며 예술은 환상에 불과하다는 점을 동굴의 비유로 강력하게 설파하였다.

이것은 그의 제자인 아리스토텔레스에게 영향을 미쳐, 그는 비유적 언어란 음식의 양념에 불과하다고 경시한다. 아리스토텔레스는 비유란 "어떤 것에 다른 어떤 것에 속해 있는 이름을 부여하는 것"이라고 정의한다. 이 정의에는 비유는 고유의 말들을 원래 그들의 자리에서 쫓아냄으로써 표준에서 벗어나고 자연적이지 못한 것으로 보는 견해가 들어 있다. 아리스토텔레스의 견해대로 만일 비유가 진리에 미치지 못하고 실질적인 유익이 없다면, 왜 우리는 비유를 가지고 골치를 앓아야 하는가라는 질문이 생기지 않을 수가 없다. 이에 대해 다른 방법으로는 지루할 수밖에 없는 논의에 우리의 흥미를 유발하기 위해 비유를 사용하는 것이라고 아리스토텔레스는 말한다. 청중의 무능력 때문에 "음식의 양념처럼" 비유를 더하는 것뿐이다. 비유는 진리를 향기롭게 하기 위한 향료이고, 비유가 없었다면 매력적이지 않았을 사고를 아름답게 하는 장신구라는 것이다.

결국 철학에서는 비유와 은유는 단순한 언어의 문제로만 다루어졌다. 철학자들은 상상적이고 시적인 언어 표현이 진리일 수 있는가의 문제에 초점을 맞추었다. 이들은 은유가 직접적으로는 진리를 표현할 수 없으며, 만일 그것이 조금이라도 진리를 표현하는 경우는 다만 간접적으로, 즉 비은유적인 문자적 바꿔 쓰기를 통해서만 가능하다고 보았다.[2]

현대 성경 해석자들도 이와 같은 고정 관념을 공유하고 있기에

---

[2] G. 레이코프, M. 존슨, 삶으로서의 은유, 노양진, 나익주 공역(서울 : 서광사, 1995), 207.

비평주의와 근본주의를 막론하고 지나치게 사실의 언어에만 집착을 보이고 있으며, 이로 인해 성경의 비유적 언어의 성격을 제대로 이해하지 못하고 있는 것이 사실이다.

그러나 비유적 언어의 사용은 언어의 기능상 필수적인 것이며, 시 뿐 아니라 모든 양식의 글에 필수적인 요소이다. 비유적 언어와 은유는 아무리 피하려고 해도 피할 수가 없다. 심지어는 일상 생활에서조차 불가피한 것이다. 왜냐하면 모든 언어는 진정한 의미에서 비유적이기 때문이다. 인간의 언어는 어떤 수식도 없이 그저 사실의 언어로만 존재하지 않는다. 항상 비유적 형상을 옷입기 때문이다. 심지어는 가장 사실적인 데에 바탕을 둔 지적 활동에서조차 비유가 존재한다.

3. 산소 같은 여자

비유는 비교에 의한 사물 이해의 방식이라 할 수 있다. A라는 사물을 B라는 사물과 비교해서 이해한 결과의 언어적 표현이 비유이다. "산소 같은 여자"라는 TV 광고 문안이 자주 눈에 띈다. A를 여자, B를 산소라고 가정하면 "그 여자는 산소 같다"는 말은 비유적 표현이다. 그렇다면 왜 A를 그냥 A라 하지 않고 굳이 B와 비교해서 이해하려고 하는가? A를 A라고 하는 것은 동일 반복에 지나지 않아 구태여 말할 필요가 없을 경우가 많기 때문이다. 특별히 무엇인가 말하고 싶을 때에는 A를 A로 인식하지 않고 자기 나름의 독특한 알파가 보태져 인식되는 경우이다. 그렇다면 이 플러스 알파를 어떻게 표현할 것인가가 문제이다.

플러스 알파는 우리가 알고 있던 것과는 다른 무엇인데 분명히 알 수 없는 미지수다. 그렇다고 해서 그저 X라고 할 수는 없다.

이것은 표현의 포기인 셈이다. 그러므로 우리는 X의 정체를 파악해서 그에 합당한 이름을 붙여 주어야 한다. 이름을 붙여 주는 것이 바로 언어를 통한 표현이다. 미지수 X를 우리가 이미 알고 있는 무엇과 비교해서 두 개의 사물이 어떻게 같고 어떻게 다른가를 밝혀 낼 필요가 있다. 처음 대하는 사물은 언제나 이런 방식으로 이해할 수밖에 없는 것이다. "황소만한 놈이 나타났다"고 흔히 말한다. 미지의 물체를 이미 알고 있는 황소의 크기에 비교해서 이해하려고 한 것이다. 사물에 대한 새로운 경험은 이와 같이 이미 알고 있는 사물과 그것과의 비교를 통해서 이해된다는 사실을 우리는 여기서 알 수 있다. 비교에 의한 이해의 언어화, 이것이 비유이다.

4. 비유는 하나님에 관한 지식의 원천

간단히 말해 비유법은 두 개 이상의 개념을 서로 비교함으로써 새로운 사실을 드러내는 기법이다. 우리는 이 같은 비유법을 성경에서도 많이 찾아볼 수 있다.

"이스라엘 족속이 그 이름을 만나라 하였으며 깟씨 같고도 희고 맛은 꿀 섞은 과자 같았더라"(출 16 : 31).

"우리가 하나님의 나라를 어떻게 비하며 또 무슨 비유로 나타낼꼬"(막 4 : 30).

비유는 지식의 가장 귀중한 원천 가운데 하나이며, 알려진 것으로부터 미지의 것으로 나아가는 왕도이다. 비유는 일상적인 언어로 이루어져 있을 뿐 아니라, 거의 모든 신학적 용어가 비유라고 해도 과언은 아니다. 하나님께서는 인간들에게 비유로 말씀하시며(호 12 : 10), 인간이 하나님에 대해 이야기할 때는 그것이 아무

리 부적합하다 하더라도 유비(analogy) 외에 다른 언어가 없기 때문이다.[3]

오히려 비유란 한 사물을 다른 사물로 말하는 것이기에 인식 과정의 중심에 있는 것이다. 먼저 우리는 성경에 하나님을 묘사하고 있는 언어는 모두가 비유적임을 알아야 한다. 하나님에 대해서는 직접적인 묘사가 불가능하다. 유한이 무한을 직접적으로 포착할 수 없기 때문이다. 팀머는 말한다.

"우리는 하나님을 직접적으로 볼 수 없다. 하나님을 직접 바라본다는 것은 마치 태양을 똑바로 쳐다보는 일과 흡사하다. 태양을 직접적으로 쳐다보면 눈이 멀게 될 뿐이다."[4]

이런 점에서 하나님을 "왕", "반석", "방패", "요새", "남편"으로 묘사하는 것은 모두가 비유적이다. 심지어는 하나님을 "물이 말라서 속이는 시내"(렘 15:18)로도 비유한다. 따라서 하나님을 동물에 비유하는 것이 문제가 되지 않는다. 비유란 일종의 렌즈이다.[5] 은유를 만들어 내고 사용하는 사람은 이같이 말하는 것이다. "여기에 내가 하나님을 이해하는 데 도움이 된 렌즈가 하나 있소. 이 렌즈를 통해 들여다보고 내가 본 것이 무엇인가를 직접 보시오." 렌즈는 우리가 보기를 원하는 것을 보게 해주는 도구에 불과하다. 렌즈를 통해 그것을 본 다음에는 그 렌즈는 더 이상 필요치 않게 된다. 이렇게 우리는 비유라는 렌즈를 통해서 하나님에 대한 정보를 얻고, 하나님에 대해 친숙하게 되는 것이다. 비유는 새로운 인

---

[3] G. B. Caird, The Language and Imagery of the Bible, (Philadelphia : Westminster, 1980), 144.
[4] 존 팀머, 하나님 나라 방정식 : 예수님의 비유에 대한 새로운 접근, 류호준 역 (서울 : 크리스챤 다이제스트, 1991), 29.
[5] Caird, *The Language and Imagery of the Bible*, 224.

식을 가능케 하는 인식 장치이다.

이것은 하나님뿐 아니라 그가 선물로 주시는 하나님의 나라에 대해서도 마찬가지이다. 하나님의 나라는 알려지지 않은 새로운 세계이기에 단순한 사실적 언어로는 우리가 잘 알 수 없다. 야곱이 벧엘에서 돌베개를 베고 자다가 꾼 꿈에서 발견한 것처럼 인간 세상은 혼자서 존재하지 않는다. 인간의 세계에는 하나님의 세계가 침투해 들어오고 있다. 사닥다리를 오르락내리락하는 천사들이 하나님의 계획과 명령을 인간 세계에 실행하고 있는 것이다. 이렇게 현재의 시공간에 침투한 하나님 나라는 새롭고 알려지지 않은 세계이다. 하나님께서 준비하신 이 나라는 단순한 묘사적 언어나 사실적 언어로는 알 수가 없다.

한번도 "의자"를 본 적이 없는 사람에게 의자를 설명한다고 해보자. 이때 의자의 모습을 마치 설계 도면을 그리듯이 설명하는 것보다는 우리가 친숙한 몸의 지체를 이용하여, 의자의 다리, 등받이 등으로 설명하는 것이 훨씬 이해가 쉽다. 마찬가지로 이 세상에 침투해 오는 하나님의 나라를 설명하기 위해서는 익숙한 옛것을 사용할 수밖에 없는 것이다.

스킬러베익스가 비유에 대해 한 말을 유념하자. "비유들은 이 세상 저 너머에 있는 또 다른 세상을 가리키고 있는 것이 아니다. 이 세상, 아니 이 세상 속에 있는 새로운 가능성을 가리키고 있다. 일상적인 방법과는 매우 다른 방법으로 인생과 세계를 바라보고 경험할 수 있게 하는 실질적 가능성을 말하는 것이다."[6] 결국 이

---

[6] Edward Schillebeeckx, *God Among Us*, 29. 팀머, 하나님 나라 방정식, 12에서 재인용.

세상 안에서의 새로운 가능성은 은유가 아니고는 표현되기 어려운 것이다.

　하나님과 세계에 대한 새로운 인식을 표현하기 위해서는 새로운 언어를 필요로 한다. 그러나 개인이 언어를 새로 만들 수는 없다. 언어란 사회적 약속이기 때문에, 개인이 자의적으로 만든 언어는 다른 사람이 이해할 수가 없다. 따라서 어쩔 수 없이 이미 만들어져 있는 언어를 사용할 수밖에 없는 것이다. 그렇다면 이미 만들어진 과거의 언어로 하나님과 세계에 대한 새로운 인식을 어떻게 표현할 수 있는가? 결국 방법은 한 가지이다. 과거의 언어를 새롭게 사용하는 것이다. 의미의 변화를 가져오는 언어 사용 방법은 비유이다. A라는 말이 B를 가리키도록 사용하면 의미의 변화를 가져오게 된다. "산소 같은 여자"에서 산소라는 A가 여자라는 B를 지시하도록 되어 있다. 이렇게 되면 여자에 대한 새로운 인식이 표출되는 것이다. 산소나 여자는 이미 만들어진 과거의 언어이다. 그러나 전혀 연관될 것 같지 않은 두 개의 단어가 서로 연결됨으로써 새로운 인식이 표현되는 것이다. 따라서 "비유란 일정한 사물이나 개념 A를 뜻하는 술어 X로써 다른 또 하나의 대상이나 개념 B를 의미할 수 있도록 언어를 사용하는 과정, 또는 결과이다."[7] 이것을 후세의 시론가들은 "언어의 전이(轉移)"라고 부른다. 이것으로 저것을 말하는 언어의 사용법이라고나 할까? 결국 전이를 통해 그 의미가 바뀌어진 언어는 겉모양은 과거의 모습이나, 변화에 따르는 새로운 의미를 갖게 된다. 이로 인해 새로운 세계 인식이 표출되는 것이다.

---

[7] Alex Preminger (ed), *Encyclopedia of Poetry and Poetics* (Princeton Univ. Press), 490.

5. 비유 오해의 이유[8]

비유는 지식 전달의 중요한 수단임에도 불구하고 오해를 야기하는 경우가 많이 있다.

첫째, 미지의 사실을 기지(旣知)의 사실로부터 추론해 가는 방식이기에, 만일 저자가 다 알고 있을 것이라고 생각한 것이 독자들에게는 생면 부지의 것일 경우에는 비유가 제대로 전달되지 못한다. 만나가 깟씨 같다고 했는데, 깟씨가 무엇인지 아는 사람에게는 이런 비유가 정보 전달을 가능케 하는 것이지만, 모르는 사람에게는 아무런 유익이 되지 못한다. 특별히 성경 시대와는 오랜 시간이 떨어진 현대를 살아가는 독자들에게는 이것이 항상 문제가 된다. 우리가 신약 시대나 구약 시대를 살아가는 것이 아니기 때문에 당시 사람들이 당연히 알고 있었던 것을 모름으로써 비유를 이해하지 못하는 경우가 많이 있다. 따라서 우리가 비유를 제대로 이해하기 위해서는 신약과 구약의 배경사에 대해 많은 지식을 확보하도록 애를 써야 한다.

둘째로, 두 가지 사실이 비교되어 사용될 때에는 모든 면에서 이 둘이 비교되고 있는 것이 아니라는 사실을 모르면 비유를 제대로 이해할 수가 없다. 특정한 관점에서 둘이 유사하기 때문에 비교되고 있는 것일 뿐 모든 면에서 둘이 유사하다는 점을 이야기하려고 한 것은 아니다. 하나님의 나라가 겨자와 같고 누룩과 같다고 해서, 하나님의 나라가 겨자처럼 생겼고, 누룩 냄새가 나는 것이라고 말하려는 것은 아니다. 단지 겨자처럼, 누룩처럼, 보이지 않는 사이에 하나님의 나라가 확장된다는 점을 강조하려는 것뿐이다. 이 점을 유념할 필요가 있다.

---

[8] Caird, *The Language and Imagery of the Bible*, 144-145.

6. 비유의 종류

비유는 비교에 의한 이해의 언어화이다. 따라서 모든 비유에는 우리가 그 정체를 정확하게 드러내어야 할 미지의 사물과 그러기 위해 그것과 비교해 보는 기지의 사물이 있게 마련이다. 미지의 사물을 원관념(tenor), 기지의 사물을 보조관념(vehicle)이라 한다. 결국 비유의 기본 구조는 원관념+보조관념(T+V)이다.

이때 원관념과 보조관념은 서로 비교될 수 있는 유사성을 지닌다. "쟁반같이 둥근 달"은 달이라는 원관념과 쟁반이라는 보조관념이 만들어낸 비유이다. 이 둘 사이에는 둥글다는 유사성이 있다. 그러나 이와 같은 유사성이 있다 하더라도 달과 쟁반은 분명 별개의 이질적 사물이 아닐 수 없다. 따라서 비유를 만드는 일은 이질성 속에서 동질성을 찾아내는 작업이라 할 수 있다. 어찌되었든 비교가 명시적일 때는 직유라 부르고, 암시적일 때는 은유라 부른다.

직유는 하나의 사물을 다른 사물과 직접 비교하는 비유법이다. 항상 비교되는 두 개의 사물이 "같이", "처럼" 등의 매개로 연결되므로 비유의 대상이 분명하다. 반면에 은유는 "같이", "처럼"과 같은 연결어가 없이 바로 연결되기에 직유보다 밀도가 강한 비유이다. "내 아이는 아기 천사 같아요"와 "내 아이는 아기 천사예요"를 비교해 보라. 후자가 훨씬 강도가 강하지 않은가? 때로 은유는 직유와는 달리 원개념이 생략되기도 해서 의미를 난해하게 하는 동시에 의미의 이전 혹은 창조를 무궁무진하게 하여 고도의 문학적 기법으로 사용되고 있다.

이 밖에도 비유법에는 환유, 제유, 의인법, 알레고리, 상징 등이 있다. 다른 어떤 이름으로 어떤 사물을 대신하는 비유법은 대유법인데, 사물의 일부로서 그 사물 전체를 대표하게 하는 제유와 사물의 속성과 밀접한 관련이 있는 것으로 어떤 사물을 대신 표현하는 환유가 있다. 사물을 인간과 비교하여 사물로 하여금 인간적 속성을 갖도록 만든 비유법은 의인법이라고 부른다. 의인법은 단지 언어의 장식적 요소가 아니며, 인간적 표현들을 통해서 세계의 현상들을 이해하고 이런 인식을 표출할 뿐 아니라, 현실에 대응하는 방식까지도 제시하는 역할을 한다. 한편 속뜻을 감추고 다른 사물을 내세워 그것으로 하여금 감추어진 속뜻을 말하게 하는 비유법을 현학적으로 알레고리라고 부른다. 상징도 알레고리와 유사하다. 상징은 원개념은 감춘 채 보조관념만 내세운 비유이다.

이런 언어적 장치들은 그저 음식의 양념 정도가 아니다. 오히려 이와는 정반대이다. 성경 기자가 독자를 설득시키기 위해 사용한 고도의 기술이라고 보아야 한다. 암시적이고 함축적일수록 독자들은 설득을 당하기가 쉽다. 언제 끌려왔는지도 모르게 자연스럽게 저자의 판단과 해석에 고개를 끄덕이게 만드는 것이 바로 탁월한 설득력이다. 이런 설득의 장치로 직유, 은유, 대유, 의인법, 알레고리, 상징, 이미지들을 쓴다.

독자들은 이런 식으로 성경을 이해하는 것이 과연 타당한가라는 의문을 가질 것이다. 성경은 종교적 문헌이나 역사 문서로 이해해 왔는데, 이런 문학적 기교를 이야기하는 것 자체가 문제가 아니냐고 할 것이다. 그러나 이것은 사실이 아니다. 성경은 종교적 문헌이면서 동시에 문학보다 더 문학적인 글이다. 성경은 실제로 일어난 역사 위에 근거해 있으면서도 독자를 설득시키는 능력은 어떤 세계 문학 고전보다 탁월하다. 따라서 성경을 해석할 때에 이런 언어적 장치에 귀를 기울이는 것은 성경의 성격에 어긋나는 것이 아니며, 오히려 성경의 성격에 합치하는 것이다. 이런 주장은 성경이 하나님이 주신 계시라는 사실을 받아들인 후에 연역적으로 추출해 낸 명제가 아니다. 실제 주석을 통해 확인해 낸 귀납적 명제이다. 과연 그런지 하나씩 살펴보도록 하자.

7
직유에 유의하라

1. 늘 애인 같은 아내

"늘 애인 같은 아내." 과연 이런 일이 가능할까? 그러면서도 듣는 이에게 비교적 상큼한 느낌을 갖게 하는 이 표현은 하나의 사물을 다른 사물과 직접 비교하는 형식으로 되어 있다. 이와 같이 직유는 항상 비교되는 두 개의 사물이 "같이", "처럼", "만한"의 매개로 연결되기에 비유의 대상이 명백하다. 직유의 구조 속에는 두 개의 사물이 있다. 원관념 아내가 보조관념인 애인의 힘을 빌어 아내에 대한 새로운 이해를 표출하고 있다. "애인"이라는 보조관념의 달콤한 성질이 아내라는 원관념의 특징을 이루고 있다. 아내와 애인 사이에는 같이 있으면 달콤함이라는 유사성이 있다. 결국 직유를 이해하기 위해서는 원관념과 보조관념 사이의 유사성을 유추해 내야 한다.

물론 "늘 애인 같은 아내"의 경우에는 원관념과 보조관념이 공유하는 유사성의 유추에 특별한 노력이 필요하지 않다. 그러나 나름대로 상큼한 표현이라고 볼 수 있다. 흔히 우리가 듣는 "토끼 같은 새끼, 여우 같은 마누라"에 비해서는 더 더욱 그렇다. 토끼와 자식, 여우와 마누라의 유사성은 이미 습관화되어 있는 인식이다. 이를 죽은 비유(dead metaphor)라 한다. 상투어가 되다시피 했기 때문이다.

여우 같은 마누라에 시달린(?) 뭇 남성들이 아내와의 관계를 새롭게 시도해 보고 싶은 심정을 갖는 것은 한둘의 문제만은 아닐 것이다. 옛날 황홀했던 연애의 추억을 되살리며 애인이었던 아내의 모습을 되살려 보는 것은 단지 과거는 아름다워 보이기 때문만은 아닐 것이다. 남편의 팔에 몸을 기대고 음악에 맞추어 행복한 얼굴로 춤을 추는 아내의 모습은 생각만 해도 기혼 남성의 마음을 흔들어 놓을 수 있다. 이것은 단지 남자만의 느낌은 아닐 것이다. "때론 목석 같고 때론 짐승(늑대) 같은 남편"의 모습 속에서, 몸을 맡기고 한바탕 춤을 추었던 옛날 애인의 모습을 발견하고 싶은 욕망은 마찬가지일 것이다. 결국 "늘 애인 같은 아내"란 문구는 이 같은 부부의 소망을 단적으로 표현한 좋은 직유이다. 물론 독창적인 인식은 아니나, 늘 새로운 모습으로 마주하는 부부의 느낌을 강조하는 구체적인 표현이기에 효과가 좋다고 볼 수 있다. 결혼 생활에 싫증난 부부가 상대방에게 원하는 것이 "늘 애인 같은 아내"란 직유에 잘 나타나 있다. 어떤 부부 관계를 원하느냐고 했을 때, 막상 설명하기란 쉽지 않다. 그러나 "늘 애인 같은 아내" 속에서 우리는 많은 부부의 소망을 간략하면서도 분명하게 느낄 수가 있다. 이렇게 직유란 생각을 구체적이고 선명하게 만드는 표현 장치라고 할 수 있다.

따라서 정치인들이 직유나 은유 같은 비유법을 좋아하는 것도 이에 연유한다. 1995년도 김대중 씨의 신당 창당으로 내분을 겪고 있던 민주당의 구당파 일원인 이부영 씨는 이기택 총재의 양보를 종용하면서 "현재의 민주당은 모래나 물과 같다. 이 총재가 꽉 쥐려 하면 도리어 흩어져 버린다"고 경고했다. 민주당을 모래와 물 같다고 직유로 표현함으로써 당내의 상황을 잘 드러내고 있다. 움켜 쥐려고 하면 할수록 흩어지는 모습을 이보다 더 잘 설명할 수는 없을 것이다. 민정당의 문정수 사무총장은 1994년 6월에 "이 민주 대표는 마치 영화 '몬도가네'에 나오는 핵폭탄 실험 장소인 비키니 섬의 거북이처럼 방향 감각을 잃고 있다"고 비꼬고 있다. 결국 직유는 추상적 사고를 구체화시켜 생각을 명료하게 전달하는 언어적 장치라 볼 수 있다.

또한 직유는 함축을 통해 논의되고 있는 주제를 명백히 하고, 이 주제의 새로운 측면을 제시하는 역할을 담당한다. 직유는 때로는 과장법과 함께 쓰이며, 때로는 아첨의 분위기에서 사용되기도 한다. 따라서 우리가 직유를 너무 문자적으로 이해하면 성경 기자의 의도를 곡해할 수 있다.

2. 메뚜기의 공포

가데스 바네아를 출발한 12명의 이스라엘 정탐꾼은 사십일 동안 가나안 땅을 정탐하고 돌아왔다. 갈렙과 여호수아를 제외한 나머지 열 정탐꾼은 부정적인 보고를 하였다.

"우리가 두루 다니며 탐지한 땅은
그 거민을 삼키는 땅이요
거기서 본 모든 백성은
신장이 장대한 자들이며
거기서 또 네피림 후손 아낙 자손 대장부들을 보았나니
우리는 스스로 보기에도 메뚜기 같으니
그들의 보기에도 그와 같았을 것이니라"(민 13:32-33).

정탐꾼들은 가나안 땅을 악평한 후에 적을 과대 평가하고 있다. 이들은 직유를 동원하여 과장하고 있다. "우리는 스스로 보기에도 메뚜기 같으니." 여기에 메뚜기라고 번역된 히브리어(חָגָב)는 구약 성경에 주로 "별 볼일 없는 존재"를 가리키는 용법으로 쓰인다.

"그런 자들은 높은 곳을 두려워할 것이며
길에서는 놀랄 것이며
살구나무가 꽃이 필 것이며
메뚜기도 짐이 될 것이며……"(전 12:5).

"그는 땅 위 궁창에 앉으시나니
땅의 거민들은 메뚜기 같으니라"(사 40:22).

하나님께서 하늘 위에 앉아 계시기에 땅의 거민들이 메뚜기처럼 작게 보임을 이사야 기자는 잘 지적하고 있다. 이사야 기자의 표현은 민수기의 경우와 마찬가지로 직유로 되어 있다. 궁창에 앉으신 하나님 보시기에 땅의 거민이 메뚜기 같았다면, 정탐꾼들이 이스라엘 백성들을 아낙 자손 앞에서 메뚜기 같다고 비유한 것은 도대체 어떻게 이해할 수 있을까? 가나안인들의 신장이 아무리 장대해도 이스라엘이 메뚜기 같지는 않았을 것이다. 심지어는 하나님의 아들들과 사람의 딸들이 결혼해서 낳은 네피림의 후손이라고 할지라도 그렇지는 않았을 것이다. 그렇다면 정탐꾼 스스로 잔뜩 겁을 집어먹은 것은 아닐까? 아낙 자손 앞에 서면 자꾸 작아지는 자신들의 모습을 느낀 것은 아닐까? 궁창 위에 앉으신 하나님이 땅의 인간을 바라보는 모습을 묘사할 때 사용하는 표현을 사용하여 같은 인간 앞에서의 자신의 모습을 묘사할 때 사용한 것은 이들의 두려움이 얼마나 컸었는가를 잘 보여 준다.

정탐꾼들은 이스라엘을 아낙 자손에 비교하여 메뚜기 같다고 말함으로써 이스라엘 백성들 마음에도 동일한 두려움과 공포를 심어 주려고 하고 있다. 가나안 땅 점령은 불가능하다는 점을 강조하기 위해 메뚜기 직유를 든 것이다. 결국 이 메뚜기 직유는 소기의 효과를 드러냈다.[1]

"온 회중이 소리를 높여 부르짖으며
밤새도록 백성이 곡하였더라
이스라엘 자손이 다 모세와 아론을 원망하며
온 회중이 그들에게 이르되
우리가 애굽 땅에서 죽었거나
이 광야에서 죽었더면 좋았을 것을
어찌하여 여호와가 우리를 그 땅으로 인도하여
칼에 망하게 하려 하는고
우리 처자가 사로잡히리니
애굽으로 돌아가는 것이 낫지 아니하랴"(민 14:1-3).

이렇게 구체적인 직유의 힘은 무서운 것이다. 정탐꾼의 보고가

---

[1] 이 밖의 용도로 구약성경에서 쓰인 메뚜기 직유는 아래와 같다.
"이는 그들이 그 짐승과 장막을 가지고 올라와서
메뚜기떼같이 들어오니 그 사람과 약대가 무수함이라"(삿 6:5).
"황충의 모임같이 사람이 너희 노략물을 모을 것이며
메뚜기의 뛰어오름같이 그들이 그 위로 뛰어오르리라"(사 33:4).
"너의 방백은 메뚜기 같고 너의 대장은 큰 메뚜기떼가
추운 날에는 울타리에 깃들였다가 해가 뜨면 날아감과 같으니
그 있는 곳을 알 수 없도다"(나 3:17).
우가릿 문헌에도 메뚜기 직유가 유사한 용도로 사용되고 있다.
"그들을 들판에 메뚜기들처럼 정착게 하라
사막의 언저리에 황충처럼 정착게 하라."
-KTU 1.14:II. 50-III. 1-

과장이라는 사실이 명백함에도 불구하고 메뚜기 직유는 이스라엘 백성들의 마음에 공포를 주입하여 애굽으로 돌아가자고 외치게 만들었다.

위의 메뚜기 직유는 과장임이 비교적 명시적으로 드러나 있어서 해석에 큰 어려움이 없으나, 아래의 직유는 이처럼 명시적이지 않기에 오해를 불러올 소지가 많다.

3. 아첨의 직유

다윗은 "하나님의 사자(מַלְאַךְ אֱלֹהִים) 같다"는 표현으로 네 번이나 묘사되고 있다 블레셋 왕 아기스는 다윗에게 사울과 블레셋간의 전투에 참여하지 말 것을 종용하면서 말한다.

>"네가 내 목전에
>하나님의 사자같이 선한 것을 내가 아나
>블레셋 사람의 방백들은 말하기를
>그가 우리와 함께 전장에 올라가지 못하리라 하니"(삼상 29:9).

드고아의 지혜로운 여인은 다윗을 가리켜 두 번이나 이런 표현을 사용하고 있다.

>"이는 내 주 왕께서 하나님의 사자같이
>선과 악을 분간하심이니이다"(삼하 14:17).

>"내 주 왕의 지혜는
>하나님의 사자의 지혜와 같아서

땅에 있는 일을 다 아시나이다"(삼하 14:20).

므비보셋도 다윗에게 마찬가지의 용어를 사용하고 있다.

"내 주 왕께서는 하나님의 사자와 같으시니
왕의 처분대로 하옵소서"(삼하 19:27).

그동안 학자들은 다윗을 "하나님의 사자 같다"고 비유한 표현을 근거로 "하나님의 사자"라는 단어가 왕에게도 쓰였다는 점을 강조하고 있다. 즉 이스라엘에서는 왕도 하나님의 사자로 불리웠다는 것이다.[2] 그러나 우리는 이 표현이 어떤 상황에서 쓰이고 있는지를 파악하지 않은 상태에서 단순히 이렇게 주장할 수는 없다. 성경의 그 어떤 인물에게도 이 같은 비유법이 사용된 적이 없기 때문이다.

따라서 우리는 다윗을 하나님의 사자 같다고 한 비유가 등장하는 문맥을 살펴볼 필요가 있다. 그런데 놀랍게도 여기서 우리는 공통 요소를 발견할 수 있다. 즉 네 경우에 있어서 "하나님의 사자 같이"란 표현은 화자가 다윗에게 아첨을 하려는 목적에서 나온 것이라는 점이다. 이것은 므비보셋의 경우가 더욱 그러하다. 평상시에도 다윗의 자비에 달려 있는 상황인데, 시바가 다윗에 대한 불충성의 죄로 그를 고소하고 다윗이 그것을 믿고 있는 상황에서는 더욱 그러하기 때문이다. 따라서 그의 처지는 매우 위태로운 상황에 있었다. 따라서 왕을 찬양하고 그의 이전의 자비로운 행위를 기억

---

[2] 다윗이 특정한 하나님의 속성 - 순진성(삼상 29:9), 지혜(삼하 14:17), 고대하는 자비로움(삼하 19:27) - 을 대표한다는 점에서 하나님을 대표하기에 이런 표현을 쓴 것이라고 학자들은 말한다. Andrew Bowling, "mal'ak," in: R. L. Harris (eds.), *Theological Wordbook of the Old Testament* (Chicago: Moody Press, 1980), 464-465 참조.

시킴으로써 이번에도 용서해 줄 것을 간구하는 수밖에 달리 도리가 없었기 때문이다.

드고아의 여인의 말 가운데도 아첨의 요소가 들어 있다. 그는 두 번이나 이 직유법을 사용하였다. 왜냐하면 그의 목적은 두 가지이기 때문이다. 첫째는 왕을 설득시켜 압살롬을 데려오게 하는 일이었으며, 둘째는 왕을 속인 요압과 자신의 잘못을 용서받는 일이었다. 따라서 그는 아첨의 방법을 사용함으로써 이 같은 이중 목적을 달성코자 한 것이다. 아기스의 경우 아첨의 요소가 적으나 있는 것만큼은 분명하다. 블레셋 방백들이 다윗이 전쟁에 참여하는 것을 반대하고 있기에 다윗을 달랠 필요가 있었던 것이었다.

이런 아첨의 요소를 인정하게 되면 직유 가운데 나타나는 과장의 요소를 설명할 수 있다. 한 사람을 하나님의 사자로 비유하는 것은 적은 일이 아니다. 이 직유는 실제적 근거가 있는 것이 아니다. 인간과 하나님의 사자 사이에는 엄청난 차이가 있으며, 서로의 영역이 다른 것이기 때문이다. 그러나 목적이 아첨일 경우에는 이런 직유도 가능한 것이다. 여기서 사용된 직유는 다윗 왕의 실제 특징이나 자질이 하나님의 사자 같음을 가리키는 것이 아니고, 말하는 이의 상태를 더 많이 보여 주는 것이다.[3] 따라서 우리가 이런 직유를 이해할 때는 조심할 필요가 있는 것이다.

4. 신선한 비유

우리의 일상 생활에서 흔히 들을 수 있는 직유 가운데 "앵도 같

---

[3] Shimon Bar-Efrat, *Narrative Art in the Bible*, JSOTS 70 (Sheffield : Almond Press, 1989), 57–58.

은 입술"이나 "목석 같은 사내"가 있다. 여기서 원관념과 보조관념 사이의 유사성, 즉 사내와 목석, 입술과 앵도 사이의 유사성은 이미 습관화된 인식의 결과이므로 신선한 비유라 할 수 없다. 원관념과 보조관념 사이의 인식이 이처럼 습관화되어 있는 비유를 우리는 죽은 비유라고 한다. 사물과 세계를 새롭게 인식할 수 있도록 돕기보다는 일종의 상투적 표현이라고 볼 수 있다. 그런데 성경의 비유는 당시 고대 근동 아시아의 문헌과 비교해 볼 때 매우 신선하고 개성적이며 독창적임을 볼 수가 있다.

삼손은 딤나로 내려가다 사자를 만나게 되었다. 이때 삼손은 맨손으로 사자를 죽였다.

"삼손이 여호와의 신에게 크게 감동되어
손에 아무것도 없어도
그 사자를 염소 새끼를 찢음같이 찢었으나"(삿 14 : 6).

현대 독자들이 언뜻 보면 이 직유는 별로 새로울 바 없는 상투적 표현인 것처럼 보일지 모른다. 그러나 고대 근동 아시아의 사자 사냥에 관한 문헌들을 읽어 보면 이 직유가 갖는 독창성과 신선미를 느낄 수가 있다.

신-앗시리아 제국의 황제들은 탁월한 사자 사냥꾼으로 알려졌다. 그러나 이들은 말을 타거나, 병거 위에서나 아니면 걸어 다니면서 사냥을 하였는데, 항상 창이나 활 같은 무기로 사냥하였다. 이 점에서 삼손이 사자를 맨손으로 찢어 죽인 것은 대단한 용맹임을 알 수가 있다. 더욱이 황제들은 "내가 창으로 용맹한 사자 370마리를 마치 새장에 갇힌 새들처럼(like caged birds) 죽였다"고 자랑한다.[4] 이 직유는 매우 작위적이고 비자연스럽게 들린다. 이에 비해 "염소 새끼를 찢음같이"란 직유는 신선하고 사실적(fresh and true to life)이다. 실제로 베두윈족들은 아직도 염소 새끼를 요리할 때, 삶아서 손으로 찢어 먹는다고 한다. 이에 비추어 볼 때 성경의 직유는 신선하고 삶을 충실하게 반영하는 사실적인 성격을 드러내고 있다.

5. 좀 같은 하나님

"그러므로 내(여호와)가
에브라임에게는 좀(아쉬 : 'āš)⁵ 같으며
유다 족속에게는 썩이는 것(라캅 : rāqāb)⁶ 같도다"(호 5 : 12).

우선 "여호와가 에브라임에게 좀 같다"는 직유에서 좀(아쉬)이란 단어를 "고름"(pus)으로 번역해야 한다고 많은 학자들은 주장한다.⁷ 좀은, 옷은 쏠지만 사람은 해하지 못하기 때문이라는 것이다. 그러나 이렇게 되면 문제는 호세아 5 : 12이 이 히브리 단어가 고름으로 쓰인 유일한 경우라는 데 있다. 더욱이 이사야 51 : 8에는 "그들은 옷같이 좀에게 먹힐 것이며 그들은 양털같이 벌레에게 먹힐 것이로되"라는 표현이 나온다. 그렇다면 호세아서에서도 에브

---

⁴ A. K. Grayson, *Assyrian Royal Inscriptions*, vol. 2(Wiesbaden, 1976), 150 : 600.

⁵ עָשׁ

⁶ רָקָב

⁷ H. W. Wolff, *Hosea*, Hermenia(Philadelphia : Fortress, 1974), 115. J. L. Mays, *Hosea*, OTL(Philadelphia : Westminster, 1969), 85, fn. c. W. Baumgartner and B. Hartmann and E. Y. Kutscher and J. J. Stamm, *Hebräisches und aramäisches Lexikon zum Alten Testament*, Lief. III (Leiden : E. J. Brill, 1983), 848.

라임이 암시적으로 옷에 비유되고 있다고 보아도 무방하리라 생각한다. 따라서 우리는 굳이 좀을 곰팡으로 번역할 필요가 없다.

여기서 우리는 그동안 성경학계가 성경 언어의 비유적 성격에 마땅한 주의를 기울이지 않았음을 보여 주는 일단의 예를 볼 수 있다. 호세아서의 본문은 분명히 직유로 되어 있기에 좀이 인간을 해할 수 있느냐의 여부로 씨름할 필요가 없다. 인간을 암시적으로 옷에 비유한다면 얼마든지 하나님이 좀처럼 인간을 쏠 수 있기 때문이다. 이런 점에서 성경 본문의 비유적 표현 방식에 더 많은 주의를 기울여야 한다.

그러나 우리가 이런 비유적 표현 방식을 이해한다 하더라도 "여호와가 좀 같다"는 표현은 이해하기가 어렵다. 어떻게 여호와가 좀 같을 수 있는가? 원관념인 여호와와 보조관념인 좀 사이의 유사성을 찾기란 쉽지 않다. 유사성은커녕 이질성(異質性)이 크다. 이렇게 이질성이 큰 사물을 결합하여 만든 직유를 "이질적 사물의 폭력적인 결합"이라고 문예 이론가들은 말한다. "여호와가 좀 같다"니 이런 억지가 어디 있나? 혹시 실수는 아닌가? 여호와가 사자 같다면 모를까, 어떻게 좀에 비교할 수 있나? 충격적이기까지 하다.

그러나 이런 직유는 억지나 실수가 아니다. 호세아 선지자의 의도에서 나온 것이다. "이질적 사물의 폭력적 결합"이 사물 상호간에 새로운 관계를 만들어냄으로써 세계를 새롭게 인식하게 만든다. 우리의 입장에서는 매우 낯선 인식이라 아니할 수 없다. 그렇다면 이 같은 "이질적 사물의 폭력적인 결합"은 상상력에서 나온 창조적 인식의 결과인가? 다시 말해 선지자의 독창적인 상상력에서 나온 것인가? 선지자가 엑스터시 가운데서 신기한 환상과 묵시를 보는 가운데 여호와가 좀으로 보인 것인가? 지금까지는 선지자들을 심리적 이상자들로 이해해온 것이 사실이다. 선지자들이 엑스터시 가운데 들어가 탁월한 상상력으로 이해하기 힘든 말들을 선언하는 자들로 보아왔다.

그러나 이 같은 선지자에 대한 이해는 최근 고대 근동 아시아의 문헌들이 발굴되면서 사실이 아님이 드러났다. 여호와를 좀으로 비유하는 것은 고대 근동 아시아의 계약 문서 가운데 계약 파기시 내릴 저주의 항목 가운데 "좀"이 등장하는 것을 염두에 두면 이해하기가 쉽다. 주전 8세기의 한 계약 문서(the first Sefire treaty)를 보면 계약을 파기할 경우 당할 저주로 들짐승에게서 해를 입을 것이라는 언급이 나온다.

> "신들께서 아르파드와 그 백성들에게
> 온갖 종류의 삼키는 짐승을 보내시리라!
> 뱀의 입, 전갈의 입, 곰의 입,
> 표범의 입을 보내실 것이다.
> 좀과 이……가 아르파드에게 뱀의 목구멍같이 되리라."

> "May the gods send every sort of devourer
> against Arpad and against its people!
> (May th mo)uth of a snake (eat),
> the mouth of a scorpion,
> the mouth of a bear, the mouth of a panther.
> And may a *moth* and a louse
> and a (……become) to it a serpent's throat!"[8]

---

[8] Joseph A. Fitzmyer, S. J., *The Aramaic Inscriptions of Sefire*, Biblica et Orientalia, no. 19(Rome, 1967).

들짐승 저주는 고대 근동 아시아의 조약에 전통적으로 나타나는 저주인데, 성경에도 이런 모습을 볼 수가 있다.

"그러나 너희가 내게 청종치 아니하여 이 모든 명령을 준행치 아니하며 나의 규례를 멸시하며 마음에 나의 법도를 싫어하여 나의 모든 계명을 준행치 아니하며 나의 언약을 배반할찐대……내가 들짐승을 너희 중에 보내리니 그것들이 너희 자녀를 움키고 너희 육축을 멸하며 너희 수효를 감소케 할찌라"(레 26:14, 22).

여기서 들짐승 저주가 고대 근동 아시아의 조약에 전통적으로 나타나는 저주인 것처럼 여호와의 언약에도 나타나는 모습을 본다. 선지자가 들짐승을 통한 멸망을 선포할 때, 이 같은 표현은 청중들이 충분히 이를 언약의 저주로 받아들이고 있었다고 결론지을 수 있다.

따라서 호세아 5:12에서 여호와가 좀으로 비유되는 것도 언약의 저주로 해석할 수 있다. 우리가 앞서 살펴본 조약(Sefire treaty)에 좀이 파괴적인 생물로 저주 가운데 언급되어 있음을 기억해야 한다.

결국 호세아 선지자는 장차 임할 하나님의 분노와 저주를 선언할 때 자의적으로 아무렇게나 선언하고 있는 것이 아님을 알아야 한다. 상상력을 동원해서 되는 대로 선언하고 있는 것이 아니라, 마치 법을 인용하는 검사나 판사처럼 선언하고 있는 것이다. "너희에게 임할 심판은 바로 언약의 저주이다." 결국 이 같은 선언은 이들의 선포가 불가피함을 강조하는 데 도움이 된다.[9]

---

[9] 우리가 쉽게 추측해 볼 수 있듯이 조약이나 언약에 나타나는 축복은

이렇게 본다면 여호와는 좀 같다는 직유는 매우 충격적인 비유이긴 하지만, 선지자가 자의적으로 상상력 가운데서 만들어낸 표현이라기보다는, 언약을 어길 때 임할 저주의 조문을 염두에 두고 만들어 낸 직유라고 볼 수 있다. 이런 점에서 성경의 연구는 공시적인 접근만으로는 불가능하며, 고대 근동 아시아의 문헌과 배경 등을 연구하는 통시적, 역사적 접근이 절대 필요함을 알 수가 있다.

어찌되었든 여호와가 좀 같으리라는 직유는 매우 충격적인 효과를 지니고 있다. 옷을 갉아 먹는 좀같이 여호와께서 에브라임의 몸을 갉아 먹는다고 생각해 보라. 온몸에 전율이 느껴지지 않는가? 얼마 전 유럽에 벌레가 사람의 몸을 갉아 먹어 사망에 이르게 하는 병이 알려지면서 국내에도 이런 병으로 사망한 예가 적지 않다는 일부 의사들의 주장으로 쇼킹한 반응을 불러일으킨 적이 있었다. 벌레에 의해 몸의 일부가 갉아 먹힌다는 생각만 해도 소름이 끼친다. 하나님이 이미 숨어서 에브라임의 활력을 빼앗아 가는 일을 시작하셨다는 사실을 구체적이고 생동감 있게 묘사하는 데 이 직유는 놀라운 효과를 드러내고 있다. 이런 생동감과 충격은 직유가 아니면 제대로 표현되기 어려울 것이다.

6. 일시적 회개의 무용성

호세아는 주전 8세기 중반, 그러니까 지금부터 2,700년 전에 살았던 선지자이다. 호세아는 북방 이스라엘이 멸망하기 전부터 예언을 시작하여, 회개하고 하나님께 돌아올 것을 선포하였다. 그러

저주의 반대 선포이다. 따라서 들짐승을 제거하시겠다는 축복의 조항이 나오는 것은 우연이 아니다. 레위기 26:6 "내가 사나운 짐승을 그 땅에서 제할 것이요", 이사야 35:9 참조.

나 이스라엘이 반응을 보이지 않음으로써 주전 722년에 앗수르에 의해 멸망당하는 모습을 직접 목도하였다. 그 후 유다로 내려와서 자신이 선포한 메시지를 책으로 기록하였다.

따라서 호세아가 예언 활동을 한 시기는 매우 격동적인 비극의 시기였다. 25년 동안 북방 이스라엘 왕이 무려 6명이나 갈리게 되었다. 네 명의 왕, 스가랴, 살룸, 브가야, 베가 왕은 왕위에 있는 동안에 살해당하였으며, 호세아 왕은 전투에서 포로가 되었다. 오직 므나헴만이 아들에게 왕위를 물려주었다. 따라서 국내 상황이 극도로 혼란하였다. 게다가 국제적으로는 앗수르가 세력을 팽창하여, 북방 이스라엘은 극도로 약화되어 있었다. 앗수르에게 반항한다는 이유로 주전 733년에는 공격을 당해 많은 영토를 잃었으며, 호세아 왕의 반역으로 인해 마침내 주전 722년 북방 이스라엘의 수도 사마리아는 함락되고 말았다.

이런 비극적인 격동의 시기를 보내면서 호세아는 회개의 메시지를 선포하였으나, 북방 이스라엘은 진정으로 회개하지 않았다. 물론 회개하는 척도 하지 않은 것은 아니다. 어떤 때는 진정으로 회개하는 것처럼 보인 때도 있었다. 그러나 깊히 살펴보면 이들의 회개는 눈앞에 닥친 환란과 고통을 면하고자 하는 임시방편의 땜질 공사에 불과하였다. 이런 모습을 우리는 호세아 6장에서 살펴볼 수 있다.

"오라 우리가 여호와께로 돌아가자
여호와께서 우리를 찢으셨으나 도로 낫게 하실 것이요
우리를 치셨으나 싸매어 주실 것임이라
여호와께서 이틀 후에 우리를 살리시며
제 삼일에 우리를 일으키시리니 우리가 그 앞에서 살리라

> 그러므로 우리가 여호와를 알자
> 힘써 여호와를 알자
> 그의 나오심은 새벽 빛같이 일정하니
> 비와 같이 땅을 적시는 늦은 비와 같이
> 우리에게 임하시리라 하리라"(호 6:1-3).

많은 해석자들은 호세아 6:1-3을 고통이 있을 때만 하나님께 나아와서 부르짖는 일시적인 회개의 운동으로 본다.[10] 이 단락을 좌우 문맥과 단절시켜서 그 자체로만 보면 참다운 회개로 볼 수 있다. 그러나 4절을 보면 그렇지 않다.

> "에브라임아 내가 네게 어떻게 하랴
> 유다야 내가 네게 어떻게 하랴
> 너희의 인애가 아침 구름이나 쉬 없어지는 이슬 같도다"
> (호 6:4).

더욱이 5:13-15을 보면 이들의 회개는 진정으로 자신의 잘못을 뉘우친 데서 기인하는 것이 아님이 드러난다. 하나님께서 이들을 때리고 혼내자, 이를 피하기 위해 내린 고육책인 것이다.

그러나 비록 이들의 회개가 피상적이고 일시적인지 모르지만,

---

[10] J. L. Mays는 호세아 6:1-3을 호세아의 메시지를 듣고 백성들이 일시적으로 회개하는 기도의 내용이라고 본다. 고통스러울 때만 여호와께 돌아오는 얄팍한 신앙을 보여 주는 내용이라는 것이다. J. L. Mays, *Hosea*, OTL (Philadelphia : Westminster, 1969), 93-96 참조. 반면에 H. W. Wolff는 호세아의 선포에 대한 반응으로 제사장들이 부른 노래라고 본다. H. W. Wolff, *Hosea*, Hermenia(Philadelphia : Fortress, 1974), 116-117 참조. 그러나 6:1-3을 부족한 죄의 고백으로 보기는 마찬가지이다.

이들의 말에는 진리가 숨겨져 있다. 1절에서 "오라 우리가 여호와 께로 돌아가자"고 외치고 있다. 그들은 인간들이 살 수 있는 유일의 길은 하나님께로 돌아가는 것임을 알고 있었다. 더욱이 이스라엘 백성들은 그들이 당한 상처와 고통이 하나님께로부터 온 것임도 알고 있었다. 문제의 원인이 어디에 있는지 분명한 인식이 있었다. 그뿐이 아니었다. 이들은 해결책이 어디에 있는지도 알고 있었다.

"여호와께서 우리를 찢으셨으나 도로 낫게 하실 것이요
우리를 치셨으나 싸매어 주실 것임이라
여호와께서 이틀 후에 우리를 살리시며
제 삼일에 우리를 일으키시리니."

비록 지금은 하나님께 얻어맞고 고통을 당하고 있으나 하나님께로 돌아가면 하나님께서 곧, 이틀이나 삼일째에 우리를 치료해 주실 것이라고 믿고 있었다.

하나님께 불순종하여 얻어맞았다고 고백하고 있음에도 불구하고, 이스라엘 백성들은 치유에 대한 확신도 대단하였다. 이들의 확신은 근거가 없는 허망한 것이 아니었다. 이스라엘 백성들은 여호와의 성실하심과 신실하심을 근거로 구원을 요청하고 있다.

"그러므로 우리가 여호와를 알자
힘써 여호와를 알자
그의 나오심은 새벽 빛같이 일정하니
비와 같이 땅을 적시는 늦은 비와 같이
우리에게 임하시리라 하리라."

여호와의 신실하심은 반복적인 자연의 순환에 비유되고 있다. "여호와의 나오심은 새벽 빛같이 일정하니." 여명으로서 새벽 빛은 어둠이 물러간다는 것을 보여 주는 첫번째 징조이다. 새벽 빛이 비췬 다음 다시 어두워지는 법은 없다. 새벽 빛은 아침을 알리는 전령이기 때문이다. 한번 밝아진 새벽 빛을 다시 어둡게 할 수는 없는 법이다. 닭의 목을 비틀어도 새벽은 오기 마련이라고 하지 않는가? 이에 호세아 기자는 "그의 나오심은 새벽 빛같이 일정하다"고 직유로 표현하고 있다.

하나님의 신실하심은 새벽 빛처럼 일정하다. 하나님은 회개하고 돌아오는 자들을 물리치시는 법이 없다. 이에 이스라엘 백성들은 불순종하고 얻어맞고 있으면서도 하나님께 돌아가자고 회개를 하고 있는 것이다.

어디 그뿐인가? 매년 겨울과 봄에 비가 내려 땅에 생명력을 부여하듯이 여호와의 축복은 틀림없이 임하고 만다. 땅이 타 들어가는 기근을 경험하다가도, 비가 내리면 언제 그랬냐는 듯이 땅은 소생한다. 자연의 순환이 수천년간 이루어져 왔듯이 하나님의 구원은 틀림이 없다. 이스라엘 백성들은 이런 여호와의 신실하심에 호소하면서 회개 운동을 벌이고 있는 것이다. 겉으로 보면 이들의 신학은 정통이다. 이들의 회개 운동에는 신학적 근거가 있다. 그리고 진정한 회개인 것처럼 보인다.

그러나 이에 대한 하나님의 응답은 정말 뜻밖이다. "에브라임아 내가 네게 어떻게 하랴 유다야 내가 네게 어떻게 하랴." 그렇다면 하나님께서 이같이 예상 밖의 반응을 보이시는 이유는 무엇인가? 하나님께서는 이스라엘의 피상적인 반복적 회개 운동에 진력이 나셨다. 환난을 당할 때만 하나님께 돌아오는 척하는 이들의 모습에 넌덜머리가 나셨던 것 같다. 이에 이같이 하소연하신다. "에브라임아 내가 네게 어떻게 하랴 유다야 내가 네게 어떻게 하랴."

이스라엘 백성들이 자연 현상을 이용해서 직유를 만들어 호소한 것처럼, 하나님께서도 자연 현상을 이용하셔서 이스라엘에 대한 감정을 표현하신다. "너희의 인애가 아침 구름이나 쉬 없어지는 이슬 같도다." 아침 구름이란 이슬처럼 땅바닥에 깔렸다가 태양이 뜨면 사라지는 안개를 가리킨다. 금방 있는 것 같다가도 쉬 없어지는 아침 안개나 이슬처럼 이스라엘의 인애는 변화무쌍인데다가 믿을 바가 못되었다. 아침 이슬같이 쉬 사라지는 인애를 소유한 자들을 도대체 어떻게 하란 말인가?

특별히 여기서는 여호와의 성실하심과 이스라엘의 불성실이 새벽 빛과 비의 안정성과 아침 안개와 이슬의 불안정성으로 대조되어 이미지화되고 있다. 여호와의 인애는 영원하나 이스라엘의 인애는 일시적이다. 이런 대조가 자연 현상을 이용한 직유로 구체화됨으로써 그 효과가 더 강렬해진 것이 사실이다.[11]

7. 공법을 물같이, 정의를 하수같이

개혁을 기치로 내건 개인이나 단체라면 그리스도이건 비그리스도이건간에, 식자층의 경우에 이 어구를 기치로 내건 것을 우리는 흔히 볼 수 있다. 독재 정권하에서는 학생과 노동 단체들이 즐겨

---

[11] 선지자들 가운데 호세아만큼 직유를 많이 사용한 선지자가 없을 만큼 호세아는 직유법을 많이 애호하고 있다. 위의 본문에도 5개의 직유가 나온다. (1) 그의 나오심은 새벽 빛같이 일정하니 (2) 비와 같이 우리에게 임하시리라 (3) 땅을 적시는 늦은 비와 같이 (3) 너의 인애가 아침 구름 같도다 (5) 너희 인애가 쉬 없어지는 이슬 같도다.

사용했으며, 김영삼 대통령도 취임식 연설에서인가 이 구절을 사용하는 것을 인상 깊게 들은 적이 있을 정도로 유명한 문구이다. 이 문구가 인구에 회자하게 된 것은 공법과 정의가 오랫동안 왜곡되어온 한국의 특수한 역사적 상황에도 그 이유가 있겠지만, 이 구절이 가지고 있는 힘과 매력 때문이 아닌가 생각한다.

흔히 정의(正義)란 각 사람에게 그의 정당한 몫을 배분하는 것이라고 정의(定義)한다. 희랍인들이 8을 정의를 상징하는 숫자로 보았다고 한다. 8이란 숫자는 0을 두 개 붙여 놓은 모양으로 똑같은 것의 대칭을 상징한다. 결국 정의를 균형으로 보는 희랍인들의 시각을 잘 보여 준다. 정의의 상징으로 천칭이나 저울이 쓰이고 있는 것도 마찬가지다. 여기에 칼이 보태지는 경우가 있는데, 냉정함과 정확성을 상징하는 심볼이다. 결국 희랍인들의 정의란 균형과 냉정과 정확이란 개념으로 설명될 수 있을 것이다.

그러나 단순한 균형과 냉정과 정확이라는 규범만으로는 정의가 이루어지지 않는 법이다. 이 규범을 집행할 수 있는 능력이 구비되지 않으면, 이 규범을 집행하는 이들이 인간적인 따스함과 온정이 없으면, 아무 쓸모가 없는 것이다. 이에 정의와 공법은 힘있게 그러나 자상하게 운용되어야 한다. 마치 물과 하수가 자연스레 흐르며 장벽을 무너뜨리고 메마른 땅에 생명을 주듯이, 정의와 공법도 힘차게 흐르며 모든 장벽 위에 흘러 넘치며 메마른 땅에 새로운 생명을 공급해야 한다.

여기서 아브라함 조수아 헤셸의 설명에 귀를 기울여 보자.

> 이 대담한 상(像)이 정확하게 의미하는 바가 무엇인지는 알 수가 없다. 그것은 몇 가지 모습들, 거센 움직임,

생명을 제공하는 본체, 군림하는 힘 등을 함축하고 있는 듯이 보인다.

결코 끝나지 않고 거세게 넘실거리며 투쟁하는 — 마치 정의를 실현하기 위하여 장애물을 치워 버리지 않으면 안 된다는 듯이 — 운동이 힘차게 흐르는 개울물의 상징이다. 물이 깨뜨리거나 뚫을 수 없는 바위는 없다. "산이 무너져 내리고 큰 바위가 제자리에서 밀려나듯이, 큰 반석이 물결에 닳고 땅의 티끌이 폭우에 씻기듯이"(욥 14 : 18–19). 정의는 그냥 단순한 규범이 아니다. 그것은 투쟁하는 도전이요 쉬지 않는 돌진이다.

균형은 저울이 고장나지 않거나 눈금을 읽는 자의 눈이 제대로 돼 있을 때에 잡힐 수 있다. 그 눈이 흐리거나 저울에 이상이 생겨 정확하지 못하게 되면 그때 필요한 것은, 메마른 땅에 생명을 주는 힘찬 개울물과도 같이 치고 도전하고 고치고 회복하는 힘이다. 거기에는 힘차게 흐르는 개울물만이 채워줄 수 있는 의(義)에 대한 목마름이 있는 것이다.

무엇엔가 예속되어 있고 인간의 이기적인 욕심을 채워주기 위해 있는 이른바 정의라고 하는 것은 쉽게 마르고 더욱 쉽게 악용된다. 그러나 의는 가느다란 실개울이 아니다. 그것은 세상에 작용하는 하나님의 능력, 위엄과 힘으로 충만하여 거칠 것 없이 흐르는 격류다. 물결은 억눌림을 당하고 흐름은 막힌다. 그러나 힘찬 물길은 모든 방벽을 무너뜨릴 것이다.

사람들은 정의가 원리요 규범이며 최고로 중요한 이상이라는 말에 모두들 동의하고 있는 것 같다. 우리는 모두 그것이 그래야만 한다고 주장한다. 그러나 그렇지 않을 수도 있다. 예언자들의 눈에는 정의란 하나의 관념이나 규범 이상이다. 정의는 하나님의 전능하신 능력으로 충전되어 있다. 그것은 마땅히 있어야 할 것이며 반드시 있을 것이다.

의는 하나님이 그것의 마르지 않는 원천인 까닭에 거대하고 힘차게 흐르는 물길이다."[12]

이런 관념을 직유란 언어 장치를 통해서 간략하고 힘있게 잘 표현한 것이다. "저울이라는 이미지가 규범, 기준, 균형, 측량, 안정 등의 개념을 떠올리게 한다면, 흐르는 하수나 물의 이미지는 내용, 본체, 힘, 운동, 생명력을 환기시킨다."[13] 정의를 헬라식으로, 규범으로 이해하고 이를 불변의 규칙으로 정하면, 정의가 불의가 된다는 것이 헤셸의 주장이다. 정의만이 최고의 원리가 되고 다른 모든 원리는 부정되기 때문이라는 것이다. 정의가 세계의 존속을 위해 있는 것이 아니라, 세계가 정의의 유지를 위해 존재하게 되기 마련이다.

이와는 달리 아모스는 정의란 힘차게 흐르는 물길로서 하나님의 의에서 나오는 것이기에 인간을 살리는 힘이라고 주장한다. 정의와 공법이 강물처럼 흐르는 사회, 이 정의와 공법의 강물이 백성들의 젖줄과 생명선이 되는 나라, 이야말로 우리 모두 꿈꾸는 이상 사회가 아닌가! "공법을 물같이, 정의를 하수같이"라는 직유는 우

---

[12] Abraham J. Heschel, *Prophets*, vol. 1(New York : Harper & Row, 1969), 212-213.
[13] Heschel, *Prophets*, vol. 1, 215.

리의 상상의 신경을 건드려 온몸으로 전율케 한다. 힘차게 흐르는 하나님의 정의의 물결에 온몸을 투신하는 젊은이들이 있는 한 하나님의 나라는 굳건하지 않겠는가!

8. 해산하는 여인같이 부르짖으리니

"여호와께서 용사같이 나가시며
전사같이 분발하여
외쳐 크게 부르시며
그 대적을 크게 치시리로다
내가 오래 동안 고요히 하며
잠잠하여 참았으나
이제는 내가 해산하는 여인같이 부르짖으리니
숨이 차서 심히 헐떡일 것이라"(사 42:13-14).

여호와의 행동을 용사의 행동에 비유하는 것은 놀랄 바가 못 된다. 구약성경에 이런 비유가 자주 등장하기 때문이다(출 15:3; 시 18편; 합 3장; 슥 14:3). 그러나 "여호와를 해산하는 여인 같다"고 직유로 묘사한 것은 매우 충격적이다. 더욱이 용사의 행동과 해산하는 여인의 부르짖음 사이에는 어떤 유사성이 있는가라는 질문이 제기된다.

구약성경 어디에도 여호와를 해산하는 여인에 비유한 곳은 없다. 일반적으로 구약에서는 해산하는 여인의 비유는 실제로 새 생명을 낳는 과정이 아니라, 긴박한 상황으로 인한 고통과 두려움을 겪는 사람들을 묘사하는 목적으로 사용되고 있다(사 13:7-8; 시 48:5-7; 렘 6:23-24, 49:24; 사 21:3). 이러한 이유로 인해 구약의 다른 곳에서는 여호와에 대해 이런 비유가 쓰이지 않은 것으로 볼 수 있다. 그러나 이사야 42장에서는 여호와를 해산하는 여인에 비유하고 있다. 특별히 앞뒤 문맥에서는 우주의 창조주요 주권자로서의 여호와를 그리고 있다. 그렇다면 이런 문맥에서 전혀 예상치 못한 이 직유를 어떻게 해석해야 할 것인가가 문제이다.

캐더린 다르는 이 직유를 모친 은유(a maternal metaphor)로 해석해서는 안 된다고 옳게 지적한다.[14] 여호와께서 새로운 시대를 열기 위해 산통을 겪는 것으로 보는 많은 비평학자들의 견해를 반박한다. 현재 문제가 되고 있는 비유는 직유의 형식으로 표현되어 있기에 정확히 여호와의 어떤 행동이 해산하는 여인의 행동과 유사한지를 살펴야 한다는 것이다. 이 직유가 쓰인 다른 구약 본문과는 달리 여기서는 여호와의 고통, 번민, 두려움을 가리키는 것이 아니다. 여기서 비교의 대상은 여호와께서 목소리로 부르짖는 행동과 산고를 겪는 여인의 부르짖는 행동이다. 여기서 사용되는 이미지는 시각적인 것이 아니라 청각적인 것이다.

14절에서 "부르짖다"로 번역된 히브리어 파아(פָּעָה)는 구약성경 전체에서 단 한번밖에 쓰이지 않고 있다. 이 동사는 아랍어를 근거로 "고통으로 부르짖다"의 의미로 해석되거나,[15] 미쉬나 히브리어를 근거로 "입을 열다" 혹은 "불다"의 의미로 해석된다.[16] 여기서는 "입을 열다" 혹은 "불다"의 의미가 앞뒤 문맥에 더 잘 들어맞는다.

---

[14] Katheryn P. Darr, "Like Warrior, Like Woman : Destruction and Deliverance in Isaiah 42 : 10-17", CBQ 49(1987), 560-571. 아래의 논의는 그녀의 논문에서 많이 도움을 받았다.

[15] BDB

[16] M. Jastrow, *A Dictionary of the Talgumim, the Talmud Babli and Yershalmi, and the Midrashic Literature*(New York : Pardes, 1950), "הפעה".

"숨이 차다"(אשם)로 번역된 동사도 한번밖에 쓰이지 않은 단어인데, 호흡을 의미하는 어근에서 나온 것으로 보인다. 그런데 하나님의 호흡은 파괴적인 힘이 될 수도 있다.

"여호와의 호흡이 유황 개천 같아서
이를 사르시리라"(사 30 : 33).

"다 하나님의 입기운에 멸망하고
그 콧김에 사라지느니라"(욥 4 : 9).

그 다음 동사인 "헐떡이다"는 예레미야 14 : 6에서는 들나귀가 참았다가 숨을 몰아쉬는 모습을 묘사하는 데 사용되고 있다.

"들 나귀들은 자산 위에 서서
시랑같이 헐떡이며
풀이 없으므로
눈이 아득하여 하는도다."

결국 이사야 42장에서 숨이 차다와 헐떡이다는 동사는 여호와의 호흡의 강도가 어느 정도인가를 잘 보여 준다. 여호와의 호흡이 여인의 호흡처럼 참았다가 몰아쉬는 것임을 드러내고 있다.

이사야 기자는 여호와의 호흡이 때로는 매우 치명적임을 잘 알고 있었다.

"모든 육체는 풀이요
그 모든 아름다움은 들의 꽃 같으니
풀은 마르고

꽃은 시듦은
여호와의 기운이 그 위에 붊이라"(사 40 : 6-7).

"그들은 겨우 심기웠고
겨우 뿌리웠고
그 줄기가 겨우 땅에 뿌리를 박자
곧 하나님의 부심을 받고 말라
회리바람에 불려 가는 초개 같도다"(사 40 : 24).

우리는 이 구절들에서 하나님의 입에서 나오는 입김만으로도 식물이 마르고, 세상을 자기 힘으로 통치한다고 생각하는 군왕들을 불어 버릴 수 있음을 알 수 있다.

결국 이사야 기자는 여호와께서 입으로 불어 행하실 일들을 묘사하면서 해산하는 여인의 호흡에 비유하고 있는 것이다. 해산하는 여인이 참다가 숨을 몰아쉬듯이, 하나님께서도 "오랫동안 고요히 하며 잠잠하여 참다가" 입을 열어 불어 버리실 것이다. 한번의 입김만으로도 군왕들이 날아간다면, 참고 참다가 하나님이 한번에 불어 버리실 때의 그 파괴력이 어떠하는지는 쉽게 짐작할 수 있다. "해산하는 여인 같은"이란 직유는 두려움을 일으키는 고통의 이미지에서, 권세와 능력을 발휘하는 힘의 이미지로 바꾸어 사용되고 있다.

이렇게 본다면 13절의 여호와를 용사로 보는 직유와 14절의 해산하는 여인으로 보는 직유는 서로 상충하지 않음을 알 수 있다. 이 같은 직유가 현대인들에게는 어색해 보일지 모르지만, 당시의 배경을 알고 나면 충분히 이해할 수 있을 뿐 아니라 매우 효과적인 비유임을 알 수가 있다.

9. 결론

　직유는 생각을 구체적이고 선명하게 만들어 큰 효과를 나타내는 표현 장치임이 드러났다. 이스라엘을 아낙 자손에 비교하여 메뚜기 같다고 한 직유는 이스라엘 백성들로 하여금 무서운 공포를 일으켜 밤새도록 곡을 하게 만들 정도로 충격적인 효과를 자아냈다. 다윗을 "하나님의 사자 같다"고 비유한 직유는 모두 아침의 분위기에서 던져졌음에도 불구하고 다윗의 마음을 움직이기에 충분하였다. 여호와께서 에브라임에게 좀같이 되어 에브라임의 몸의 일부를 갉아 먹을 것이라는 호세아의 선언은 그 충격이 핵폭탄의 위력으로 다가온다. 그럼에도 불구하고 호세아의 선언을 한 귀로 듣고 다른 귀로 흘려 버린 이스라엘의 영적 불감증은 어찌된 사연인가? 이스라엘을 비난하기에 앞서 오늘 우리 또한 선지자들의 선언을 마이동풍식으로 흘려 버리지는 않는가 돌아볼 일이다. 호세아 선지자의 말대로 여호와의 인애는 새벽 빛처럼 일정하나 우리의 인애는 아침 구름이나 쉬 없어지는 이슬 같기 때문일는지 모른다. 자연·현상을 이용한 직유는 여호와의 인애의 영원성과 이스라엘의 인애의 일시성을 극적으로 대조하는 데 크게 일조하고 있다.

　"공법을 물같이, 정의를 하수같이"라는 직유는 우리의 상상의 신경을 건드려 온몸으로 전율케 하면서 아모스가 꿈꾸는 이상 사회를 열정으로 바라보게 한다. 물과 하수가 자연스레 흐르며 장벽을 무너뜨리고 메마른 땅에 생명을 주듯이 정의와 공법이 물과 하수처럼 흐르는 사회는 듣기만 해도 눈앞이 시원해진다.

　이같이 직유는 추상적인 주제를 명백히 하고, 주제의 새로운 측면을 드러내는 역할을 감당하는 중요한 언어 장치이다. 따라서 성경 해석자는 직유를 만날 때 이런 점에 유의하면서 해석해야 한다. 직유를 단순한 언어의 장식적 요소로 치부하고 문자적 의미로 바꿔 쓰기해서는 아니되는 것이다.

8
은유에 유의하라

1. 침대는 과학입니다

"침대는 가구가 아닙니다. 침대는 과학입니다"라는 광고는 TV 시청자라면 누구나 한번쯤 들었을 것이다. "침대는 과학이다." 이것은 은유이다. 그러나 과학 시대에 사는 우리는 이것이 은유임을 쉽게 잊는다. 물론 초등학교 학생들의 이야기이지만 이 광고로 인해 침대 회사측과 교육부 사이에 오간 공방전은 흥미로움을 넘어 여러 가지 시사점이 있다.

1994년 7월 29일 교육부는 "침대는 가구가 아닙니다"라는 광고의 문안을 고쳐 줄 것을 침대 회사측에 요구했다. 침대가 가구가 아니라 과학이라고 집중 광고함으로써 어린 학생들에게 가구에 대한 개념 혼란을 주고 있다는 의견들이 많아 이 같은 요청을 하게 되었다는 것이 교육부의 설명이었다. 1994년 1학기말 서울 강남의 한 초등학교에서 있었던 2학년 시험 중 "다음 중 가구가 아닌 것은?"이란 문제에 대한 정답이 "전화"임에도 불구하고 대부분의 학생이 "침대"라고 응답, 그 이유를 알아본 결과 "TV 광고에서 침대는 가구가 아니라고 했다"는 대답이 나왔다는 것이다.

어린 학생들에게 이런 혼란을 가져오는 것은 어쩌면 너무나 당연한지 모른다. 그러나 이런 혼란에 대처하는 교육부와 교사들의 태도는 옳지 못하다. 침대는 가구가 아니라 과학이라는 광고 문안이 은유임을 설명하는 식으로 학생들을 가르치려 하지 않고, 손쉽게 광고 문안을 고칠 것을 요구한 것은 너무나 단견적인 조치가 아닌가 생각한다. 물론 초등학교 2학년에게 "은유"라는 고도의 문학 용어를 설명하라는 말이 아니다. 이런 용어 없이도 얼마든지 설명할 수 있지 않을까? 오직 과학과 사실적 언어만을 존중하는 학교 교육의 오늘의 모습을 보는 것 같아 씁쓸하기 그지없었다. 오히려 동심의 어린이들에게는 과학과 사실적 언어보다, 예술과 비유적 언어를 더 많이 가르치는 것이 낫지 않을까? 단지 동심의 순화를 위해서가 아니다. 정작 과학에서도 필요한 것은 창조력이기에말이다. 상상력이 없이는 진정한 과학의 발전은 이루어질 수 없다. 사실적 언어에 사육되어 온 한국의 초등학교 어린이들이 갈 곳은 어디인가?

결국 이런 교육으로 인해, 일반적으로 은유는 단지 언어의 장식에 지나지 않으며 대수로운 것이 아니라는 투의 태도를 지니게 되는 것이 사실이다. 중·고등학교 국어 시간에 시를 분석하면서, 은유법이니 직유법이니를 구분할 때를 제외하고는 은유에 대해서는 심각하게 생각해 본 적이 없는 것이 대부분의 경험일 것이다. 그저 언어의 장식이나 수사법 정도로 치부하는 것이 우리네 실정이다. 그러나 은유는 우리가 생각하는 이상으로 우리의 실제 삶을 지배하고, 우리의 세계 인식을 통제하고 있다. 은유는 단순히 언어의 문제가 아니다. 은유는 사고와 행위의 문제이다. 우리의 생활 공간을 은연중에 조종하고 우리의 생활 방식을 결정하는 것이 바로 은유이다.[1]

2. 은유는 언어의 문제만이 아니다

레이코프와 존슨은 "우리가 생각하고 행동하는 관점이 되는 일상적 개념 체계의 본성은 근본적으로 은유적"이라고 말한다.[2] 인간의 사고 과정의 대부분이 은유적이며, 이것은 인간의 개념 체계 안에 은유가 존재하기 때문이라고 설명한다. 인간의 관념 세계는 수많은 개념들로 이루어져 있고, 그것의 대부분이 은유로 이루어져 있다. 레이코프와 존슨은 "시간은 돈"이라는 개념적 은유를 들어 이를 설명하고 있다.

> 우리 문화 속의 시간은 귀중한 상품이다. 그것은 우리의 목적을 달성하기 위해 우리가 사용하는 한정된 자원이다. 어떤 일과 그 일에 소요되는 시간이 전형적으로 연관되고, 시간이 양으로 측정되는 현대 서양 문화에서 일의 개념이 발달되어 온 방식 때문에 시간, 주, 또는 1년 단위로 사람들에게 보수를 지불하는 것이 관례가 되어 왔다. 우리 문화에서는 여러 측면에서 "시간은 돈이다." 예를 들어 전화 통화 단위, 시간제 임금, 호텔 객실료, 연간 예산, 대출금 이자……등이 그것이다. 이런 관행들은 인류 역사에서 비교적 새로운 것이어서 모든 문화 안에 존재하는 것은 결코 아니다. 이 관행들은 현대 산업 사회에서 발생했으며, 우리의 기본적인 일상 활동들을 매우 심오한 방식으로 구조화한다. 우리가 마치 시간이 귀중한 상품 - 한정된 자원, 심지어 돈 - 인 것처럼 행동한다는 사실에 상응하여 우리는 시간을 그런 식으로 개념화

---

[1] 김경용, 기호학이란 무엇인가, 66.
[2] G. 레이코프와 M. 존슨, 삶으로서의 은유, 노양진, 나익주 공역(서광사, 1995), 21.

한다. 그래서 우리는 시간을 소비할 수 있고, 낭비할 수 있고, 계획성 있게 쓸 수 있고, 현명하게 또는 서투르게 투자하거나 허비할 수 있는 그런 종류의 것으로 이해하고 경험한다.[3]

레이코프와 존슨의 주장을 입증하는 역사적인 실례는 수도 없이 많지만, 그 중 최근에 일어난 일로 예를 들어 살펴보자. 성수대교가 붕괴한 후에 서울 시장으로 부임한 최병렬씨는 취임사에서 복지부동과 무사안일을 경계하였다. "양심에 따라 소신껏 일하다 불가항력적인 사고가 생기면 감옥은 대신 가겠다. 그러나 소신 없는 무사안일과 비리는 절대 용서치 않겠다." 이 같은 의도를 제대로 전하기 위해 그는 소위 "접시론"을 제시하였다. "접시를 닦다가 깨는 것은 내가 책임진다. 그러나 접시 깰까봐 아예 닦지도 않는다면 가만 있지 않겠다."[4] 접시론은 한편으론 공무원의 복지부동을 깨고 다른 한편으로 공무원들을 격려하기 위해 그가 만들어낸 은유였다. 이 접시론은 그저 최시장의 시적인 표현 능력을 보여주는 장식적 어구가 아니다. 접시론은 최시장의 서울시 공무원에 대한 현실 인식과 이에 근거한 그의 미래의 행동을 구조화한 것이다.

김영삼 대통령도 1994년 1월 3일 신년사에서 개혁을 강조하며 "개가 짖어도 기차는 달릴 수밖에 없다"고 하였다. 누가 개이며 기차가 무엇인지는 분명히 밝히지 않았으나 개혁을 반대하는 세력을 개로, 개혁을 달리는 기차로 비유한 것만큼은 분명하다. 개혁은 중단할 수 없다는 의지를 은유로 강렬하게 표현한 것이다.[5] 결

---

[3] 레이코프와 존슨, 삶으로서의 은유, 27.
[4] 박중현, "최시장의 접시론", 조선일보 1994년 11월 4일자 기자 수첩.
[5] 허용범, 최원석, "'94 정치권의 말", 조선일보 1994년 12월 30일.

국 달리는 기차는 김 대통령의 개혁 반대 세력에 대한 현실 인식과 이에 대응하는 그의 대처 방식을 개념화한 은유이다.

12. 12사태에 대한 검찰 조사가 막바지에 이르면서 노태우 씨는 불편한 심경을 "전직 대통령을 동네북"에 비유하여 표현하였다. 전직 대통령에 대한 비판이 줄어들지 않자, 1994년 10월 10일 경북고 동기생들과의 오찬에서 "북은 적당히 치면 듣기 좋지만, 자꾸 들으면 싫증나고 너무 세게 치면 찢어져 끝장이 난다"고 했다. 그는 이어서 "국정 책임자들이 한동안은 '동네북'이 될 수 있고 북소리가 좋아 동네 사람들은 신명이 날 수도 있지만 그것도 한도가 있다. 그러므로 북은 듣기도 좋고 신명이 날 만큼 적당히 쳐야 한다"고 했다 한다. 글쎄 북소리가 신명이 나는지의 여부는 듣는 사람이 판단할 일이지, 북이 판단할 일은 아니다. 그러나 어찌되었든 노태우 씨는 불편한 심기를 전직 대통령=동네북이라는 은유를 빌어 잘 표현한 것이 사실이다.[6]

충청도 핫바지론으로 지방 자치제 선거에서 승리를 거둔 자민련의 김종필 씨는 뛰어난 은유와 비유를 구사할 줄 아는 정치가로 알려져 있다. 이렇듯 정치가들이 은유를 자주 사용하는 것은 은유가 단지 언어의 장식적 요소가 아니라 독특한 현실 인식과 이에 대한 대응 방식을 드러내는 핵심적 언어 장치임을 잘 보여 주고 있다.

3. 은유의 정의

그렇다면 이렇게 우리의 현실 인식을 축조하도록 도와주는 은

---

[6] 박원수, "동네북은 적당히 쳐야 신명," 조선일보 1994년 9월 11일자.

유는 어떻게 정의할 수 있는지 알아보자. 은유란 어떤 낯선 것을 다른 낯익은 것과 함께 지니는 공통점에 의하여 표현하는 것을 말한다. 아주 못된 사람을 가리켜 "그놈은 개야"라고 말하는 것을 의미한다. 이 같은 은유는 우리의 일상 생활에도 많이 나타난다. "그 아무개는 동대문 간다고 하고서는 서대문 가는 도깨비야", "신문 기자들은 상어야", "그 친구는 컴퓨터 귀신이야" 등등의 말을 우리는 은유인지도 모르고 흔히 쓴다. "이것은 저것이다" 혹은 "A는 B이다"는 형식으로 쓰여진 은유는 반논리적은 아닐지라도 비논리적이다. "그 아무개"가 도깨비는 아니며, 신문 기자들이 상어는 더 더욱 아니다. 그럼에도 불구하고 우리는 이런 식으로 언어 생활을 하고 있다.

세계적인 비디오 아티스트 백남준은 "달은 우리 조상이 가졌던 최초의 TV"라고 했다. 달이 TV라는 말은 사실은 거짓이다. 그러나 실상은 거짓에 의해서 보다 높은 의미의 세계로 들어가기에 문제가 되지 않는다. 일단 높은 의미의 세계로 들어가면 앞서의 거짓은 무의미한 것이 되기 때문이다. 달을 보고 나면 손가락은 치워도 되기 때문이다. 우리가 일단 개념을 파악하고 나면 그것이 담긴 그릇(형식)은 더 이상 필요치 않다. 우리는 이런 언어 사용을 우리 주위에서 흔히 볼 수 있다.

결국 은유란 한 종류의 사물을 다른 종류의 사물의 관점에서 이해하고 경험하는 비유의 일종이다. 그러나 직유와는 달리 "처럼" 혹은 "같이"와 같은 연결어가 없는 비유다. 다른 사물이나 관념을 원용하여 원개념을 표현한다는 데서 직유와 은유는 동일하다. 그런데 은유는 연결어가 없이 "A는 B이다"의 형식으로 직접 연결되기에 그 밀도는 직유보다 강하다고 할 수 있다. "내 딸은 천사 같아요"는 직유지만, "내 딸은 천사예요"는 은유이다. 은유는 직유에서 단순히 비교 조사(처럼, 같이)를 빼내어 이것을 약간 압축시킨 비유라고 할 수 있다. 그러나 이런 형식상의 차이가 다가 아니다. 직유와 은유 사이에는 결코 비교 조사의 유무에만 그치지 않는 중대한 차이가 있다.

직유와 은유의 차이를 알아보는 기준으로 원개념과 보조개념의 원형 보존 여부를 들 수 있다. "불꽃 같은 사랑"에서 사랑이란 원개념과 불꽃이란 보조개념이 각각 원래의 모습을 그대로 지닌 채 서로 비교되어 불꽃이 사랑을 보완하고 있다. 그러나 "사랑의 불꽃"이란 은유는 그렇지 않다. 원관념과 보조관념이 원형을 유지하지 않는다. 원관념인 사랑과 보조관념인 불꽃이 서로 상대방 속에 침투되어 원래의 사랑, 원래의 불꽃을 다른 모습으로 바꾸어 놓고 있다. 상호 침투에 의해 모습이 바뀐 두 가지 사물은 의미론적으로도 변화를 일으키게 된다. 이질적인 사물이 상호 침투로 제3의 새로운 의미를 창출하게 된다.

은유라는 뜻의 영어인 메타포(metaphor)는 원래의 뜻이 "옮김" 또는 "자리바꿈"의 의미를 지닌 메타포라(*metaphora*)에서 기인하였다. 메타포라는 메타(건너)와 페레인(옮기다)의 합성어이다. 한 단어의 원래의 일차적 의미에서 이차적 의미로의 전이를 가리킨다. 원래 목은 인간의 한 부분을 가리키는 단어였으나, "병목"이란 단어에서는 병의 가늘어진 상단 부분을 가리키는 의미로 쓰이고 있다. 한편 "사랑의 불꽃"에선 사랑과 불꽃이 서로 상대방쪽으로 자리를 옮겨 하나로 어우러져 있고, 또 그 어우러진 하나가 새로운 제3의 의미를 만들어 내고 있는 것이다.

정한숙의 이야기를 들어 보자.

앞서 '꽃 같은 얼굴'이라고 직유의 형식으로 말할 때, 이때는 그 문장내에서 '꽃'의 한 특성이 '얼굴'과 연결된다. 즉, 그것은 아름다움을 말하기 위해 원용되었을 수도 있고, 홍조를 표현하기 위해서일 수도 있다. 그러나 동시에 이 양자 또는 꽃의 모두를 얼굴에 결합시키는 것은 무리이다. 그런데 이것을 은유의 형식으로 표현할 때는 좀 더 복잡한 의미 구조를 갖는다. 즉 이 형식은 단순한 아름다움, 화사함, 부끄러움 외에도 천진스러움, 생성 소멸하는 것에 대한 연민과 애정까지 그 표현 형식 속에 내포할 수 있다. 그리고 동시에 이 모두를 뜻할 수 있는 것이다……특히 은유는 직유와는 달리 원개념이 생략되기도 해서 의미를 난해하게 하기도 하는 동시에 그 고유의 본질인 의미의 이전 및 창조를 무궁무진하게 한다.[7]

은유란 의미의 이전 및 창조를 통하여 세계에 대한 새로운 인식을 표출하고, 새로운 세계를 축조하며, 특정한 정서의 전이를 가능케 하는 탁월한 언어 장치이다.

4. 세계 인식의 표현으로서의 은유

(1) 기자는 상어

언어는 의미의 기호이기 때문에 새로운 의미의 창출은 곧 새로운 언어의 창조를 뜻하게 된다. 탁월한 문필가는 언어의 자리바꿈을 통해 만들어 낸 은유를 가지고 새로운 세계 인식을 표현하는 것이다. 이런 이유 때문에 은유는 중요한 것이다. 예를 들어 보자. 레이건 전 미국 대통령은 "신문 기자들은 상어"라고 한 적이 있다

---

[7] 정한숙, 소설 문장론(서울 : 고려대학교 출판부, 1991), 40-41.

한다. 신문 기자와 상어 사이에는 어떤 연상이 가능하다.

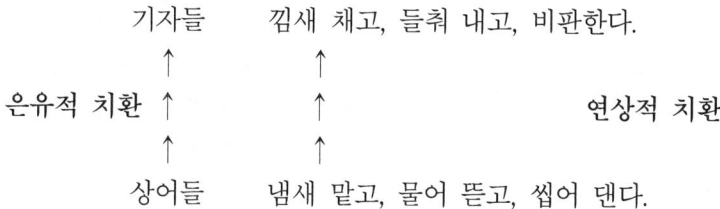

상어가 먹이를 "냄새 맡고 찾아 내고 물어 뜯고 씹어 대고 결국은 피를 보는 특성"에서 기자의 특성을 연상한 것이다. 이 같은 연상적 치환을 통해 기자가 상어로 은유적 변신을 한 것으로 볼 수 있다.[8]

기자는 사람이고 상어는 물고기이기 때문에 분명한 차이가 있다. 그럼에도 기자를 상어에 비유한 것은 낌새 채고 끝까지 물고 늘어지는 특성이 유사하다는 데 있다. 여름에 흔히 극장가에 등장하는 납량물 영화에는 어김없이 식인 상어를 주인공으로 하는 영화가 등장한다. 한번 공격하면 끝장을 내고 마는 무서운 파괴력을 가진 바다의 왕자로 상어는 이름만 들어도 소름이 끼친다. 따라서 기자를 상어라고 한 은유는 기자에 대한 소름 끼치는 레이건의 감정을 드러낸 표현이라고 할 수 있다. 때문에 이런 은유를 듣는 이들의 마음에 공상적이고 초현실적인 효과를 일으킨다. 이것이 바로 은유의 힘이다.

그러나 기자들이 매일 정부를 물어 뜯고 씹어 대기만 하는 것은 아니다. 기자들은 정부의 잘못을 지적하고 비판함으로써 제 4 부

---

[8] 김경용, 기호학이란 무엇인가, 67.

(입법, 행정, 사법의 3부 외의 제 4 부)의 감시 기능을 하는 것이 사실이다. 이런 점에서 흔히 기자들을 사냥개(watch dog)로 비유한다. 기자는 정부가 무엇을 잘못하는지를 찾아 내어 짖어 대는 사냥개다. 사냥개 은유가 상어 은유보다 더 적합하다. 그렇다면 레이건이 기자들을 상어에 빗댄 것은 기자들에 대한 얄미운 생각에서 나온 편견과 야유라고 할 수 있다.[9] 물론 언론 장학금을 주고 기자들을 키우거나, 권력으로 기자들의 입을 막거나, 개인 비밀을 누설하겠다는 협박으로 돈을 갈취하는 사이비 기자가 있는 한국 현실에서는 어떨지 모르지만.

(2) 여호와는 사자

아모스 선지자는 여호와의 계시의 음성을 사자의 부르짖음(포효)에 비유하고 있다.

"여호와께서 시온에서부터 부르짖으시며
예루살렘에서부터 음성을 발하시리니
목자의 초장이 애통하며
갈멜산 꼭대기가 마르리로다"(암 1:2).

여기에 부르짖다는 동사는 사자의 부르짖음에 쓰이는 용어이다. 물론 1:2에서는 "하나님은 사자다"라고 명시적인 은유를 사용하고 있지는 않다. 그러나 3장에는 이 은유가 약간 더 명시적으로 드러난다.

"사자가 움킨 것이 없고야 어찌 수풀에서 부르짖겠으며 젊은 사자가 잡은 것이 없고야 어찌 굴에서 소리를

---

[9] 김경용, 기호학이란 무엇인가, 68.

내겠느냐……사자가 부르짖은즉 누가 두려워하지 아니
하겠느냐 주 여호와께서 말씀하신즉 누가 예언하지 아니
하겠느냐"(암 3:4, 8).

아모스 선지자는 아모스서 전체를 통해 여호와는 사자라는 은
유를 지속적으로 사용하고 있음을 볼 수 있다. 여호와는 영이시기
에 어떤 형상이나 그림으로 표현이 될 수 없다. 그렇다면 여호와는
사자라는 은유는 어떻게 된 것인가? 여호와를 동물에 비유하는
것이 과연 적절한 것인가?

이 시점에서 우리는 성경에서 하나님을 묘사한 언어는 근본적
으로 모두가 은유적이라는 사실을 인식해야 한다. 인간의 사고와
언어를 초월하는 절대자 하나님에 대해서는 직접적인 묘사가 불
가능하기 때문이다. 따라서 은유를 사용할 수밖에 없는 것이다.

이런 점에서 하나님을 "목자", "산성", "방패", "구원의 뿔"로 묘
사하는 것은 모두가 은유적이다. 예레미야 선지자는 하나님을 "물
이 말라서 속이는 시내"(렘 15:18)라고까지 비유한다. 그렇다면
하나님을 사자라는 동물에 비유하는 것은 큰 문제가 되지 않는다.
하나님을 사자라 비유했다고 "하나님＝사자"가 아니기 때문이다.
비유적 언어를 다루면서 앞에서 언급한 것처럼 은유란 일종의 렌
즈이다.[10] 렌즈를 통해 우리가 보기를 원하는 것을 본 다음에 계속
해서 렌즈에 집착하는 사람은 없다. 이것은 은유－렌즈의 경우도
마찬가지이다.

아모스는 여호와의 특성과 사자의 특성 가운데 유사점을 발견

---

[10] Caird, *The Language and Imagery of the Bible*, 224.

하고 이를 독자들에게 알리기 위해, "여호와는 사자"라는 은유를 사용한 것이다. 그렇다면 여호와의 음성을 사자의 부르짖음으로 보는 은유-렌즈가 보여 주려는 것은 무엇인가?

사자는 아무 때나 부르짖지 않는다. 아모스는 전직이 목자였기에 이를 잘 알고 있었다. 사자는 짐승을 공격하기 전에는 부르짖지 않는다. 만일 그렇게 한다면 짐승들이 놀라 다 달아날 것이다. 짐승을 공격하여 쓰러뜨린 다음에야 울부짖는다. 이렇게 해서 다른 동물들을 쫓아 버림으로 자기가 잡은 짐승을 완전히 자기 것으로 확보하는 것이다. 사자가 부르짖으면, 양이나 소 한 마리가 떼 가운데서 사라졌음을 목자들은 안다. "사자가 움킨 것이 없고야 어찌 수풀에서 부르짖겠으며 젊은 사자가 잡은 것이 없고야 어찌 굴에서 소리를 내겠느냐"(암 3:4).

여호와께서 시온에서부터 부르짖으셨다는 것은 이미 여호와의 사냥이 시작되었음을 알리고 있다.[11] 그의 입에 사냥의 목표물이 물려 있거나, 목표 짐승이 치명적인 상처를 입고 쓰러졌음을 보여 준다. 이제 결과는 보나마나 뻔하다. 구출 가능성은 제로이다. 이에 목자의 초장이 애통하며 갈멜산 꼭대기가 마르는 것이다(암 1:2). 비록 목자가 사자의 입에서 양을 건져 낸다 하더라도, 남은 것은 "두 다리나 귀 조각"에 불과할 것이다.

"목자가 사자 입에서 양의 두 다리나

---

[11] 하나님께서 진노함으로 인간을 벌하실 때에는 자주 사자에 비유되고 있다. 히스기야는 "내가 아침까지 견디었사오나 주께서 사자같이 나의 모든 뼈를 꺾으시오니 나의 명이 조석간에 마치리이다"(사 38:13)라고 비통해 하였다. 욥도 "내가 머리를 높이 들면 주께서 사자처럼 나를 사냥하시며"(욥 10:16)라고 외치고 있다.

귀 조각을 건져 냄과 같이
사마리아에서 침상 모퉁이에나
걸상에 비단 방석에 앉은
이스라엘 자손이 건져 냄을 입으리라"(암 3 : 12).

 이스라엘이나 인근의 고대 근동 아시아 나라들의 법률에 의하면, 양이 맹수에게 물려 죽음을 당했으면 시체 가운데 남은 부분을 주인에게 증거물로 제시해야 했다. 목자가 양을 훔쳤거나 팔아먹지 아니했음을 입증해야 했기 때문이다. "만일 찢겼으면 그것을 가져다가 증거할 것이요 그 찢긴 것에 대하여 배상하지 않을찌니라"(출 22 : 13).[12] 결국 아모스의 선포는, 이스라엘은 사자에게 찢겨 죽음을 당하고 두 다리나 귀 조각만을 남긴 불쌍한 양의 신세가 될 것이라는 것이다. 목자가 건져 낸 것이 겨우 두 다리나 귀 조각이라면, 그것은 남은 자가 있을 것이라는 소망보다는 이스라엘의 전적인 몰락을 보여 주는 증거가 된다는 점에서 충격적이라 아니 할 수 없다.

 원래 "남은 자" 모티브는 하나님께서 그를 위해 심판을 유보하시거나, 심판 가운데서 그를 구원하신다는 사상을 표현하는 언어 장치였다. 노아와 그의 가족은 남은 자로 홍수 가운데서 구원을 얻었다. 롯을 대신하여 아브라함은 "남은 자"가 있으면 – "성 중에 의인 오십이 있으면……의인 십인을 찾으시면" – 소돔과 고모라를 멸망시키지 말아 달라고 요청하였다. 여기서 우리는 남은 자가 하나님의 심판을 유보하는 근거로 쓰이고 있음을 볼 수가 있다. 엘리야 시대에도 남은 자가 칠천이 있었다(왕상 19 : 18). 결국 이스라

---

[12] 함무라비 법전에도 유사한 규정이 있다. James B. Pritchard (ed.), *Ancient Near Eastern Texts Relating to the Old Testament*(Princeton : Princeton Univ. Press), 177 참조. 이 책은 앞으로 ANET로 표기될 것이다.

엘 백성들에게 있어서 남은 자 모티브는 구원의 상징이었다. 그러나 아모스는 남은 자를 하나님께서 보이실 전적인 파멸의 상징으로 변형시켰다.

아모스는 여호와를 사자로 보는 은유법을 사용하고, 남은 자를 구원의 상징이 아니라 파멸의 상징으로 제시하는 충격 요법을 이용했음에도 불구하고, 아모스의 선포의 원래 대상이었던 사마리아의 상류층에 아무런 영향을 미치지 못했던 것 같다.

> "화있을찐저 시온에서 안일한 자와
> 사마리아 산에서 마음이 든든한……자들이여……
> 너희는 흉한 날이 멀다 하여
> 강포한 자리로 가까와지게 하고
> 상아 상에 누우며 침상에서 기지개 켜며
> 양떼에서 어린 양과 우리에서 송아지를 취하여 먹고
> 비파에 맞추어 헛된 노래를 지절거리며 다윗처럼 자기를 위하여 악기를 제조하며"(암 6 : 1, 3−5).

사마리아인들은 침대에 누워 헛된 구원의 신학을 지절거리며 아모스의 선포에 귀를 기울이지 않았다. 그러나 그들이, 도와줄 것이라고 믿는 목자는 이제 그들의 죽음의 증거만을 원한다. 이 사실을 알지 못하는 이들의 어리석음이 바로 오늘 우리의 어리석음은 아닐까? 번영과 축복의 신학 위에서 성공 신드롬에 걸린 우리의 모습이 사마리아인들과 크게 다르지 않다는 것은 단지 염세주의적 발상에서 나온 것만은 아닐 것이다. 울부짖는 사자로서의 여호와의 은유−렌즈를 통해 아모스 기자가 오늘 우리에게 보여 주려고 하는 것이 바로 이것이 아닐까?

그러나 구약성경 기자는 여호와를 그저 자기 백성을 공격하는 사자로만 제시하지는 않는다. 아래에서 살펴보게 되겠지만 여호와는 자신의 백성의 방패도 되신다. 이런 점에서 우리는 은유적 개념은 한 사물이나 대상의 모든 측면을 드러내는 것이 아님을 알아야 한다. 만일 은유가 전체적이라면 한 개념은 다른 개념에 의해 이해되는 것이 아니라 실제로 다른 개념이 되는 것이다. 따라서 우리는 은유를 이해할 때 은유−렌즈를 통해 어떤 측면을 강조하려고 하는지에 초점을 맞추어야 한다.

5. 세계 축조의 수단으로서의 은유

(1) 인생은 전쟁

은유를 철학자들이 흔히 그러듯이 공상적 표현이나 시적 언어의 표현 정도로 보아서는 안 된다. 은유 없이는 인간은 모든 생활의 측면에서 현실을 건축하고 살 수가 없을 뿐 아니라 사고하고 행동할 수가 없다. 인간은 은유에 의해 의식적 또는 무의식적으로 축조된 현실 안에서 추리도 하고, 목표도 세우고, 사회적 참여도 하고, 계획을 수행하기도 한다. 현실을 받아들이는 수단이 은유인 때문이다. 은유는 표현 기능으로 그치는 것이 아니라 사회적, 정치적, 문화적 사고와 행동을 요구한다. 은유는 이런 점에서 명령적(injunctive) 힘을 가지고 있다.[13]

예를 들어 "인생은 전쟁이다"라는 은유를 살펴보자. 이 같은 은유를 믿고 인생을 전쟁이라고 생각하는 사람은 그에 맞는 태도를 보이며 인생을 살기 마련이다. 전쟁에는 아군이 아니면 누구나 적이다. 전쟁에는 페어 플레이란 있을 수 없다. 승리가 아니면 패배만이 있기 때문이다. 살기 아니면 죽기다. 따라서 기만 전술, 속임

---

[13] 김경용, 기호학이란 무엇인가, 69.

수, 복병, 허세 부리기 등이 동원된다. 인생을 전쟁으로 보는 이들은 인생을 전쟁처럼 살아간다. 주위 사람들을 네편 내편으로 나누고, 적으로 상정되는 사람을 속이고, 얼르고, 등치는 일을 능사로 여긴다. 그저 이겨야 한다는 생각에, 인정도 의리도 보이지 않는다. 야비하고 더러운 이전투구를 당연사로 여긴다. 남보다 빨리 가고, 남보다 많이 벌고, 남보다 높은 데 오르는 것이 목적이기 때문이다. 이런 이들에게 희생과 섬김을 요구하는 것은 무리이다. 결국 인생은 도박이라는 은유는 단순한 시적 표현이 아니라, 한 사람의 인생을 좌우하며 그 사람의 사고와 행동을 통제하는 명령적 기능을 가지고 있다.

이 같은 은유의 힘을 가리켜 "자기 달성 예언"(self-fulfilling prophecy)의 능력이라고 부른다.[14] 어떤 은유를 가지고 사느냐에 따라 인생의 미래가 바뀌는 것을 두고 하는 말이다.

인생을 어떤 이는 연극으로, 어떤 이는 도박으로, 어떤 이는 전쟁으로, 어떤 이는 천국 입성의 예행 연습으로 본다. 어느 은유를 사용하든간에 인간은 일단 은유를 통해 인생이라는 광맥에 접할 수밖에 없고, 이 중의 한 은유를 자기 인생관으로 설정하면 이를 통해 삶을 바라보는 전망과 태도가 달라진다.[15] 특별히 새로운 은유는 새로운 실재를 창조하는 힘이 있다. 따라서 매우 중요하다. 이 점을 살펴보자.

(2) 문제 용해(해결)(Solution of my problem)

이런 예를 우리는 "문제 용해"라는 은유에서도 찾아볼 수 있다. 한글로는 이 표현을 그냥 문제 "해결"이라는 문자적 의역으로 처

---

[14] 레이코프와 존슨, 삶으로서의 은유, 204.
[15] 김경용, 기호학이란 무엇인가, 70.

리하기에 이것이 은유인지조차도 분명치 않다. 레이코프와 존슨은 "문제의 용해"라는 은유는 우리에게 문제란 결코 사라지는 것이 아니며, 단 한번에 완전히 해결될 수도 없다는 생각을 갖도록 해준다고 말한다.

> 우리의 모든 문제는 항상 현존하는데, 그것은 용해되어 용액 상태로 있거나 고체의 형태로 남아 있다……"화학적" 은유는 인간의 문제에 대해 하나의 새로운 견해를 제시한다. 즉 그것은 우리가 "해결된" 것으로 생각했던 문제들이 반복적으로 다시 나타나는 현상을 발견하는 경험에 적합하다……"화학적" 은유와 함께 사는 것은 어떤 문제도 영구적으로 사라지지 않는다는 사실을 받아들이는 것이다. 우리도 문제를 단 한번에 완전히 푸는 데 힘을 쏟기보다는 어떤 촉매제가 더 나쁜 것을 침전시키지 않으면서 우리의 가장 급박한 문제들을 가장 긴 시간 동안 용해시킬 것인가를 찾아내는 데 힘쓸 것이다……"화학적" 은유와 함께 사는 것은 우리의 문제들이 우리에게 다른 종류의 실재를 갖게 해준다는 것을 의미한다. 일시적인 해결은 실패라기보다는 하나의 성취이다. 문제들은 "치유되어야 하는" 혼란이라기보다는 사물의 자연적 질서의 한 부분이다. "화학적" 은유와 함께 살게 되면, 우리가 우리의 일상 생활을 이해하는 방식과 그 일상 생활 속에서 행동하는 방식이 달라질 것이다. 우리는 이것이 단지 이미 존재하는 실재를 개념화하는 하나의 방식을 제공한다기보다는 하나의 실재를 창조하는 은유가 갖는 힘의 명백한 경우라고 본다.[16]

---

[16] 레이코프와 존슨, 삶으로서의 은유, 192-193.

만일 우리가 이런 은유에 의해 살아간다면 우리가 삶 가운데서 만들어 내는 실재는 달라질 것이다. 문제가 있으면 영원히 해결해야 한다는 식으로 사생결단하려 하지 않고, 좀더 여유를 가지고 접근할 것이다. 하나의 새로운 은유가 우리 행동의 근거가 되는 개념 체계 안에 들어오면, 그 은유는 개념 체계가 만들어 내는 지각과 행동을 변화시키기 때문이다.

(3) 방패

이것은 성경에 쓰여진 은유의 경우에도 마찬가지이다. 하나님은 아브라함에게 자신을 방패로 제시하셨다.

"아브람아 두려워 말라.
나는 너의 방패요
너의 지극히 큰 상급이니라"(창 15:1).

앗시리아의 비명을 보면, 앗시리아 장군은 두 명의 방패잡이에 둘러싸여 있다.[17] 한 사람은 거대한 벽 모양의 방패를 잡고 있고, 한 사람은 둥그런 원 모양의 방패를 잡고 있다. 벽 모양의 방패는 방패라기보다는 보호벽에 가까운 것으로서 전방에서 직선으로 날아오는 활이나 창을 막는 역할을 하며, 원 모양의 방패는 미사일처럼 공중에서 날아오는 활이나 창을 막아 낸다.

이스라엘 왕 아합이 우연히 쏜 화살에 의해 전사한 것을 보면, 언제 어디에서 날아올지 모르는 화살은 정말 위협적이었던 것 같다. 이런 상황에서 방패는 정말 믿음직한 자기 보호 장치였음이

---

[17] Othmar Keel, *The Symbolism of the Biblical World : Ancient Near Eastern Iconography and the Book of Psalms*, tr. by T. J. Hallett(New York : Crossroad, 1985), 222.

분명하다.

아브라함은 동방의 네 연합군에 의해 포로가 된 롯을 구해 낸 다음 두려움에 빠진 것 같다. 혹시 이들이 연합하여 다시 공격해 오면 어쩌나 걱정이 되었는지 모른다. 어쨌든 이런 상황에서 여호와께서는 아브라함에게 나타나 두려워하지 말라고 하셨다. 그러고는 "나는 너의 방패"라고 은유법을 사용하셨다.

물론 이런 방패 은유는 성경에서만 나타나는 독특한 것은 아니다. 아르벨라의 이쉬타르 신은 앗시리아 왕에게 이같이 말하였다.

"앗살하돈, 아르벨라에서는
내가 너의 은혜로운 방패이니라."[18]

따라서 하나님을 방패로 비유하는 것은 신선한 은유라기보다는 고대 근동 아시아에서 흔히 볼 수 있는 진부한 은유라 할 수도 있다. 처음에는 아무리 신선한 은유도, 자주 사용하다 보면 진부하게 되어 쓰는 사람조차도 이것이 은유인지 잊어버리게 된다. 그러나 진부한 은유라고 해서 우습게 생각해서는 안 된다. 케어드가 말했듯이, "진부한 은유는 기존 질서나 기성 신념의 체계를 표현하고 보강하는 매우 중요한 사회적 기능을 가진다."[19]

하나님을 좀으로, 썩이는 것으로 비유하는 선지자의 신선한 은유가 기존 질서나 기성의 신념들을 비판하는 사회적 기능을 가지는 것과 비교해 보면 매우 흥미로운 현상이 아닐 수 없다. 선지자들의 은유들이 비교적 신선한데 반해, 시편 기자들의 은유들이 상

---

[18] Keel, *The Symbolism of the Biblical World*, 223에서 재인용.
[19] Caird, *The Language and Imagery of the Bible*, 153.

대적으로 진부한 것은 다 이런 데서 연유한 것이다. 하나님을 방패로 비유하는 은유는 하나님의 신뢰성에 대한 우리의 통상적 관념을 보강하는 기능을 담당한다. 하나님을 방패로 보는 은유가 시편에 자주 등장하는 것도 이에 연유한다(시 7:10, 18:2, 28:7, 33:20, 59:11, 115:9-11). 이 은유는 은유 사용자의 하나님에 대한 강한 신뢰를 잘 보여 준다.

"여호와는 나의 힘과 나의 방패시니
내 마음이 저를 의지하여 도움을 얻었도다"(시 28:7).

이런 강한 신뢰감은 언뜻 보기에 하나님에 대한 무례한 태도로 보이는 요구도 가능케 한다.

"여호와여……방패와 손 방패를 잡으시고
일어나 나를 도우소서"(시 35:2).

우리는 여기서 상당히 충격적인 표현을 발견한다. 현대 독자의 입장에서는 충격적이지 않을지 모르지만, 고대 근동 아시아인들에게는 상당히 충격적이다. 왜냐하면 방패를 드는 일은 하급자의 일이기 때문이다. 하나님께 방패 드는 일을 부탁하는 것은 하급자의 일을 부탁해도 기분 나빠하지 않을 만큼의 친밀성이 없이는 불가능한 것이다.[20]

결국 하나님은 나의 방패시라는 표현은 하나님이 친히 손 방패를 드시고 자신의 백성을 보호하시며 도우시는 것을 경험해 본 사람만이 할 수 있는 은유인 것이다. 체험을 통해 이 같은 하나님을 경험한 사람은 이런 은유를 가지고 자신의 삶을 개념화하며, 이

---

[20] Keel, *The Symbolism of the Biblical World*, 223.

방식에 따라 자신의 사고와 행위를 수행한다.

6. 정서의 전이를 가능케 하는 은유

 은유는 단지 인간들이 그 안에 사는 개념적 현실을 축조하고 새로운 실재를 창조만 하는 것이 아니라, 은유가 가진 정서적인 함축을 통해 정서를 전이시키는 역할을 하며, 종종 전혀 새로운 방식으로 무엇인가를 드러내기에 때로는 구체적이고 생동적인 심상(心象)을 만들어 낸다.

(1) 케네디의 은유

 현대의 가장 유명한 은유 중의 하나는 케네디 대통령이 1963년 서베를린 시를 방문할 때 했던 연설 가운데 있다. 베를린 장벽에 의해 사방으로 에워싸인 서베를린 사람들을 상대로 행한 연설에서 그는 "나는 베를린 사람입니다"(Ich bin ein Berliner!)라고 외쳤다. 케네디는 아일랜드계 미국인 대통령이었다. 따라서 독일인은커녕 독일 계통의 미국인도 아니었다. 베를린 사람은 더더욱 아니었다. 그럼에도 불구하고 "나는 베를린 사람입니다"라고 외쳤을 때, 이 같은 비논리적인 말에 서베를린 사람들이 열광을 한 이유는 무엇인가? 피상적으로 보면 이는 비논리를 넘어 새빨간 거짓에 속한다.

 그러나 "나는 베를린 사람"이라는 케네디의 은유 가운데는 만일 소련 사람이 침공한다면 마치 베를린 사람처럼 자기도 싸울 것이라는 강한 의지와 정서가 흠뻑 배어 있다. 결국 케네디가 이 은유를 통해 전달하려는 메시지는 이 같은 자신의 의지였다. 서베를린 사람들을 열광시킨 것은 바로 이 같은 케네디의 반공 의지였다. 그러나 그가 은유를 사용하지 않고, 평범한 명제나 진술로 이야기하였다면 이 같은 열광적인 반향을 얻어낼 수 있었을지는 미지수다. 은유만이 가질 수 있고 전달할 수 있는 묘한 효과와 힘을 우리는 여기서 단적으로 알 수가 있다. 한국의 대통령들의 연설에서 이 같은 수사적 표현과 멋진 은유를 찾아보기 힘든 것은 단순히 문학 교육이나 국어 교육의 질적 저하에만 기인한 것은 아닐 것이다. 충격적인 은유는 원대한 비전이나 꿈에서 기인하는 것이기 때문이다. "나는 베를린 사람"이라는 은유는 "뉴 프런티어"라는 기치를 내건 이상주의 대통령인 케네디에게서만 나올 수 있는 은유인 때문이다. 은유는 단순히 언어의 장식이 아니기에, 원대한 도덕적 이상적 꿈을 키우기 힘든 한국의 척박한 정치 현실에서 이런 은유를 기대한다는 것은 무리일까? 내용이 있으면 이를 표현할 장치는 어디든 있는 법, 기교와 기술만으로 멋진 말솜씨와 태깔을 부리기보다는, 상상력을 통해 우리의 꿈과 비전을 먼저 넓혀 봄이 어떨는지.

(2) 죽은 개

구약성경에 개는 모두 32번 나타나는데, 모두 부정적인 의미로 쓰이고 있다. 그 중 11번은 노골적인 모욕이 담겨 있다. 구약성경에는 한 등장 인물을 가리켜 "죽은 개"로 묘사하는 모습이 등장한다. 한 등장 인물을 은유나 비유로 묘사하는 방법으로서, 엄밀히 따지면 유사-성격 묘사(pseudo-characterization)라고 할 수 있다. 여기서 목적은 인물 묘사에 있다기보다는, 화자가 듣는 이나 독자에게 특정한 태도나 자세를 불러일으키는 데 있다. 비교나 은유는 특정한 사실을 다른 것과 비교함으로써 확실히 설명하는 데 목적이 있을 뿐 아니라 특정한 감정이나 정서를 표현하고 불러일으키는 데 목적이 있다. 비교하는 두 대상의 한쪽과 연결된 정서가 다른쪽에까지 전이되게 하는 방법이다.

스루야의 아들 아비새는 게라의 아들 시므이를 가리켜 "이 죽은 개"라고 호칭하였다(삼하 16 : 9). 이 같은 은유법은 경멸과 조롱을 담고 있는데, 말하는 이의 정서적 태도를 보여 줄 뿐 아니라 듣는 다윗에게도 동일한 감정을 불러일으켜 시므이를 죽이라는 허락을 받아내려는 데 그 목적이 있는 것이다.

이 은유법을 다윗은 스스로에게 적용하였다. 다윗은 자기를 쫓는 사울에게 "이스라엘 왕이 누구를 따라 나왔으며 누구를 쫓나이까 죽은 개나 벼룩을 쫓음이니이다"(삼상 24 : 14). 다윗의 목적은 자신이 별 볼일 없는 존재라는 점을 강조함으로써 사울의 추격을 단념시키려는 데 있다. 이 같은 은유법은 라기스 레터(Lachish Ostracon IV)에도 나타난다. "개에 불과한 당신의 종이 무엇이기에 나의 주께서 그를 기억하시나이까?"[21]

개는 우가릿 문헌에서도 경멸의 대상으로 나타난다. 이에 따르면 고급 신들이 식사를 하는 동안 하급 신들이 개처럼 식탁 아래에 쭈그리고 있는 모습을 보인다. 이들 중 하나가 아나투(Anatu)와 아시라투(Athiratu) 여신에게 다가가 음식을 요청하자, 가장 좋은 고기를 주는 장면이 있다. 그러자 일루(Ilu) 신의 집 문지기가 개에게는 고기를 주는 법이 없다면서 비난을 한다.[22] 여기서 하급 신들이 개의 모양으로 변신을 한 것을 의미하는 것인지(우가릿 신들은 동물로 흔히 변하는데, 일루나 바알 신은 때론 황소로 변한다), 단지 경멸적인 칭호로만 사용되고 있는 것인지는 분명치 않다. 어쨌든 식탁 아래서 떨어지는 부스러기를 먹는 개의 모습은 경멸의 동물로 언급되기에 충분하다.

---

[21] *ANET*, 322. R. Gordis, *The Book of Job : Commentary New Translation and Special Studies*(New York, 1978), 277 참조.
[22] KTU 1.114 : 12-13.

수로보니게 여인이 딸에게서 귀신을 쫓아 주시기를 간청했을 때, 예수님은 "자녀의 떡을 취하여 개들에게 던짐이 마땅치 아니하니라"고 하셨다. 이 같은 어투가 얼마나 모욕적이었을가는 충분히 짐작이 간다. 자녀와 개의 대조. "개"의 은유가 가진 강렬한 경멸의 정서가 자녀와 비교되면서 모욕의 강도가 한층 깊어진다. 그러나 "상 아래 개들도 아이들의 먹던 부스러기를 먹나이다"고 대꾸한 이 여인의 믿음을 보라. 모욕적인 언사에도 굴하지 않으며, 개의 은유를 이용하여 오히려 소기의 목적을 달성하고 있다. 여인은 예수님의 개의 은유를 확장시켜 자기의 목적을 위해 재형성시키고 있다. "주인 자녀들의 먹던 부스러기를 먹는 상 아래 개"의 이미지는 예수님께 강렬한 충격으로 다가왔을 것이다. 경멸적인 동물에게도 자녀들의 먹던 부스러기는 던져 주는 주인의 최소한의 연민의 정서에 호소한 것이 적중하였다고 볼 수 있다. "예수께서 가라사대 이 말을 하였으니 돌아가라 귀신이 네 딸에게서 나갔느니라"(막 7:29).

(3) 세균 덩어리 인간

"나는 벌레(톨라아트 : tôla'at)[23]요 사람이 아니라 사람의 훼방거리요 백성의 조롱거리니이다"(시 22:6).

시편 기자는 자신은 사람이 아니요 벌레라고 외친다. 여기서 벌레(톨라아트 : tôla'at)는 특정 곤충(주로 파리, 나방, 딱정벌레 등)의 애벌레나 유충을 가리킨다.[24] 벌레란 단어는 이사야 14:11에서

---

[23] תּוֹלַעַת; תּוֹלֵעָה

[24] R. F. Youngblood, "תלע" in : R. L. Harris (eds), *Theological Wordbook of the Old Testament*, vol. 2(Chicago : Moody Press, 1980), 971-972.

는 구더기(림마 : rimmāh)²⁵와 병렬로 쓰이면서 무덤 안의 상황을 이야기하는 데 사용되고 있다.

"네 영화가 음부에 떨어졌음이여
너의 비파 소리까지로다
구더기가 네 아래 깔림이여
벌레²⁶가 너를 덮었도다."

흥미 있는 것은 욥기 25 : 6에서도 이 두 개의 단어가 병렬로 쓰이고 있다는 점이다.

"하나님의 눈에는 달이라도 명랑치 못하고
별도 깨끗지 못하거든
하물며 벌레인 사람,
구더기인 인생이랴."

물론 여기서는 무덤의 상황을 명시적으로 이야기하고 있는 것은 아니며, 단지 인간의 약함과 부패를 이야기하고 있는 것뿐이다.²⁷ 그러나 인간이 결국 돌아가고마는 부패의 상태를 이야기한다는 점에서 죽음 후의 상태를 가리키고 있다고 보아도 무방하다.

죽음과 부패의 상태를 벌레와 구더기로 묘사하는 것은 우가릿 문헌에도 나타난다.

---

²⁵ רִמָּה
²⁶ 한글 개역 성경은 지렁이로 번역하고 있다.
²⁷ Édouard Dhorme, *A Commentary of the Book of Job*, tr. by H. Knight(Nashville : Thomas Nelson Publishers, 1984), 370.

"(내가) 그 코를 보자, (두려웠다).
나의 휴식은 바다 안에서 멸망하였도다.
얌무(바다 신) 안에는 구더기가 기어 다니며
나하루(강 신) 안에는 벌레가 있도다."[28]

$-$KTU 1.2 : IV. 3$-$4$-$

결국 벌레와 구더기는 인간의 죽음에 가까운 비참한 상태를 잘 보여 주는 은유라 할 수 있다. 사실상 인간의 비참함을 이보다 더 생동감 있게 묘사할 수 있을까? 이렇게 본다면 시편 22 : 6의 "나는 벌레요 사람이 아니라"는 절규는 시편 기자의 비참함을 단적으로 드러내는 은유라 할 수 있다.

인간의 약함과 부질없음에 대해 김경용은 재미있는 말을 하고 있다.

……인간은 식물과 곰팡이 사이에 잠시 걸쳐 있는 생명의 한 위상이다. 인간이 인간의 탈을 쓰고 있는 동안 이것저것을 잡아먹고 살다가 죽어 땅에 묻히면, 곰팡이에게 잡혀 먹히고 씻은 듯이 사라진다. 스님들은 다른 짐승에 대한 연민에서 채소만 먹고 살다가 간다. 연민의 기호 작용이다. 현대 여성들은 가냘픈 몸매가 아름답다는 유언비어에 사로잡혀 풀만 먹고 뜀뛰기를 하다가 간다. 미학적 기호 작용이다. 어떤 자는 떡은 상전에게 바치고 떡고 물만 먹다가 간다. 정치적 기호 작용이다. 동물보다 못한 어떤 인간은 강력한 생식기, 강력한 호르몬을 위해, 살아

---

[28] 얌무와 나하루는 동일한 신이다. 얌무는 "바다"란 의미이며, 나하루는 "강"이란 뜻이다. 이 신은 재판관(Judge)이라 불리는데, 죽은 자들이 죽음의 강의 강변에서 재판을 받는다는 생각에서 나온 것일 가능성이 크다.

있는 곰의 처절한 비명 소리를 못 들은 척 귓전에 흘리며 곰 쓸개물을 빨아 먹고 여성을 체할 때까지 먹다가 간다. 잔혹한 야수적 기호 작용이다. 정말이지 인간은 세균 같은 존재이다. 이 모든 것들을 곰팡이는 깨끗이 청소한다.

인간이란 세균의 덩어리(인간은 10의 17제곱 개의 세균 세포들로 이루어진 소우주라 한다) 위에 인간의 탈을 쓰고 있는 형태이며, 결국엔 곰팡이에게 정복되는 운명의 존재이다. 다시 말하면 인간이란 세균들의 무리가 곰팡이의 무리들에게 정복되는 사이 잠시 인간의 행색을 하고 뜬구름처럼 지구 위에 떠돌다가 사라지는 존재이다.[29]

시편 기자의 "나는 벌레요"라는 절규에서 느낀 체험도 이와 마찬가지였을 것이다. 죽음의 세력에 의해 인간으로서의 모든 존엄과 최소한의 인간됨마저 상실한 시편 기자의 처지가 "나는 벌레"라는 은유로 구체화된 것이다. 이 같은 자기 비하적인 은유는 듣는 이의 신경을 건드려 동정과 연민을 느끼게 하기에 충분하다.

이 같은 자기 비하적인 은유는 잘못 쓰면 감상적이기 쉽다. 지금도 나이 든 장로님들이 기도하면 "이 벌레보다 못한 죄인이 어쩌구"라고 기도하는 모습을 종종 볼 수 있다. 정말 자신을 벌레보다 못한 것으로 생각한다면 문제가 되지 않는다. 문제는 이런 표현을 너무 상투적으로 쓴다는 데 있다. 더욱이 이런 표현을 쓰는 분들이 오히려 교회에서 주인 행세를 하는 것을 보면 공허한 허식 치레의 말로 바뀐 것이 분명하다. 그러므로 기도 시간이나 찬송 시간에

---

[29] 김경용, 기호학이란 무엇인가, 151.

이런 표현을 사용한다면 매우 조심해야 한다. 으레 입에 붙은 말로 별 생각 없이 부른다면 이는 하나님께 대한 불손이 된다. "하나님의 눈에는 달이라도 명랑치 못하고 별도 깨끗지 못하거든 하물며 벌레인 사람, 구더기인 인생이랴"(욥 25:5-6)는 진솔한 마음이 있지 않다면 이런 은유는 삼가는 것이 좋을 것이다.

7. 성경에서 은유의 중요성

은유가 중요한 이유가 이것이 다가 아니다. 앞서 비유는 지식의 가장 귀중한 원천 가운데 하나이며, 알려진 것으로부터 미지의 것으로 나아가는 왕도라는 점을 언급하였다. 인간은 영광의 하나님을 실제로 본 사람이 없기 때문에 하나님께 대해 이야기할 때는 그것이 아무리 부적합하다 하더라도 은유가 아니고는 하나님을 기술할 수가 없다. 따라서 하나님에 대한 모든 성경의 진술이 은유라고 해도 과언은 아니다. 더욱이 기독교의 중심 이론들의 상당수는 단지 은유의 형식으로만 표현될 수 있다. "그리스도는 세상 죄를 지고 가는 하나님의 어린양이다." 이 은유에 대해 합리적이고 설득력 있는 설명을 책 몇 권 분량으로 이야기한다 하더라도 결국은 이 은유보다 많은 것을 이야기하지는 못한다. 은유 자체가 가장 정확한 설명이기에 결국은 최종 설명으로는 은유로 되돌아오는 모습을 우리는 많이 보게 된다.

기독교의 핵심 진리를 표현하는 데만 은유가 필요한 것이 아니다. 우리의 신앙 생활에서도 은유는 중요한 자리를 차지하고 있다. 우리는 "하늘에 계신 우리 아버지여"라고 주기도문을 늘상 드린다. 소련의 첫 우주 비행사들이 우주 비행에 성공한 후 하늘에 올라가 보니 하나님이 계시지 않더라고 했다는데, 이들은 하늘을 지향적 은유로 이해하지 못한 데서 이 같은 오류를 범한 것이다. "하늘에 계신 우리 아버지여"라고 주기도문을 드릴 때 우리는 이 하늘을 개념적인 하늘로 이해하지 공간적인 하늘로 이해하지 않는다. 예루살렘에서 공간적으로 보이는 하늘은 호주에서 보면 지옥의 방향이고, 그 반대도 성립된다. 결국 하늘이란 개념적인 은유이지, 물리적인 고정 장소를 가리키는 것은 아니다. 그렇다고 해서 하나님이 어떤 공간에도 계시지 않는다는 말로 오해해서는 아니 된다. 단지 우리가 말하는 하나님이 계시는 하늘이란 물리적 하늘이 아니라 개념적인 하늘이란 뜻이다.

실제로 하나님은 어디에나 계신다. 하나님이 계시지 않는 곳은 없다. "내가 주의 신을 떠나 어디로 가며 주의 앞에서 어디로 피하리이까 내가 하늘에 올라갈지라도 거기 계시며 음부에 내 자리를 펼지라도 거기 계시니이다 내가 새벽 날개를 치며 바다 끝에 가서 거할지라도 곧 거기서도 주의 손이 나를 인도하시며 주의 오른손이 나를 붙드시리이다"(시 139:7-10). 그렇다면 우리가 굳이 하늘에 계신 아버지라고 은유로 말하는 이유는 무엇인가? 밝은 빛은 위쪽(하늘)에서 오고, 어둠은 아래쪽(동굴, 땅 속, 무덤)에서 오는 물리적 체험으로 인해 위쪽은 좋고, 아래쪽은 나쁘다는 은유를 이해할 수 있다. 왕은 높은 보좌에 앉고, 신하들은 아래에 앉는 문화적 체험으로 인해, 하나님이 하늘에 계신 분으로 은유로 이해하는 것은 어쩌면 지극히 당연한 표현인지 모른다.[30] 이 같은 공간 지향성 은유를 현실로 해석하려고 할 때 문제가 생기는 것이다. 관념적 은유인 하늘을 우주선 타고 올라가서 얼마든지 수색할 수 있다고 본 소련 우주 비행사들의 순진성은 고사하고, 후루시초프 수상은

---

[30] 노스롭 프라이, 문학의 구조와 상상력, 이상우 역(서울 : 집문당, 1992), 96 : "예를 들어 우리는 어떤 사태를 위 또는 아래로 생각하는데, 너무 일상화되어서 정말 은유인 것을 잊어버린다. 종교적 언어는 기도를 올린다와 같이 매우 상승의 은유로 가득 차 있고, 하늘과의 전통적 결합으로 가득 차 있다."

이 같은 비행사들의 말을 인용하면서 서방을 설득시키려고 하였다니, 은유의 기본 개념도 가르치지 않는 소련의 문학 교육을 개탄해야 할 것인지, 아니면 이런 문학 교육을 무용지물로 만들어 버린 유물론 사상을 책해야 할지 알 수가 없다

　은유가 세계 인식의 수단이요, 실재 창조의 도구이며, 정서 전달의 채널이라는 생각은 은유에 대한 대부분의 전통적 이론과 배치되는 것이 사실이다. 그 이유는 전통적으로 은유를 언어의 문제로만 간주하기 때문이다. 그러나 실재적인 것은 인간이 은유를 통해 세계를 개념화하는 방식과 완전히 독립되어 있는 것은 아니다. 특별히 성경 기자는 은유라는 렌즈를 통해 자신이 체험한 하나님의 나라를 전달하고 있다. 따라서 해석자도 이 렌즈를 통해 성경 기자가 본 것을 볼 줄 알아야 한다. 이 같은 렌즈와는 상관없이 자기식의 썬글라스를 끼고 제멋대로 상상의 나래를 펴고 행간을 읽는 우를 범하지 않기 위해서도 더욱 그렇다. 단지 시인만이 은유의 대가가 되어야 하는 것은 아니다. 성경 해석자도 은유의 대가가 되어야 한다.

9
환유에 유의하라

1. 별명 붙이기

골목에서 노는 어린 아이들의 이야기를 들어 보면 재미있다. "야, 수퍼 돈까스, 나랑 우리 집에 가서 놀자", "까치 머리하고 오리 궁뎅이는 어디 있니?" 우리는 금방 이것이 자기 친구들을 가리키는 별명임을 알 수가 있다. 어린 아이들이 친구들에게 별명을 붙이는 것을 보면 인간이 얼마나 별명을 붙이고 부르는 데 익숙해 있는지를 안다.

학생 시절에는 선생님을 별명으로 부르는 데 거의 광적인 열성을 보인다. 새로운 선생이 부임하자마자 별명이 붙여지는 모습은 어느 학교에서나 볼 수 있는 공통적인 현상이다. 신경질이 심한 선생님이면 "신경 안정제," 옷을 잘 입는 경우면 "기생 오래비"나 "댄디 보이"가 되기 십상이다. 키가 크면 "전봇대", 까무잡잡한 얼굴에 오종종하게 생기면 "깜정 콩"이라는 별명이 따라다닌다.

장성해서도 별명 붙이기는 마찬가지이다. 필자도 대학 시절 동기들과 주로 별명으로 불렀다. 쏙쏙 잘 빠져 다니는 친구는 "미꾸라지", 머리털이 촘촘하지 못한 친구에게는 "개털", 얼굴이 말상이라고 해서 "말", 몸이 통통하다고 해서 "통닭"이라고 붙이고는 늘상 이름대신 별명으로 불렀다. 이때 붙은 습관 때문에 목사가 된 후에도 친구 목사에게 전화를 할 때 그쪽 식구들에게 "개털 있어요?"라고 입에서 자연스럽게 튀어나와 민망한 적이 있었다.

그 사람만의 고유한 이름이 있는데도 굳이 새로운 별명을 만들어 붙이는 이유는 무엇일까? 어른이고 아이고 할 것 없이 별명을 좋아하는 까닭은 무엇인가? 어떤 이는 별명을 부르는 사람의 우월감의 충족에서 그 원인을 찾는다. 물론 일리가 있다. 그러나 이것이 별명 붙이기의 전적인 이유가 되는 것은 아니다. 말을 남보다 조리 있게 잘하는 사람에게 "변호사"라는 별명이 붙여지는 것을 보면 열등감이 별명 붙이기의 유일한 원인이 아님은 분명하다. 그렇다면 별명을 붙이는 진짜 이유는 무엇인가? 그 사람의 특징을 잘 부각시켜 그 사람에게 구체적이고 고유한 이름을 붙여 주려는 인간의 본능에서 나온 것이라 할 수 있다.

예를 들어 나의 이름인 김지찬을 놓고 보자. 김씨는 한국에서 가장 흔한 성씨이기에 나를 지칭하기는 어렵다. 외국인들은 이것을 잘 모르고 김씨가 유학생으로 오면 친척이냐고 묻는다. 그때마다 나는 1980년대의 대통령 선거 당시 네 명의 대통령 후보 중 세 명이 김씨였다는 사실을 지적함으로써 한국에는 김씨 천지라는 점을 강조하였다. 지찬은 또 무엇인가? 한문의 뜻을 풀면, "지혜 지"(智) 자에 "빛날 찬"(燦) 자이므로, 합치면 "지혜가 빛난다"는 뜻이다. 그러나 이것이 나의 특징은 아니다. 시골 토장국 같은 나의 외모와는 전혀 어울리지 않을 뿐더러, 달고 다니기에 부끄러운 너무나 좋은 이름이다. 흔치 않은 이름이기에 순자나 철수 같은 흔한 이름을 가진 이들의 절망을 생각하면 부모님께 감사한다. 그러나 편의상 나를 그렇게 부르기로 한 것일 뿐 내가 그렇게 불려야 할 특징적인 이유는 없다. 따라서 그저 기호에 불과할 뿐이다. 그러나 누군가 나에게 나의 신체적 특징을 따라 별명(예를 들어 대학 시절의 통닭)을 붙인다면 나에 대한 인식이 표출되는 것이다.

필자는 미국과 네덜란드에서의 유학을 마치고 귀국하자마자 대길 교회 대학부의 교육 목사로 부임하여 수련회를 인도하였다. 수련회 이튿날 대학부 아이들이 내게 별명을 하나 지어 주었다. "병국이 삼촌"이라나. 어린이 프로에 나오는 "병국이"를 알 리 없는 나는, "병국이 삼촌"이라는 별명의 의미를 알 수 없었다. 따라서 한 달 동안 아이들이 알려 준 프로그램에서 병국이가 누군지 알아보려고 이리저리 채널을 돌린 적이 있다.

이같이 사람들은 사물에 대한 인습적인 시각을 거부하고 늘상 구체적이고 고유한 이름을 붙여 사물에 대한 새로운 인식을 표출한다. 따라서 이런 본능은 언어 활동에도 나타나기 마련이다. 다른 어떤 이름으로 어떤 사물을 대신하는 비유법을 대유법이라 부른다. 이를 세분하면 제유(提喩)와 환유(換喩)로 나눌 수 있다. 제유란 사물의 일부로서 그 사물 자체의 전체를 대표하게 하거나 전체로서 부분을 대표하게 하는 기법이요, 환유란 사물의 속성과 밀접한 관계가 있는 이름으로 어떤 사물을 대신 표현하는(대치하는) 기법이다. 제유의 기본 핵심이 "대표"라면, 환유의 기본 핵심은 "대치"이다. 예를 들어 설명해 보자.

"♂"라는 남성 기호를 어떻게 보느냐에 따라 제유가 될 수도, 환유가 될 수도 있다. 기호의 동그라미를 몸으로, 화살을 공격적인 남근(男根)을 표상하는 상징으로 보면, 몸과 남근이 남자의 신체를 대표하기에 이 기호는 제유가 된다. 그러나 기호의 동그라미를 방패로, 화살을 창으로 본다면, 방패와 창이 남자를 대치하기에 이 기호는 환유가 된다.

결국 환유와 제유를 총칭하는 대유법은 별명 붙이기와 유사한 언어 활동이라 할 수 있다. "매부리코"라는 별명이 매부리코를 가진 사람을 뜻하는 별명이 되는 것은 제유의 예요, 사무실에서 신경질을 잘 내고 결재판 내던지기를 잘하는 성격의 소유자를 "비행접시"라고 부른다면 이는 환유의 예가 된다.

전통적인 수사학자들은 제유와 환유를 구분하지만, 여기서는 제유를 환유의 특수한 경우로 간주하여,[1] 환유를 먼저 다루고 나중에 제유를 간략하게 다루도록 하겠다.

2. 비행 접시의 등장

환유란 사물의 속성과 밀접한 관계가 있는 이름으로 어떤 사물을 대신하는 표현이다. 군대에서 "별이 떴다"고 하면 장성이 온다는 뜻이다. 포천댁이 포천에서 시집온 여인을, 백발이 노인을, 청모시 옷고름이 청모시 옷을 입은 한국의 여인을 가리키는 것은 환유적 용법이다. 은유가 연상 법칙에 따라 만들어진다면, 환유는 연속 법칙(the principle of contiguity)에 의해 만들어진다. 환유는 어떤 것에 의해서 그것에 연결된 나머지 부분을 대표시키는 일이다. 즉 한 부분에 의해 나머지 전체를 이해하려는 데 환유의 목적이 있다. "하나를 보면 열을 안다"는 속담이 환유의 기능을 잘 보여 준다.[2]

---

[1] 레이코프와 존슨, 삶으로서의 은유, 63.
[2] 김경용, 기호학이란 무엇인가, 74-75.

따라서 은유와 환유는 다른 종류의 과정이라 볼 수 있다. 은유가 원칙적으로 한 사물을 다른 사물의 관점에서 생각하는 방식이기에, 은유는 1차적으로 이해의 기능을 갖는다. 반면에 환유는 한 부분에 의해 나머지 전체를 대신하는 것이므로 1차적으로 지시의 기능을 갖는다. 그러나 환유가 단지 지시의 장치만은 아니다. 환유도 역시 이해를 돕는 기능을 수행한다. 전체를 대신할 수 있는 부분이 많기에, 어떤 특정한 부분을 선택했는지를 알면 어디에 초점을 맞추고 있는지를 알 수 있기 때문이다.

사무실에서 말단 직원들이 일은 안하고 잡담을 하다가 누가 "야, 비행 접시 나타났다"고 외치면 사무실이 금방 일하는 열기로 바뀌는 것은 시간 문제이다. 자기 결재판이 비행 접시처럼 날아가는 꼴을 당하지 않기 위해서는 이 정도의 변신이야 감수해야 하지 않을까? 비행 접시로 불리우는 사람의 특징이 여럿 있을 터인데, 굳이 어떤 부분을 선택한 이유는 무엇인가? 결재판을 내던지기 잘하는 불 같은 성격을 강조하기 위해서이다. 따라서 환유는 우리에게 지시되고 있는 것의 어떤 특정한 측면에 좀더 구체적으로 초점을 맞추게 해준다. 결국 환유는 은유와 마찬가지로 단지 시적인 장치나 수사학적 기교가 아니며, 단순히 언어의 문제만도 아니다.

은유가 "가공적이고 초현실적 효과"를 드러내는 데 반해, 환유는 현실과의 접촉이 강한 이유로 "현실적 효과"를 불러일으킨다. 친구들이 모여 있다가도, "야, 미꾸라지 온다"고 하면 어떤 그림이 그려지는가? 또 미꾸라지처럼 물을 흐려 놓겠지라는 생각이 금방 떠오른다. 이것이 다가 아니다.

3. 부시의 입술

1988년 미국 대통령 선거 유세에서 조지 부시 대통령이 "나의 입술을 읽어라. 새로운 세금은 없다"(Read my lips! No New Taxes!)라는 캐치 프레이즈를 내걸었다고 한다. 유권자들의 환심을 사기 위해서 세금을 올리지 않겠다는 공약을 내건 것이다. 세금을 더 올리지 않겠다는 경제 정책이 부시의 입술로 대치된 것이기에, 부시의 입술은 부시의 경제 공약을 가리키는 은유인 셈이며, 이것은 한마디로 "이 말을 하는 나를 믿으라"는 뜻으로, 입술은 부시를 대표하는 환유인 셈이다.[3] 이 같은 환유는 유권자들로 하여금 부시의 말의 진지함을 믿게 하는 큰 힘을 발휘했다고 볼 수 있다.

어디 그뿐인가? 자유의 여신상은 미국을 대표하는 환유이다. 정치적, 종교적 억압을 피해 신대륙에 정착한 초기 미국인들의 최대 이슈는 자유였다. 아직도 세상에서 가장 자유스런 나라는 미국임에 틀림이 없다. 주민등록이 없는 나라이니, 누가 어디서 사는지 알 길이 막막할 정도로 자유스런 나라이다. 자유의 여신상은 이를 보는 이의 마음에 자유의 나라 미국을 동경하게 만드는 힘을 가지고 있다.

4. 르완다 내전

최근 르완다의 내란 도중 수만명이 콜레라로 죽고, 많은 어린 아이들이 기아로 생명을 잃었다. 피골이 상접한 채 울고 있는 어린 아이의 모습은 내전 중인 르완다를 대표한다. 이 같은 환유는 강력

---

[3] 김경용, 기호학이란 무엇인가, 259.

한 힘을 발휘한다. 이 아이의 모습은 실제 르완다의 현실과 연결되어 있기 때문에 우리에게 동정심과 연민 등의 현실적 효과를 일으킬 뿐 아니라, 우리로 하여금 환유의 나머지 부분을 메우도록 유도한다. 우리는 그 어린 아이의 우는 모습에서 나머지 부분을 상상하게 된다. 왜 우는 것일까? 전쟁과 내란 중이니까, 먹을 것이 없어서 그런 것인가? 아니면 부모를 잃어버린 고아인가? 아니면 부모가 다 세상을 떠나서일까? 르완다를 대표하는 환유인 우는 어린 아이의 모습에서 우리는 환유가 보여 주는 일부분에서 생각을 멈추는 것이 아니라 환유가 감추고 있는 부분을 공상, 추리하여 채워 내기 마련이다. 그 우는 아이에 대한 동정에서 출발하여, 그 아이의 부모의 심정을 같은 부모의 입장에서 동정하며, 강한 연민을 느끼게 된다. 남의 일 같지 않은 느낌을 갖는 것이다. 환유가 드러낸 일부로부터 환유가 숨긴 부분으로 사유를 확대해 나가게 하는 것 – 이것이 환유의 엄청난 힘이다.

5. 환유의 풍선 띄우기

따라서 수많은 정치가와 상업 광고와 심지어는 부흥사들까지도 이 힘을 이용(혹은 악용)하기도 한다. 예를 들어 보자. 1994년 7월 26일자 조선일보에는 삼성 그룹의 전면 광고가 실렸다. 1969년에 달에 착륙한 두번째 우주 비행사가 달 표면에 엉거주춤 서 있고, 얼굴을 가린 헬멧의 안경에 착륙선과 다른 우주 비행사가 반사된 모습이 담겨 있는 한 장의 흑백 사진이 전면을 차지하고 있었으며, 아래에 다음과 같은 광고가 실려 있었다. "세계 일류, 삼성의 마지막 선택입니다. 1969년 7월 20일, 아폴로 11호. 닐 암스트롱보다 한발 늦게 달 표면에 내려 섰던 사람이 있습니다. 지금은 잊혀지고 있는 사람 – 그는 2등이었습니다. 기업간의 국제 경쟁은 전쟁 – 전쟁에서 2등은 아무 의미도 없는 일. 반드시 세계 일류 기업이 되겠습니다. 품질과 서비스에서 앞서가는 세계 일류가 되겠습니다. 함께 잘사는 사회를 만들고 후손에게 아름답고 깨끗한 자연을 물려주는 그런 세계 일류가 되겠습니다. 세계 일류 – 삼성의 마지막 선택입니다."

원래 이 사진은 역사적인 달 착륙의 기념비적 사진이다. 비록 두번째로 달에 내렸지만 경쟁에 져서 두번째로 달에 발을 내려 선 것은 아니다. 닐 암스트롱이 대장이었기 때문이다. 더욱이 이 두번째 우주 비행사의 도움이 없었다면 암스트롱이든 누구든간에 달에 발을 내릴 수는 없었을 것이다. 따라서 이 사진은 인간의 우주 탐험의 기념비적 사건을 담은 위대한 모습을 담고 있는 과거의 기록이다. 그러나 삼성 그룹의 광고 대행사는 이 사진을 패배의 사진으로 격하시켰다. 1등 전쟁에 진 패배자의 모습으로 조작한 것이다. 이렇게 조작하여 만든 환유의 풍선(=사진)에 담긴 메시지는 무엇인가? 무엇이든 1등만이 의미 있는 것이며, 2등은 무의미한 것이다. 그것이 협력과 협조에서 필연적으로 기인한 것이든, 양보에서 기인한 것이든, 희생에서 기인한 것이든 문제가 되지 않는다. 2등은 패배이다. 어디 기업간의 국제 경쟁만이 전쟁인가, 삶을 전쟁으로 보는 대부분의 사람들에게 이런 환유의 풍선은 엄청난 힘을 발휘한다. 무서운 경쟁과 학력이 강조된 한국 사회에서는 더 더욱 그렇다.

이 글을 쓰는 필자도 마찬가지이다. 9살짜리 딸아이가 여름성경학교를 개근으로 출석했다. 주일날 유년부 주일학교 선생이자 대학부 학생인 여교사가 내게 "목사님, 예지가 개근상 탔어요"라고 말을 건넸다. "개근상만이에요?" 그거야 으레 받으려니 생각했으니, 무어 새로울 것이 없기 때문이었다. "목사님, 그럼 무슨 상 말씀하는 거예요?" "1등상 같은 것말이지." 내가 웃으며 대꾸했다.

"1등상 그런 것 없어요. 목사님같이 구습적 발상 때문에 아이들 교육이 안 되는 거예요. 개근상, 정근상밖에 없어요." 웃으면서 던진 그 자매의 말에 무의식 속에 깔려 있는 부끄러운 나의 모습을 느끼게 되었다. "목사가 교회 교육에서조차 1등상을 딸이 받기를 원하다니." 물론 딸이니까 1등상을 받는다면 얼마나 대견스러울까라는 필자의 바람 때문이었다. 따라서 경쟁의 원리를 될 수 있으면 배제해야 한다고 일반적인 원리를 주장했던 내가 딸의 문제에서는 그렇지 않음을 발견하고 머쓱해진 것이다.

어찌되었든 대부분의 신문 독자들은 환유의 풍선을 보고 나머지를 메꾸어 넣는다. "그렇다. 어디에서든 1등이 되어야 한다." 광고 대행사가 기념비적 사진을 패배의 사진으로 만들어 이를 환유로 삼은 것이 엄청난 자의와 조작에서 나온 것임을 의식할 사이도 없이 독자는 이 같은 결론을 내리게 된다. "삼성은 1등 제품이야." 광고 대행사가 자의로 환유를 선택한 것이 문제가 되지 않는다. 독자들이 환유의 나머지 부분을 어떻게 채워 내느냐 하는 것은 독자들이 임의로 공상할 문제이기 때문이다. 환유가 진실이라고 선전하고자 하는 바에 맞아 떨어지는 결론만 독자에게서 얻어 내면 되기 때문이다. 달 착륙의 사진은 거짓과 진실을 구분할 능력을 상실한 채 광고 대행사의 이익 추구의 수단으로 전락되고 말았다. 그럼에도 불구하고 많은 독자들에게는 이런 면은 아예 의식조차 되지 않는다. 독자 스스로 환유의 풍선을 보고 환유의 나머지 부분을 채워 넣은 때문이다. 이만큼 환유의 힘은 큰 것이다.

이런 점을 염두에 두면서 성경에 나타나는 환유에 대해서 살펴보도록 하자. 성경의 상징적 환유가 성경의 종교적 개념을 이해하는 데 필수적 수단임을 명심할 필요가 있다.

6. 땅을 먹을 수 있는가

"땅은 너로 인하여 저주를 받고
너는 종신토록 수고하여야
그것(땅)을 먹으리라"(창 3:17).

인류의 첫 부부인 아담과 하와가 금단의 열매를 따먹은 대가로 아담이 받은 심판의 일부를 위에서 볼 수 있다. 땅이 저주를 받았기에 아담은 일생 동안 수고해야만 먹고 살 수 있다는 것이다. 그런데 우리가 눈여겨 보아야 할 것은 땅의 소산을 먹으리라고 하지 않고 "땅"[4]을 먹으리라고 표현하고 있다는 점이다. 그러나 인간은 땅을 먹을 수가 없다. 땅의 소산을 먹을 수 있을 뿐이다. 결국 땅의 소산 대신 땅이란 단어를 환유적으로 사용하고 있는 것을 볼 수 있다.[5] 이렇게 사물의 속성과 연결된 무엇으로 어떤 사물을 가리키는 것이 환유법이다. 우리 개역 성경에서는 아예 의역하여 그것이란 대명사를 "그 소산"이라고 하였다. 이런 의역은 내용을 요약적으로 이해하는 데 좋을는지는 모르나, 원문이 담고 있는 함축 의미는 제대로 표현하지 못한다.

한편 저명한 구약학자 오토 아이스펠트(O. Eissfeldt)는 이 같은 환유법을 이해하지 못한 것처럼 보인다. 그는 비블리아 헤브라이카 스투트가르텐시아(*Biblia Hebraica Sttutgartensia*)[6]의 비평주에서 "먹으리라"는 동사 대신 "경작하리라"(아바드 : 'ābad)[7]로 읽어야

---

[4] 히브리어 원문에서는 대명사 접미형으로 "그것"으로 되어 있다.
[5] "땅 파먹고 살기 힘들다"는 우리의 표현도 마찬가지의 언어 장치로 이해할 수 있다.
[6] 약자로 BHS라고 하는데, 현재 가장 많이 사용되고 있는 인쇄된 히브리어 구약성경 본문이다.

한다고 제안했다.⁸ 즉 땅을 환유법으로 이해하지 않고 문자적으로 이해하면 "땅을 먹으리라"는 맞지 않으므로 "땅을 경작하리라"로 바꾸는 것이 낫기 때문이다.

그러나 이런 제안은 잘못된 것이다. 우리는 해석하기 어려운 부분은 먼저 본문의 전체 문맥을 고려해 가면서 언어적이고 문예적인 규칙에 따라 해석해 보아야 한다. 이렇게 해도 문제가 해결되지 않을 때에는 얼마든지 본문 비평을 통해 본문을 고칠 수 있을 것이다. 그러나 이 경우에는 "땅"을 "땅의 소산"을 대치하는 환유로 받아들이면 문제가 해결된다. 따라서 아이스펠트의 견해를 따를 필요가 없다. 이것은 지금까지의 비평주의 계열의 구약학자들이 얼마나 구약의 문예성(文藝性)에 대해 무관심하였으며, 오직 역사적인 관심에만 몰두하였음을 잘 보여 주는 예라고 볼 수 있다.

땅은 하나님의 피조물로서, 모든 식물과 동물의 근원이며, 인간이 사는 서식처로 주어진 것이다. 아담('ādam : 흙이라는 뜻)⁹이라는 이름, 흙(아다마 : 'ădāmāh)¹⁰에서 지음받은 사실 등은 인간이 땅과 밀접한 연관이 있음을 보여 준다. 인간이 단지 땅을 서식처로 사는 것뿐이 아니라, 땅을 다스리며 지키게 하셨다. 인간이 하나님의 청지기로서 임무를 감당하는 한에서는 땅의 소산을 향유할 수 있었다(창 2 : 15-17). 그러나 인간이 하나님처럼 주인 행세를 하려고 하자 땅을 돌보며 다스리는 행위는 어려움에 직면하게 되었다. 종신토록 수고하지 않고는 땅의 소산을 먹을 수가 없게 된 것이다. 비록 동산에서 쫓겨났지만, 인간의 임무는 바뀌지 않았다.

---

⁷ עָבַד
⁸ BHS, 5의 난하 비평주 참조.
⁹ אָדָם
¹⁰ אֲדָמָה

땅은 여전히 인간의 삶의 원천이었다. 그러나 인간으로 인해 땅은 저주를 받아, 수고하지 않고는 소출이 잘 나지 않게 된 것이다.

땅에서 지음을 받고, 땅을 서식처로 삼으며, 땅을 삶의 근원으로 삼고, 결국은 땅으로 돌아갈 수밖에 없는 인간이 땅으로부터 소외 당하는 모습을 땅의 환유법으로 잘 제시하고 있다. 땅이 저주받았기에, 땀을 흘려야 비로소 땅을 먹을 수 있는 인간의 딜레마를 땅의 환유법으로 이미지화하고 있는 것이다. 이같이 땅이라는 환유적 개념은 "한 사물이 다른 어떤 것에 대하여 갖는 관계를 통해서 그 사물을 개념화하도록 해준다."[11] 여기서는 "땅에서 나는 소산"을 땅이라는 환유적 개념으로 제시함으로써, 하나님께 대한 범죄의 결과를 땅과 인간과의 관계에서 개념화하는 데 도움을 주고 있다.

7. 다윗과 함께한 손

사울은 놉에 있는 제사장들이 다윗을 도운 것을 알고는 이들을 죽이라고 부하들에게 지시한다.

> "여호와의 제사장들을 죽이라
> 그들의 손(야드 : yād)[12]이 다윗과 함께하였고[13]
> 또 그들이 다윗의 도망한 것을 알고도
> 내게 고발치 아니하였음이니라 하나
> 왕의 신하들이 손을 들어
> 여호와의 제사장들 죽이기를 싫어한지라"(삼상 22 : 17).

---

[11] 레이코프와 존슨, 삶으로서의 은유, 68.
[12] יָד
[13] 한글 개역 성경은 "그들도 다윗과 합력하였고"라고 의역하였다.

여기서 손은 문자적인 손이 아니라 손으로 한 행동을 가리킨다. 놉에 있는 제사장 아히멜렉은 다윗과 그 부하들에게 먹을 떡과 골리앗의 칼을 주었다. 그리고 사울에게 이런 사실을 고해 바치지 않았다. 이런 식으로 다윗을 도운 것을 사울은 "그들의 손이 다윗과 함께하였다"는 환유적 이미지로 지칭하고 있다. 사울은 이런 환유적 이미지를 동원하여 부하들의 사고와 행동에 영향을 미치려고 하였다. "그들의 손이 다윗과 함께하였다. 그들을 손을 들어 죽이라." 그러나 사울의 신하들은 하나님의 제사장을 손을 들어 죽이기를 싫어하였다.

여기서 우리는 손이라는 환유적 이미지가 반복되고 있으면서 다윗과 사울을 묘하게 간접적으로 대조하고 있음을 볼 수 있다. 여호와의 제사장들은 목숨의 위험을 무릅쓰고 다윗을 돕는 반면에, 사울의 부하들은 목숨의 위험을 무릅쓰고 사울을 돕지 않고 있다. 사울의 신하들은 사울을 돕는 것이 당연하나 그렇게 하지 않고 있다. 왜냐하면 그들이 여호와의 제사장을 죽이기를 싫어한 때문이었다. 그러나 여기서 초점은 제사장들의 다윗에 대한 충성과 사울의 신하들의 사울에 대한 불충성에 놓인 것이 아니다. 왜냐하면 사울의 신하들의 불충성은 타당한 근거가 있는 것이기 때문이다. 그렇다면 여기서 강조점은 사울의 어리석음에 있는 것이다. 정당한 이유 없이 여호와의 제사장에게 손을 대려는 잘못을 극명하게 드러내려는 데 있는 것이다.

결국 사울의 신하들은 암시적으로 다윗을 지지하고 있는 것이다.[14] 제사장들의 손이 다윗과 함께한 것처럼, 사울의 신하들이 "손을 들어" 하나님의 제사장들을 죽이지 않았으므로, 실제적으로는

---

[14] R. W. Klein, *1 Samuel*, WBC(Waco : Word Books, 1983), 225.

이들의 손도 다윗과 함께한 것이라고 볼 수 있지 않을까? 성경 기자는 사울의 신하들이 다윗에게 암시적으로 협력하였다는 점을 손이라는 환유적 이미지로 제시한 것이다. 이렇게 볼 때 우리는, 환유는 단순히 장식적인 기능만을 담당하는 것이 아니라, 의미 전달의 핵심 수단임을 알 수가 있다.

8. 노출의 죄의식

"이에 그들의 눈이 밝아
자기들의 몸이 벗은 줄을 알고
무화과나무 잎을 엮어 치마를 하였더라"(창 3:7).

아담과 하와는 뱀의 유혹을 받고 선악을 알게 하는 나무의 열매를 따먹은 다음 눈이 밝아져 자기들의 몸이 벗은 줄을 알게 되었다. 여기서 몸의 벌거벗음은 단지 몸의 누드를 가리키는 문자적 의미로 쓰인 것만은 아니다. 이미 2:25에 보면 "아담과 그 아내 두 사람이 벌거벗었으나 부끄러워 아니하니라"고 했다. 그렇다면 선악과를 먹은 다음에야 그들이 벌거벗은 것을 처음 알게 되었다는 의미는 아니다. 그들에게 있어서 변화는 벌거벗음을 보고 부끄러워 아니하다가 부끄러워하게 되었다는 데 있다. 이런 차이는 히브리어의 차이로 성경 기자에 의해 표출되었다. 2:25에서의 벌거벗음은 아롬('ārôm)[15]이란 단어가 쓰인 반면에, 3:7에서의 벌거벗음은 에롬('êrôm)[16]이란 단어가 쓰이고 있다. 비록 이 두 용어는 오경에서는 자주 쓰이고 있지 않지만, 후자는 신명기 28:48의 사용으로 인해 특징적인 함축 의미를 지닌다. 이곳에서는 이스라엘이

---

[15] עָרוֹם
[16] עֵירוֹם

하나님의 말씀을 불순종함으로 인해 받을 유배의 상황을 묘사하고 있기 때문이다.

> "네가 모든 것이 풍족하여도
> 기쁨과 즐거운 마음으로
> 네 하나님 여호와를 섬기지 아니함을 인하여
> 네가 주리고 목마르고
> 헐벗고 모든 것이 핍절한 중에서
> 여호와께서 보내사 너를 치게 하실 대적을
> 섬기게 될 것이니
> 그가 철 멍에를 네 목에 메워서
> 필경 너를 멸할 것이라"(신 28 : 47 - 48).

결국 창세기 성경 기자는 아담과 하와의 원래의 벌거벗음과 타락 후의 벌거벗음 사이에는 차이가 있음을 구분함으로써, 에덴 스토리의 의미 해독의 열쇠를 제시하고 있다.[17] 어찌되었든 이것이 사실이라면 타락 후의 벌거벗음은 단순한 성적인 의식(sex consciousness)을 의미하는 것이 아니다. 벌거벗음은 하나님의 심판 의식, 즉 하나님의 심판 아래 있다는 의식을 가리키는 것이다. 이것은 하나님 앞에서의 죄책감을 가리킨다고 볼 수도 있는 것이다. 또한 벌거벗음은 그 함축 의미 그대로 물질적이고 영적인 가난, 초라함을 가리키기도 한다(겔 16 : 7, 22, 29, 23 : 29 ; 신 12 : 29). 그렇다면 벌거벗음은 하나님 앞에서의 죄책감, 죄의식, 양심의 가책, 자신들의 초라함을 벌거벗음으로 대치한 것이므로 환유로 볼 수 있다.[18]

---

[17] John H. Sailhamer, *The Pentateuch as Narrative : A Biblical-Theological Commentary*(Grand Rapids, 1995), 103.

[18] W. Brueggemann, *Genesis*, Interpretation(Atlanta : John Knox

벌거벗음이란 환유적 이미지는 매우 암시적이기에 다양한 의미를 지닌다. 따라서 성경 해석사를 보면 벌거벗음의 의미가 다양하게 해석되어 왔음을 볼 수 있다. 일부 해석자들은 성적 양심의 깨어남(awakening of sexual consciousness)으로 본다. 벌거벗은 것을 보고 부끄러워했다는 것은 단순한 벌거벗음의 지식에서 양심으로, 하나님 앞에서의 죄책감을 느끼는 성적인 양심으로의 깨어남을 가리킨다고 보았다.

한편 다른 해석자들은 성에 대한 의식을 처음으로 갖게 된 것을 가리키는 것으로 본다.

세번째 그룹은 야만 상태에서 문명 상태로의 변화를 가리킨다고 본다. 문명과 성숙은 오직 죄를 통해서만 가능한 것처럼 성경 기자가 이야기하고 있다고 이들은 주장한다.

이 같은 다양한 해석이 제시된 것은 환유적 이미지가 갖는 암시성 때문이다. 클라우스 베스터만(C. Westermann)은 수치는 무엇인가 드러나고 폭로되었을 때 느끼는 감정임을 강조하면서, 위의 세 가지 해석이 다 진리의 일면만을 드러내고 있을 뿐이라고 지적하였다. 그에 따르면 아담과 하와가 선악과를 따먹은 다음에는 폭로되었다는 느낌, 노출되었다는 느낌을 가진 것을 이런 식으로 표현한 것이라고 본다.

어찌되었든간에 아담과 하와의 벌거벗음의 환유적 이미지는 우리로 하여금 하나님 앞에서 죄를 지은 인간이 느낄 수 있는 온갖 느낌과 정서, 즉 죄책감, 성적 양심의 가책, 폭로되고 노출된 듯한 느낌을 포괄적으로 대치하는 표현 장치로 볼 수 있다. 성경 기자는

Press, 1982), 48-49 참조. Carl Schultz, "עור" in : R. L. Harris (eds.), *Theological Wordbook of the Old Testament*, vol. 2(Chicago : Moody Press, 1980), 656-657.

벌거벗음이란 환유의 풍선을 띄울 뿐이다. 환유의 나머지 부분은 독자들이나 해석자들이 채워 넣는 것이다. 이런 독서의 과정이 성경 기자의 의미의 곡해를 낳는 것은 아니다. 오히려 이런 과정이 성경 기자의 원래 의도일 수 있다. 이런 환유로서만이 하나님 앞에서 죄인이 느끼는 전인격적 반응을 표현할 수 있기 때문이다.

9. 배꼽에 얽힌 이야기

"배꼽은 섞은 포도주를
가득히 부은 둥근 잔 같고"(아 7 : 2).

술람미 여인의 배꼽을 섞은 포도주가 가득한 잔으로 비유하고 있는 아가서의 이 구절은 최근 배꼽을 드러내 보이는 여성들의 패션으로 주목의 대상이 되고 있다. 조선일보 1994년 7월 22일자에 기고한 글에서 이규태는 아가서에 나오는 배꼽은 "여자의 가장 은밀한 부위"를 뜻한다고 주장하고 있다. 물론 이것은 일부 성경 학자들의 주장을 따른 것임이 분명하다. 반면에 일부 학자들은 여기서 배꼽은 배(복부)를 가리키는 것이라고 주장한다. 여기서 관건은 배꼽을 환유법으로 해석할 것인가, 제유법으로 해석할 것인가에 달려 있다. 즉 배꼽을 여인의 은밀한 부분을 대치하는 완곡어법으로 보면 환유법이 되는 것이고, 배의 일부분인 배꼽을 통해 배 전체를 대표하는 것으로 보면 제유법이 된다.

석원태는 그의 저서 솔로몬의 아가에서 배꼽을 배를 가리키는 제유로 이해하면서, 특유의 알레고리적 해석을 다음과 같이 제시하고 있다. "여기의 배꼽은 아름다운 옷을 입은 술람미 여인의 복부의 형상을 묘사한 말이다. 섞은 포도주를 가득히 부은 둥근 잔이란 '둥근 주발 같으니 썩은 술을 부족히 담지 말라'고 번역할 수 있는 말이다. 잠언 3:8에 '몸은 윤택하고'라고 했는데, 여기 몸은 배꼽이다. 배꼽을 몸이라 한 까닭은 배꼽을 몸의 중심부로 보았기 때문이라고 해석하는 학자도 있다. 그러므로 이 복부의 모습은 몸의 건강 여부를 표시하는 데 관심을 둔다. 이는 성도들의 내적 충실을 염두에 두고 하는 말이다. 진리에 살이 찌고 기쁨과 즐거움이 잔에 넘침을 관중에게 보이는 일은 진정 아름다운 일이다. '섞은 포도주'는 하나님의 지혜를 표상하는 것이다(잠 9:2; 사 55:1). 포도주는 사람의 마음을 기쁘게 한다(시 104:15, 4:7). 포도주는 예수 그리스도의 피를 상징하므로 항상 경건한 성찬의 요소가 된다. 성도들은 예수의 보혈로 항상 윤택하고 기름진 건강을 가져야 한다." 알레고리적 해석의 극치를 보여 주고 있다. 물론 아가서 기자가 이런 표현을 알레고리로, 즉 배꼽을 성도들의 내적 충실을 가리키는 의도로 썼다면 이는 올바른 해석이라 할 수 있다. 그러나 우리는 아가서를 알레고리로 보기 어렵다. 따라서 이런 해석은 알레고리제이션이 되기에 피해야 한다.

그러나 포프는 아가서 기자가 7:1-5에서 술람미 여인의 몸을 발부터 머리까지 한 부위씩 묘사하고 있기에 배꼽을 배를 가리키는 제유로 이해해서는 안 된다고 주장한다. 바로 뒤에 "허리는 백합화로 두른 밀단 같구나"라고 배 부분을 언급하고 있기 때문이라는 것이다. 이런 근거로 포프는 여기서 "배꼽"은 여성의 은밀한 부위를 가리키는 환유로 보아야 한다고 주장한다.[19]

여기서 우리는 배꼽이 제유법인가, 환유법인가가 해석에 얼마만큼 중요한가를 한눈에 알 수가 있다. 필자는 현재 우리가 가지고 있는 자료로 볼 때는 포프의 견해가 더 타당하지 않나 생각한다.

---

[19] M. Pope, *Song of Songs*, AB(Garden City : Doubleday, 1977), 617.

이것은 거의 모든 고대와 중세의 비교 문학적 자료들이 배꼽을 의사 성기(擬似 性器)로 보고 있는 데서도 그 근거를 찾을 수가 있다고 한다. 빅토리아 시대에 영국에서 배꼽은 의사 성기라 하여 배꼽이 중심부를 차지하고 있는 "배"라는 말마저도 입에 오르내리는 것을 금하였다. 고대 그리스에서 배꼽은 여성의 정욕이 담겨 있는 그릇이었다. 우리나라의 해녀들의 배 젓는 민요에도 "요 내 배꼽을 내놓은들 요 내 노야 놓을소냐"라는 가사가 있다고 한다. 결국 배꼽은 상당히 많은 문화권에서 은밀한 부분을 가리키는 완곡어법으로 많이 쓰였음을 알 수가 있다.

설사 이것이 사실이 아니고, 배꼽이 그저 배를 대표하는 제유라 하더라도 속칭 "보이네 패션"(배꼽 티)을 두둔할 수는 없다. 한 판사가 이런 행위가 "가려야 할 곳을 가리지 않아 다른 사람에게 불쾌감을 줄 경우"에 해당하지 않는다는 무죄 판결을 내려 화제가 되고 있다. 아마도 배꼽을 제유로 이해한 것 같다. 남의 여자의 배꼽을 거리에서 본다는 것이 불쾌감을 주지 않는다는 판결 뒤에는 호기심이 가고 즐겁다는 생각마저 깔려 있음을 느낄 수 있다. 필자가 한 젊은 남자 대학생에게 배꼽 패션이 어떤지 솔직히 이야기해 달라고 부탁했다. 2-3초 생각하던 그 학생은 "보기 좋죠"라고 대꾸했다. 기대하던 대답이었다. 배꼽을 보기 좋은 배의 일부분으로 생각하는 제유적 발상이었다. 그래서 "만일 애인이나 여동생이 그런다면 어떻게 생각해?"라고 되물었다. "말도 안 되지요. 그런 여자와는 사귈 수가 없죠, 동생이라면 혼내야 하고요. 그런 옷을 입은 여자는 천해 보여요." 여기서는 배꼽은 정숙한 여자면 드러내서는 안 될 부분을 가리키는 환유적 발상으로 바뀌는 모습을 볼 수 있다.

인간은 이같이 제유와 환유를 오가면서 자기를 중심으로 생각하는 존재임이 드러난다. 경찰이 대대적인 단속을 벌이려고 법원에 판결을 요청했다가 실망했다는 보도다. 경찰의 이런 단속 의사가 배꼽 패션을 입은 여인들을 자기 애인이나 여동생처럼 잘 인도하려고 한 환유적 발상에서 나온 것인지, 젊은 여인들을 경찰서로 연행하면서 눈요기를 하려고 한 제유적 발상에서 나온 것이지는 알길이 없다. 유림의 대표가 이런 판결을 내린 판사에게 집단으로 항의했다는 소식도 들린다. 유림의 항의는 환유적 동기에서 나온 것임은 의심할 여지가 없다. 여성의 배꼽을 놓고 경찰과 법원과 유림이 벌인 격렬한 제유와 환유의 논쟁은 그렇지 않아도 찜통 더위로 열받은 1994년도의 한반도를 한층 더 달구어 놓고 말았다.

10. 히브리식 발 닦기와 동침

"네 집으로 내려가서
발을 씻으라"(삼하 11 : 8).

다윗은 한 여인이 목욕하는 모습을 보고 데려다가 동침하게 되고 이 여인은 잉태하게 된다. 이에 여인은 다윗에게 사람을 보내어 "내가 잉태하였나이다"라고 알린다. 다윗은 태어날 아이가 누구의 아이인지 모르도록 하기 위해 여인의 남편인, 전쟁터에 나간 우리아를 불러들일 것을 획책한다. 다윗은 부하인 군대 장관 요압에게 우리아를 보낼 것을 명한다. 우리아가 오자 다윗은 안부를 묻는다. 요압의 평안과 군사들의 평안과 전쟁의 형편을 묻는다. 이에 대한 우리아의 대답이 있었을 것이 분명하나, 본문은 이를 기록하지 않는다. 아마도 다윗의 머리에는 이 대답이 들어오지 않았을 것이다. 이것은 다윗의 관심 밖의 일이었기 때문이다. 다윗은 우리아의 대답을 건성으로 듣고는 진짜 하고 싶은 말을 내뱉는다. "네 집으로 내려가서 발을 씻으라." 여기서 핵심은 "발을 씻으라"는 표현이다.

환유에 유의하라 191

밖에 나갔다가 돌아오면, 오랜 여행 끝에 돌아오면 발을 닦는 것은 예나 지금이나 공통적인 풍습이 아닌가 한다. 특히 샌달을 신는 더운 팔레스타인 지방에서는 발을 물로 씻는 것은 발의 피로를 푸는 데 필수적인 것이었다. 따라서 다윗이 우리아에게 "집에 가서 발을 씻으라"고 명령한 것은 표면적으로 보면 하등 이상할 것이 없는 권고였다.

그러나 발을 씻으라는 권고는 단순한 발 씻음을 의미하는 것이 아님을 성경 안의 등장 인물인 우리아나, 독자인 우리가 한눈에 알 수가 있다. 발을 씻고 무엇을 하란 말인가? 전쟁터에서 오랫만에 집으로 돌아온 우리아가 발을 씻은 다음 할 수 있는 일이 무엇인가? 아내와 오랫만에 만나 실컷 먹고 마시고, 그러다 보면 아내와 자기도 모르게 동침하는 것이 아닌가? 발 씻음은 발 씻은 후에 자연스레 연결되는 나머지 부분을 가리키면서 감추어진 전체를 의미하고 있는 것이다. 그러기에 발 씻음은 휴식, 포식과 과음, 동침으로 연결되는 전체의 과정을 대치하는 환유인 셈이다. 다시 말해 다윗의 "발을 씻으라"는 명령은 자신의 죄를 감추기 위해 우리아를 끌어들여 아내와 동침시키려는 다윗의 계략을 대치한 환유라 할 수 있다. "먹고 마시고 네 처와 자라." 우리아가 왕의 집에서 나온 다음 왕의 식물이 뒤따라 나오는 모습에서 우리는 이를 확증할 수가 있다.

그런데 한 가지 주목할 것이 있다. 이 발 씻음의 환유는 현실과 밀접히 연관되어 있어 현실적 효과를 드러내며, 듣는 자로 하여금 환유의 나머지 부분을 메우도록 유도하고 있어 강력한 효과를 일으킨다. 환유에 노출되는 사람은 환유가 보여 주는 일부분에서 생각을 멈추는 것이 아니라, 환유가 감추고 있는 부분을 공상, 추리하여 채워 넣는다. 이를 이용하여 다윗은 우리아에게 "집에 내려가서 발을 씻으라"고 환유의 풍선을 띄웠다. 결국 우리아는 환유의 풍선을 보고 발 씻고 난 다음의 일을 자연스레 떠올리게끔 유혹된 것이었다. 이런 유혹에 넘어가는 것은 너무나 쉬운 일이었다. 환유의 풍선을 보고 나머지 부분을 자기 스스로 메우게 되기에 유혹받는지조차 의식하지 못할 가능성이 많기 때문이었다. 그러나 우리아는 다윗이 띄운 환유의 풍선에 현혹되지 않았다. 우리아는 집으로 내려가지 않고, 왕궁 문에서 그 주의 신복들로 더불어 잤다(삼하 11 : 9).

이에 왕의 신복이 "우리아가 그 집으로 내려가지 아니하였나이다"라고 알린다. 이에 다윗은 "어찌하여 네 집으로 내려가지 않았느냐?"고 묻는다(삼하 11 : 10). 여기서 발 씻음의 환유는 사라진다. 꼬리가 길면 잡히기 마련임을 다윗이 직감적으로 알았기 때문일까? 이에 우리아는 "언약궤와 이스라엘과 유다가 영채 가운데 유하고 내 주 요압과 내 왕의 신복들이 바깥 들에 유진하였거늘 내가 어찌 내 집으로 가서 먹고 마시고 내 처와 같이 자리이까 내가 이 일을 행치 아니하기로 왕의 사심과 왕의 혼의 사심을 가리켜 맹세하나이다"(11 : 11). 우리아의 대답 가운데서 우리는 발 씻음의 환유의 나머지 부분을 우리아가 옳게 이해하고 있음을 알 수가 있다. "내가 어찌 집으로 가서 먹고 마시고 내 처와 같이 자리이까?" 우리아는 발 씻음을 "먹고 마시고 내 처와 자는 것"으로 이해하고 있었다. "가서 발 닦고 잠이나 자라"는 한국식 발 닦기와 잠(동침) 사이의 상관 관계와 히브리식 상관 관계에는 어떤 함수 관계가 있을까 궁금증이 생긴다.

11. 신앙 생활은 도랑 치고 가재 잡는 일인가

환유의 힘은 크기에 한국의 대다수 부흥사들도 환유를 즐겨 쓴다. 십수년 전 한 부흥사가 설교 시간에 예수 믿는 일은 "도랑 치고 가재 잡고, 마당 쓸고 동전 줍는" 일석 이조의 즐거운 일이라고 외치는 모습을 본 적이 있다. 하나님을 믿고 섬기는 일은 매우 복잡하고 신비하며 오묘하기까지 하다. 어떻게 신앙 생활을 "도랑 치고 가재 잡고, 마당 쓸고 동전 줍는" 일석 이조의 행동으로 단순화시킬 수 있을까? 그럼에도 불구하고 일부 부흥사들은 이런 식의 환유로 교인들을 흥분시킨다. 예수만 믿으면 일석 이조의 복을 받을 뿐 아니라, 모든 문제가 간단히 다 풀린다고 믿게 만드는 데 부흥사들이 자주 사용하는 방법이 바로 환유를 이용하는 길이다.

이렇게 환유를 이용하는 것은, 환유는 우리의 언어는 물론 우리의 사고, 태도, 행동을 구조화하기 때문이다. 따라서 성경에도 환유가, 특별히 상징적 환유가 많이 쓰이고 있다. 레이코프와 존슨은, 상징적 환유는 "일상 생활과 종교, 문화를 특징짓는 일관성 있는 은유 체계들 사이의 결정적인 연결 장치"라고 주장하면서 다음과 같은 예를 들고 있다.

> 예를 들어 기독교 신앙 속에는 '비둘기로 성령을 대신함'(Dove For Spirit)이라는 환유가 있다. 다른 환유와 마찬가지로 이 상징도 자의적인 것이 아니다. 이 상징은 서양 문화 속의 비둘기에 대한 개념과 기독교 신학 속의 성령에 대한 개념에 토대를 둔다. 비둘기는 아름답고 다정하고 온화하며 무엇보다도 평화로운 것으로 생각된다. 새로서 비둘기의 자연적 서식지는 하늘인데, 하늘은 성령의 자연적 거주지인 천국을 환유적으로 나타낸다. 비둘기는 우아하게 날고 소리 없이 움직이고 그리고 전형적으로 하늘에서 와서 사람들 사이에 내려 앉는 것으로 보이는 새이다.[20]

이같이 환유가 갖는 종교적 기능은 대단하다. 그 동안 성경 해석자들은 환유가 갖는 이런 힘에 대하여 무감각했던 것이 사실이다. 우리는 이를 근거로 선배들을 비난할 수 없다. 우리 모두 시대가 만들어 낸 산물이기 때문이다. 이제 중요한 것은 현재와 미래이다. 매세대마다 하나님의 말씀을 풍요롭게 이해할 책임이 주어졌으므로 최선을 다해 이를 감당하면 되는 것이다.

---

[20] 레이코프와 존슨, 삶으로서의 은유, 68-69.

10
제유에 유의하라

1. 일손

앞 장에서 살펴본 대로 다른 어떤 이름으로 어떤 사물을 대신하는 대유법은 제유와 환유로 나눌 수 있다. 환유가 사물의 속성과 밀접한 관계가 있는 이름으로 어떤 사물을 대신 표현하는(대치하는) 기법이라면, 제유란 사물의 일부로서 그 사물 자체의 전체를 대표하게 하거나 전체로서 부분을 대표하게 하는 기법이다. 환유의 기본 핵심이 "대치"라면, 제유의 기본 핵심은 "대표"이다.

우리는 일꾼이 모자라거나 직원이 부족할 때 흔히 "손"이 모자란다고 말한다. 여기서 손은 단순히 문자적인 손이 아니라, 일을 도와줄 사람을 가리키는 것이다. 이렇게 사람의 일부분인 손을 가지고 전체인 사람을 가리키는 용법을 제유법이라고 부른다. 자연의 일부를 뜻하는 강호와 산천이 자연 전체를, 일본 술의 이름인 정종이 술의 총칭으로 쓰이는 것도 마찬가지이다. 그렇다면 일할 사람이 모자란다고 하지 않고 왜 "일손"이 부족하다고 표현하는 것일까? 노동력의 부족을 손이라는 구체적 이미지를 통해 극화(劇化)하기 위해서이다.

2. 하나님의 얼굴의 구원

하나님께서는 선악과를 따먹은 아담과 하와에게 형벌을 가하셨다.

"네가 얼굴(파님 : pānîm)[1]에 땀이 흘러야
떡을 먹고"(창 3 : 19).

여기서 떡은 단지 떡만을 이야기하는 것이 아니다. 음식의 부분으로서 전체인 음식을 대표하는 것이다.[2] 얼굴도 마찬가지로 제유법으로 쓰였다. 한 사람의 얼굴이 땀을 흘리면, 자연히 그 사람이 땀을 흘리는 것이다. 단지 얼굴만이 보통 노출되어 땀을 흘리는 것이 보이게 되므로,[3] 얼굴만을 언급하고 있는 것이다. 그렇다면 여기서도 얼굴은 한 사람 전체를 대표하는 용법으로 쓰인 것이다.

사무엘하 17 : 11의 후새의 충고에서도 얼굴이 제유법으로 쓰인 예를 찾아볼 수 있다.

"나의 모략은 이러하니이다
온 이스라엘을 단부터 브엘세바까지
바닷가의 많은 모래같이 왕께로 모으고
당신의 얼굴(파님 : pānîm)이 그들과 함께 가소서."[4]

---

[1] פָּנִים
[2] 한글 개역 성경은 의역을 해서 떡을 "식물"이라고 번역하였다.
[3] 얼굴에 흐르는 땀이란 환유적 이미지가 우리에게 던지는 메시지는 매우 암시적이고 시사적이다.
[4] 한글 개역 성경은 "친히 전장에 나가시고"로 의역되어 있다.

여기서 "얼굴"은 왕 자신을 가리키는 대표적 용법으로 쓰였음을 한눈에 알 수가 있다. 한글 개역 성경은 당신의 얼굴을 "친히"로 잘 번역하고 있다. 실제로 얼굴은 한 사람의 정체를 드러내고, 그의 태도와 감정을 드러내기에 그 사람 자체나 감정을 가리키는 대치물로 쓰일 수 있다.

따라서 얼굴은 단지 한 사람의 육체적 모습을 드러내는 특징으로 묘사되기도 하지만 더 자주는 그의 행동 패턴이나 성품을 드러내는 수단으로 묘사된다. 얼굴을 통해 그의 감정, 태도, 느낌, 경향이 드러나기 마련인 때문이다. "굳은 얼굴"은 반항(렘 5:3)[5], 부끄러움을 모름(잠 7:13), 무자비(신 28:50)를 나타내며, "부끄러운 얼굴"은 패배와 낙망과 수치를 나타낸다(삼하 19:5).

시편 기자는 이런 제유적 이미지를 새롭게 적용하고 있다.

"내 영혼아 네가 어찌하여 낙망하며
어찌하여 내 속에서 불안하여 하는고
너는 하나님을 바라라
그 얼굴의 구원(예슈오트 파나우 : yĕšû'ôt pānāw)[6]을 인하여
내가 오히려 찬송하리로다"(시 42:5).

여기서 시편 기자는 하나님의 얼굴을 직접 볼 수 있다고 주장하는 것인가? 그렇지 않다. 성경은 아무도 하나님을 보고 살 수가 없다고 일관적으로 주장한다(신 4:15 ; 요 1:18, 5:37 ; 딤전 1:

---

[5] "여호와여 주의 눈이 성실을 돌아보지 아니하시나이까 주께서 그들을 치셨을지라도 그들이 아픈 줄을 알지 못하며 그들을 거의 멸하셨을지라도 그들이 징계를 받지 아니하고 그 얼굴을 반석보다 굳게 하여 돌아오기를 싫어하므로."
[6] יְשׁוּעֹת פָּנָיו

17, 6 : 16). 그렇다면 여기서 얼굴은 문자적 얼굴을 가리키지 않는다. 하나님은 영이시기에 얼굴을 가지실 리 없다.

실제로 구약에서 얼굴이란 단어는 그저 얼굴보다는 임재라는 의미로 많이 쓰인 것이 사실이다.[7] 여기서도 하나님의 임재의 의미로 보는 것이 가장 의미가 잘 통한다. 결국 얼굴이 하나님의 임재를 대표하고 있으므로 여기서 얼굴은 하나님의 임재를 가리키는 제유적 용법으로 쓰이고 있다고 볼 수 있다. 그렇다면 얼굴의 구원은 하나님의 임재가 가져다 줄 구원을 가리키는 것이다. 그렇다면 하나님의 얼굴의 구원을 사모하는 이에게 주어질 축복은 무엇인가?

동일 시편 기자는 11절에서 같은 제유적 이미지로 이에 답한다.

"내 영혼아 네가 어찌하여 낙망하며
어찌하여 내 속에서 불안하여 하는고
너는 하나님을 바라라.
나는 내 얼굴의 구원(예슈오트 파나이 ; yěšû'ōt pānāy)[8]이신
내 하나님을 오히려 찬송하리로다."

하나님의 얼굴의 구원을 사모하는 자는 바로 그의 얼굴의 구원자 되시는 하나님을 체험하게 될 것이라는 것이다. "그(하나님의) 얼굴의 구원"과 "내 얼굴의 구원"이 대조를 이루고 있다. 하나님을 바라는 자는 구원을 받을 것이라는 점을 하나님의 얼굴의 구원과 나의 얼굴의 구원이란 은유법으로 대칭시키고 있다. 여기서 우리는 얼굴이라는 제유적 이미지가 구원의 은유로 확장되어 사용되

---

[7] J. F. Drinkard, Jr., "Face," in : D. N. Freedman (eds), *The Anchor Bible Dictionary*, vol. 2(New York : Doubleday, 1992), 743.
[8] יְשׁוּעֹת פָּנַי

고 있음을 볼 수 있다.

이런 확장의 예를 우리는 야곱의 이야기에서도 보게 된다. 야곱이 외삼촌 라반의 집에서 20년 동안의 나그네 생활을 청산하고 귀향하면서 에서에게 사신을 보내 화해 제스처를 취하였다. 그러나 에서가 4백 명의 부하를 거느리고 그를 마중하러 온다는 이야기를 전해 듣게 되었다. 이에 야곱은 놀라지 않을 수 없었다. 그것은 전쟁처럼 들렸고, 야곱도 그렇게 이해하였다. 야곱은 하나님께 기도하고 나서 자기 소유와 식구를 세 떼로 나누고, 거리를 두고 이들을 보내면서 에서를 만나면 할 말을 알려 주었다. "주의 종 야곱의 것이요 자기 주 에서에게로 보내는 예물이오며 야곱도 우리 뒤에 있나이다"(창 32 : 18). 전체 예물은 동물이 550마리 가량 된다. 이 정도의 예물은 왕에게 걸맞는 예물이며, 또 그렇게 의도한 것이다. 이렇게 엄청난 양의 예물을 준비한 이유는 무엇인가? "이는 야곱의 생각에 내가 내 앞에 보내는 예물로 형의 감정을 푼 후에 대면하면 형이 혹시 나를 받으리라 함이었더라"(창 32 : 20).

위의 한글 개역 성경은 상당히 의역된 것이다. 따라서 이를 직역해 보자. "내가 내 앞에 보내는 예물로 형의 얼굴을 덮은 후에 내가 그의 얼굴을 보면 그가 내 얼굴을 들리라." 여기선 "얼굴"이란 단어가 무려 3번이나 반복되고 있다. 더욱이 여기서 얼굴은 단지 문자적 의미로 형을 본다는 것을 의미하는 것이 아니다. "얼굴을 덮는다"는 것은 형의 분노의 얼굴을 감히 볼 수 없는 야곱의 죄책감을 잘 드러내고 있다. 그러나 형의 얼굴이란 분노에 찬 형의 모습을 보여 주는 환유라 볼 수 있다.

여기서 우리는 레이코프의 말에 귀를 기울일 필요가 있다. "'얼굴로 사람을 대신함'이라는 환유는 단지 언어만의 문제가 아니다. 우리의 문화 속에서 우리는 어떤 사람이 어떻게 생겼는가에 대한 기본적인 정보를 얻으려면 — 그의 자세나 몸짓보다는 — 그 사람의 얼굴을 본다. 우리가 얼굴의 관점에서 그 사람을 지각하고 그 지각을 바탕으로 행동할 때, 우리는 바로 환유의 관점에서 활동하고 있는 것이다."[9]

한편, "얼굴을 들리라"는 것은 단지 선물을 받는다는 정도가 아니라 동생과의 진정한 화해임을 강력하게 보여 준다. 죄책감으로 형의 분노의 얼굴 앞에서 감히 얼굴을 들지 못하는 야곱의 모습을 상상해 보라. 그러나 혹시 예물로 인해 마음이 풀어져 고개를 떨구고 있는 자기에게 다가와 손으로 부드럽게 얼굴을 들어 주는 형의 모습이야말로 야곱에게는 구원이 아닐 수 없었다. 그러기에 여기서 얼굴을 든다는 것은 화해를 의미하는 은유적 용법으로 쓰인 것이다.

3. 삶의 중심인 성문

룻이 보아스의 발치 아래 들어가 누웠다가 보아스에게 발각된 후, 룻의 이야기를 들은 보아스는 이렇게 위로한다.

"내 딸아 두려워 말라
내가 네 말대로 네게 다 행하리라
네가 현숙한 여자인 줄
나의 백성의 모든 문(샤아르 : šaʻar)[10]이 다 아느니라"(룻 3: 11).

---

[9] G. 레이코프와 M. 존슨, 삶으로서의 은유, 노양진, 나익주 공역(서광사, 1995), 65.
[10] 한글 개역 성경은 "나의 성읍 백성"이라고 의역하였다. 히브리어로는 כָּל־שַׁעַר עַמִּי 라고 되어 있다.

우리가 보아스의 말을 문자적으로 이해하면 곤란하다. 어떻게 룻이 현숙한 여자인 줄 무생물인 문이 알 수 있는가? 이를 제대로 알기 위해서는 이스라엘의 삶 가운데서 문이 차지하는 위치를 알아야 한다. 이스라엘에서 성문은 백성들의 삶의 중심이었다. 법적, 행정적, 사회적, 경제적 행위들이 주로 성문에서 이루어졌다. 성문 앞의 넓은 타작마당은 백성들이 회집하기 좋은 장소를 제공하기 때문이었다. 선지자들이 이곳에서 백성들에게 하나님의 메시지를 전달했을 뿐 아니라(왕하 7:1; 렘 17:19-20, 36:10) 에스라가 율법을 읽고 백성들에게 설명한 장소도 바로 이곳이었다(느 8:1, 3). 시장의 역할을 한 것도 사실이다(왕하 7:1).

또한 성문은 왕과 신하들이 앉아서 재판을 베푸는 장소였다. "이스라엘 왕과 유다 왕 여호사밧이 왕복을 입고 사마리아 문어귀 광장에서 각기 보좌에 앉았고 모든 선지자가 그 앞에서 예언을 하는데."
이것은 고대 근동 아시아에서도 마찬가지였다. 우가릿 문헌에서 우리는 유사한 병행구를 발견하게 된다.

"그(다니일루 왕)가 문 앞에 앉으며,
그의 신하들이 타작마당에 앉았도다."[11]

문(성문)은 복잡한 법적 절차가 이루어지는 장소이다. 룻기에서는 보아스와 기업 무를 자가 룻의 기업을 놓고 법적인 결정을 내리는 곳으로 등장한다. 결국 여기서 문이란 베들레헴 시의 법적 대표단을 가리키는 용법으로 쓰이고 있다. 신명기에서 문이 한 도시나 마을을 다스리는 대표자 모임을 가리키고 있는 것과 마찬가지이

---

[11] KTU 1.17 : V. 7-8.

다. 왜냐하면 대표자들이 "네 문 안에 있는" 객이나 "네 성문 안에 거하는 레위인"이나 "네 싱문 안에 거하는 객과 및 고아와 과부들"을 돌보는 책임이 있기 때문이다(신 5 : 14, 12 : 12, 14 : 21, 27 – 29 등, 한글 개역 성경은 "성 중"이라고 의역). 그렇다면 문이란 한 도시나 마을을 대표하는 제유적 용법으로 쓰인 것이다.

4. 부분을 가리키는 "모든"

제유법은 단지 사물의 일부로서 전체를 대표하는 기법은 아니다. 반대도 마찬가지이다. 전체로서 일부를 대표하는 것도 제유법에 속한다. 성경에는 "모든"이란 단어를 문자 그대로 해석하면 문맥상 문제가 되는 경우가 많이 있다. 모세가 바로에게 다섯번째 재앙인 악질의 재난을 선포할 때 "이튿날에 여호와께서 이 일을 행하시니 애굽의 모든 생축은 죽었으나 이스라엘 자손의 생축은 하나도 죽지 아니한지라"(출 9 : 6)라고 되어 있다. 우리가 "모든"이란 표현을 문자 그대로 해석해서 애굽의 생축이 하나도 남김없이 죽었다고 가정하면 뒷부분의 본문을 해석하는 데 문제가 생긴다. 여섯번째 독종의 재앙의 내용이 "애굽 온 땅의 사람과 짐승에게" 독종이 발하는 재난이기 때문이다(출 9 : 10). 만일 악질의 재앙시 모든 애굽의 생축이 죽었다면 어떻게 이런 일이 일어날 수 있었겠는가? 결국 여기서 "모든 생축"이란 표현은 모든 종류의 가축을 의미하는 것임을 알 수가 있다. 9 : 3에서 "네 생축 곧 말과 나귀와 약대와 우양"이라고 생축의 종류를 열거하는 이유가 바로 여기에 있다고 할 수 있다. 그렇다면 여기에서의 "모든"은 문자적으로 쓰인 것이 아니라 "부분을 나타내는 전체"의 제유법으로 쓰인 것이다.

금송아지 사건에서도 마찬가지이다. 모세가 산에서 내려옴이

더디자 이스라엘 백성들이 금송아지를 만들 것을 아론에게 요구
하였다. 아론이 금고리를 가져올 것을 명하자 "모든 백성이 그 귀
에서 금고리를 빼어 아론에게" 가져왔다고 했다(출 32 : 3). 그렇다
고 해서 이스라엘 전체 백성이 하나도 빠지지 않고 귀에 금고리를
하고 있었던 것은 아니다. 현대 남성들이 귀고리를 하고 다니는
모습을 보고 이스라엘 남자들이 귀고리를 하고 다녔을 것이라고
추측해서는 아니된다. 앞 절에 보면 아론이 "너희 아내와 자녀의
귀의 금고리를 빼어 내게로 가져오라"고 명하고 있음을 볼 수 있
다. 그렇다면 여기서의 "모든"이란 귀에 금고리를 한 자들 가운데
모두를 의미하는 것뿐이다.

이런 용법은 신약에서도 찾아볼 수 있다. 마태복음 기자는 세례
요한에게 세례를 받으러 온 무리들을 가리켜 "예루살렘과 온 유대
와 요단강 사방"에서 나온 자들이라고 묘사하고 있다(마 3 : 5). 그
렇다면 온 유대 사람들이 하나도 빠지지 않고 다 요한의 세례를
받았단 말인가? 유대 사람들 가운데 각계 각층의 주민들이 세례를
받으러 왔음을 의미하고 있는 것뿐이다. 그렇다면 여기서도 "온"
이란 단어는 모두를 문자적으로 가리키는 것이 아니라 전체로 부
분을 가리키는 제유법으로 쓰인 것임을 알 수 있다.

5. 성수 주일은 아무 일도 하지 않는 것인가

종종 "모든"이 부정어와 함께 쓰이고 있는데 이때도 마찬가지
해석의 법칙이 적용되어야 한다. 출애굽기 20장의 십계명 중 제
4계명은 "제 칠일은 너의 하나님 여호와의 안식일인즉……아무
일도 하지 말라"(10절)고 말한다. 예수님 당시 사해 인근 지방에
거하던 일종의 유대교 종파인 에센파 사람들은 아무 일도 하지 말
라는 이 계명을 지나치게 문자적으로 이해하고 이 계명을 지키기

위해 안식일 전날 구덩이를 파 두었다가 예배를 드린 다음에는 그 구덩이에 들어가 아무것도 안하고 누워 있기만 하였다.

이들에 대한 가장 상세한 고대 문헌인 요세푸스의 유대전쟁사에 보면 이들의 안식일 성수를 다음과 같이 묘사하고 있다.

> 더욱이 에센파는 제 7 일에 노동을 쉬는 문제에 관해서는 유대의 어떤 종파보다 엄격하였다. 그들은 안식일 하루 전날에 미리 음식을 장만하였을 뿐 아니라 안식일에는 불도 지피지 않았다. 그들은 또한 안식일에는 어떤 그릇도 있던 자리에서 다른 곳으로 옮기지 않았으며 학교도 가지 않았다. 그들은 조그만 연장으로 안식일 외의 다른 날에 30cm 가량의 구덩이를 팠다. 그리고 안식일이 되면 빛을 정면으로 받지 않기 위해서 몸을 옷으로 감싼 후에 파 놓은 구덩이 안에 들어가 편히 누웠다. 그러고는 파낸 흙을 몸 위에 덮었다. 그들은 이런 일을 아무도 없는 한적한 곳에서만 하였다. 따라서 그들은 일부러 그런 곳을 물색해 두었다.[12]

그러나 계명이 이런 식의 행동을 권장하는 것은 아니었다. 아무 일도 하지 말라는 것은 어떤 일도 해서는 안 된다는 의미가 아니다. 왜냐하면 안식일에는 성일로 모이고 화제를 드리는 일을 해야 했기 때문이다. "그 첫날에는 너희가 성회로 모이고 아무 노동도 하지 말찌며 너희는 칠일 동안 여호와께 화제를 드릴 것이요 제 칠일에도 성회로 모이고 아무 노동도 하지 말찌니라"(레 23 :

---

[12] 요세푸스, 유대 전쟁사, 2권 8장 9절, 요세푸스 전집 제3권, 김지찬 역(생명의말씀사, 1987), 201.

7-8 ; 민 28 : 18 참조). 그렇다면 여기서 하지 말라고 한 일은 특정한 일, 즉 노동을 하지 말라는 것뿐이다. 이렇게 제유를 잘못 이해하면 기괴한 행동 패턴이 등장하게 된다. 제유나 환유 같은 언어적 장치는 단순한 언어의 문제가 아니다. 사고와 행동의 문제이다.

11
의인법에 유의하라

1. 사물의 인간화

우리는 초등학교를 다니면서 1학년 교과서에서 배운 "햇님이 방글방글 웃으며 떠올라요"라는 어구를 아직도 기억하고 있다. 무생물인 해가 웃는다는 것은 말도 되지 않는 일이다. 하지만 우리가 밝은 마음으로 하루를 시작하면서 해를 바라보면 해가 웃는 모습으로 우리 눈에 비치게 된다. 그것은 해의 자발적인 웃음이 아니라 해에게 투사된 우리의 밝은 마음이 지어낸 웃음이다. 결국 해를 마음의 눈으로 바라본 결과이다. 마음의 눈으로 사물을 본다는 것은 마음을 투사하여 대상을 이해한다는 뜻이다.

"산이 손짓한다", "바다가 부른다", "파도가 포효한다", "대지가 흐느낀다"라는 말을 우리는 일상적인 용어로 사용한다. 생명도, 의지도, 감정도 없는 사물이 손짓하거나 부르거나 포효하거나 흐느끼는 것은 사물의 상태가 우리의 마음의 눈에 비친 모습이다. 여기서 공통적인 것은 사물이 인간적인 속성을 가진 것으로 비유되고 있다는 데 있다. 인간적인 속성이 주어짐에 따라 이 사물은 인간화된다.

사물의 인간화는 사물과 인간을 비교하는 데서 나온다.[1] 해의 웃음은 해의 한 상태를 인간의 웃음과 비교하여 유사성을 발견한 데서 기인한 것이다. 의인법은 유사성을 발견하기 위해 두 개의 사물을 비교한 것이나 마찬가지이므로 일종의 비유라 할 수 있다. 인간의 마음이 사물로 하여금 인간적 속성을 갖도록 만든 은유를 의인법이라 정의할 수 있다.

다른 언어적 장치들과 마찬가지로 의인법도 단지 언어의 장식적 요소만은 아니다. 의인법은 인간적 표현들을 통해 세계의 현상들을 이해하고, 이런 인식을 표출할 뿐 아니라, 현실에 대응하는 방식까지도 제시하는 역할도 담당한다.

예를 들어 "인플레이션은 적"이라는 의인법을 들어 보자. 인플레이션은 사람이 아니다. 따라서 우리를 공격하거나 해치는 인간 적은 아니다. 그러나 추상적인 개념인 인플레이션을 인간적 표현을 통해서 "적이라고 생각하고" 바라보게 되면, 왜 인플레이션이 심한 상황에서 우리가 경제적 손실을 입고 있는지를 쉽게 이해할 수가 있다. 이렇게 "인플레이션은 적"이라는 은유는 세계 현상을 이해하는 인식의 틀을 제공한다.

그러나 이것이 다가 아니다. 이런 인식의 틀은 정책 변화와 정치 경제적 행위의 근거를 제시한다. "정부는 인플레이션이 적"이라는

---

[1] 이형기는 의인법을 은유를 비롯한 모든 비유의 원형이라고 부른다. "데카르트의 유명한 명제는 이 문제에 대한 해명의 단서가 된다. '나는 생각한다. 그러므로 나는 존재한다'는 명제는 생각하는 주체인 인간 자신이 바로 사물 이해의 원점이 되는 최초의 기지의 사물이란 사실을 알려 주고 있는 것이다. 따라서 인간이 미지의 사물을 이해하는 원초적 형태는 자기 자신과 그 사물을 비교하는 것이라 하지 않을 수 없다"(이형기, 시란 무엇인가<서울 : 한국 문연, 1993>, 151.).

의인법을 사용하여, 인플레이션에 대한 전쟁 선포를 할 수 있다. 인플레이션을 막는 데 최우선 순위가 주어져야 한다며, 대중에게 희생을 강요할 수 있다. 일련의 정치 경제 조치를 취하는 것을 정당화한다.

2. 북한 어린이들의 울음

이렇게 의인법은 언어적 미사 여구가 아니라, 인간의 세계 인식과 세계 창조에 중요한 수단인 셈이다. 언젠가 TV에서 북한 유치원 어린 아이들이 노래하는 모습을 방영한 적이 있다. 그 꼬마들은 열심히 "우리의 소원은 통일"을 부르고 있었다. 진지한 표정으로 손을 위로 폈다 굽혔다 하면서 열창을 하고 있었다.

우리의 소원은 통일,
꿈에도 소원은 통일,
이 정성 다해서 통일,
통일이여 오라
이 나라 살리는 통일,
이 목숨 다바쳐 통일,
통일이여 어서 오라
통일이여 오라.

노래의 후반부에 몇몇 유치원 꼬마의 얼굴에 눈물이 줄줄 흐르고 있는 모습을 카메라 렌즈가 잡고 있었다. 그것은 거짓으로 꾸며낸 울음이 아니었다. 비록 체제를 유지하기 위한 이데올로기 교육에서 생겨난 것이지만, 어린 꼬마들에게 통일의 의식과 꿈을 심어주었기에 노래를 부르면서 자연히 생겨난 눈물임을 한눈에 알아볼 수 있었다. 필자는 지금까지 이 노래를 많이 불렀고 남들이 부르는 것을 수없이 보아왔지만 이 유치원 꼬마들처럼 진지하게 부르는 것은 본 적은 없다. 북에 고향을 두고 오신 어른들을 제외하고, 젊은 사람들은 눈물은커녕 별 의미도 느끼지 못하고 "우리의 소원은 통일"을 불렀을 것이다. 남조선의 해방과 통일을 위해 목숨 바쳐 신명 나게 살자는 세뇌 교육으로 인해 이들은 "우리의 소원은 통일"을 부르면서 진지하다 못해 성스러울 정도의 감동으로 노래를 할 수 있었다.

그러나 이 같은 세뇌 교육이 유치원 꼬마들의 눈물을 다 설명할 수는 없다. 이 노래가 의인법을 적절히 잘 사용하고 있기에 노래를 부르면서 스스로 감동된 것도 한 이유가 된다. "이 정성 다해서 통일, 통일이여 오라……이 목숨 다 바쳐 통일, 통일이여 어서 오라, 통일이여 오라." 통일은 생물체가 아니다. 통일은 개념이요 관념이다. 그러기에 통일은 오거나 갈 수가 없는 것이다. 더욱이 긴박감을 느끼고 "어서" 올 수는 더 더욱 없는 노릇이다. 그러나 노래 가사는 통일에게 어서 오라고 주문하고 있다. 통일이라는 개념에 인간적 속성을 불어넣어 의인화함으로써 노래 부르는 자의 간절한 심정이 전달되도록 만들고 있다. 통일을 염원하는 간절한 마음을 깨닫고 속히 통일이 달려와 주었으면 하는 바람이 노래 가사에 담겨 있다. 더욱이 "통일이여" 하고 돈호법으로 부름으로써 마치 통일이 친근한 친구나 이웃처럼 느끼게 하고 있다. 이같이 의인법을 잘 살린 노래 가사에 철저한 세뇌 교육까지 가세하니 어린 꼬마들의 눈에 눈물이 흐를 수밖에 없었던 것이 아닐까? 세뇌 교육의 무서움, 언어(수사법)의 힘, 음악의 능력이 분명하게 드러난 한편의 에피소드였다.

3. 물의 목회 철학

땅에 배를 붙이고
낮은 곳으로 기어가는 물은
눈이 없다
그것은 순리(順理)
채우면 넘쳐 흐르고
차면 기우는 물의 진로
눈이 없는 투명한 물의 머리는
온통 눈이다.

— 박목월, 비유의 물에서 —

여기서 물은 산소와 수소가 1 : 2의 비율로 융합된 화학 물질이 아니다. 시인의 마음에 투사되어 인간적 속성을 갖게 된 물이다. 이런 의인화된 물은 갈증을 해소시키지도, 과학적 이용의 대상도 되지 못한다. 그러나 이 시를 이해하는 이들에게는 새롭고 깊은 경험의 세계로 이끌어 주는 물이다.

40년 이상 대구 서문 교회에서 목회한 이성헌 목사님은 목회관으로 물 철학을 가지고 계시다고 한다.

물은 흐른다. 물은 무기가 없다. 나는 물처럼 살아간다. 물처럼 살아가면서 40년을 목회한 것이다. 물은 흐르는 목적지가 있는 것이며, 바른쪽을 막으면 왼쪽으로 흐른다. 가다가 또 왼편이 막히면 바른편으로 흐른다. 그러다 왼편도 막히고 바른편도 막히면 그대로 머물러서 기다린다. 그러다 보면 차고 넘치는 때가 올 것이다. 그래서 그 때를 기다린다. 기다리다 보면 넘어서 다시 흐르게 될 것이다. 그렇게 흐르다 보면 목적지를 향해서 다시 흘러갈 것이다. 이렇게 흐르는 물은 기어이 언젠가는 목적지에 도달하고야 말 것이다. 물은 결코 부딪쳐서 싸우지 않는다. 물은 싸워서 이기는 것이 아니라 기다려서 이기는 것이다. 물은 무기가 없어서 싸울 수는 없어도 물은 목적지를 향해서 부단없이 가고 있는 것이다. 나는 이렇게 간다. 물은 아래로 얕은 곳으로 간다. 언젠가는 물은 목적지에 도달하게 될 것이다. 이것이 나의 물의 철학이요 목회 철학이다.[2]

"눈이 없는 투명한 물의 머리는 온통 눈이다"라는 의인법이 이 같은 목회 철학을 간명하게 표현할 수 있으리라고 본다면 이런 철학을 가지신 목사님께 누(잘못)가 되는 것일까?

4. 땅에서 들리는 핏소리

가인이 아벨을 들판에서 살해한 후에 하나님께서는 가인을 찾으시고 이같이 질문하셨다.

"가라사대 네가 무엇을 하였느냐
네 아우의 핏소리(콜 : qôl)[3]가 땅에서부터
내게 호소하느니라
땅이 그 입을 벌려 네 손에서부터
네 아우의 피를 받았은즉
네가 땅에서 저주를 받으리니"(창 4 : 10 − 11).

---

[2] 한명수, 사람이기에 앓는 병(서울 : 엠마오, 1991), 141.
[3] ‫בֹּיק‬

하나님께서 핏소리를 들으시는 것으로 묘사되어 있다. 피가 소리를 낼 리 만무하다면, 하나님께서 아벨의 피가 땅에서부터 자신에게 호소하는 소리를 들었다는 것은 무엇을 의미하는가? 그저 "네가 네 아우를 죽이지 않았느냐"고 단순하게 이야기하면 될 것을, 이런 식으로 피를 의인화한 까닭은 무엇일까?

의인화된 대상은 우리와 더불어 마음을 주고받을 수 있는 존재가 된다. 의인법이 대상 속에 우리의 마음을 투사하여 대상을 느낌과 의지를 가진 인간적 속성을 지닌 존재로 변형시키기 때문이 아닌가? 꽃을 좋아하는 사람들은 꽃이 자기에게 무엇인가 속삭인다고 말한다. 실제적인 속삭임이 아니지만 꽃과의 친밀성 가운데 마음속에 들려오는 소리이다. 따라서 대상에 대한 깊은 이해에서만 이런 마음의 소리를 들을 수 있는 것이다.

이것이 사실이라면 여호와께서 핏소리를 들으셨다는 것은 그만큼 아벨의 죽음에 대해 큰 관심을 가지고 계시다는 것을 표현하는 강조 기법이라 할 수 있다. 아벨의 "핏소리가 땅에서부터 호소한다"고 했을 때 "호소하다"라는 동사는 히브리어로 차아크(ṣā'aq)[4]이다. 여기서 호소란 음식이 없어 부르짖는 절규(창 41:55)일 수도 있고, 죽음의 위협을 앞두고 부르짖는 소리(출 14:10)일 수도 있고, 적의 박해로 인한 고통의 아우성 소리(삿 4:3)일 수도 있으며, 강간당하는 여인의 도와 달라는 비명 소리(신 22:14, 27)일 수도 있다. 사회의 불의의 희생자가 하나님께 외치는 절규일 수도 있다(출 22:22, 26). 하나님께서는 이 같은 백성들의 도움의 절규를 절대로 모르는 체하시는 분이 아니시기 때문이다(사 19:20; 시 34:18; 삼하 23장). 창세기 4:10은 이 같은 억울한 피해자에

---

[4] צעק

대한 하나님의 깊은 관심과 동정을 "핏소리의 외침"이라는 의인법
으로 구체화한 것이다.[5]

5. 잠의 승리

"우는 동안, 잠이 들었네
눈물을 흘리는 동안, 잠이 찾아왔네
잠이 그를 이기니 그가 드러누웠고 잠이 찾아오니
그가 뒹굴었도다."

　　　　　　　　　　　　　　　　－KTU 1.14 : I. 31－35－

이 같은 의인법은 우가릿 신화에도 나타난다. 우가릿 왕국의 키
르투 왕은 아내를 일곱씩이나 얻었음에도 불구하고 아이를 갖지
못한 채 아내들이 차례로 모두 죽는 비극을 경험한다. 이에 그는
슬픔을 못 이기고 울다 그만 잠이 든다. 그 장면을 위의 본문이
그리고 있다. "잠이 그를 이기니." 여기서 토판을 기록한 제사장
일리밀쿠는 잠을 의인화하여 잠에 골아떨어지는 키르투의 모습을
마치 잠과 키르투 왕 사이의 투쟁으로 그리고 있다. 잠을 이기려다
결국은 잠에 져서 드러누워 뒹구는 모습을, 잠을 의인화하여 표현

---

[5] 베스터만(C. Westermann)은 의인법이란 용어는 사용하지 않았으나 같은 의도로 다음과 같이 말하고 있다.
"희생자의 피가 외치는 소리는 결코 공허한 울림이 아니다. 외치면 들으시는 분이 계시기 때문이다. 가인은 자기 행위를 숨길 수가 없었다. '네가 무엇을 행하였느냐'는 질문에 봉착했을 때 가인은 **빠져** 나올 구멍이 없었다. 희생자의 피가 외치는 소리를 들으시는 분이 계시기 때문에 살인자가 이 질문을 회피할 길은 없다. 이 질문은 인류 전체의 역사에서 아직도 유효한 질문인데 하나님의 피조물로서 인간을 다른 인간으로부터 보호하는 장치이다. 살인은 가능성으로 늘 존재한다. 그러나 완전 범죄의 가능성은 없는 것이다(C. Westermann, *Genesis 1-11* <Minneapolis : Augsburg, 1984>, 305).

하고 있다.

6. 문에 엎드린 죄

"네가 분하여 함은 어찜이며
안색이 변함은 어찜이뇨
네가 선을 행하면
어찌 낯을 들지 못하겠느냐
선을 행치 아니하면
죄가 문에 엎드리느니라
죄의 소원은 네게 있으나
너는 죄를 다스릴찌니라"(창 4:6-7).

가인은 하나님께서 자신의 제사를 받지 아니하자 심히 분하여 안색이 변한다. 이에 하나님께서는 가인을 날카롭게 힐문한다.

"네가 선을 행하면 어찌 낯을 들지 못하겠느냐
선을 행치 아니하면 죄가 문에 엎드리느니라."[6]

많은 학자들은 "엎드리느니라"로 번역된 히브리어 라바츠(rābaṣ)[7] 가 건물 입구를 지키고 있는 병사들이나 귀신들을 가리키는 아카디아어 라비츠(rabiṣu)와 연결되어 있는 것으로 본다. 따라서 우리가 원문을 직역하면 "죄는 문간의 웅크리는 자"이다. 만일 이것이 사실이라면 여기서 죄는 문에 야생 동물처럼 웅크리고 있는 귀신으로 의인화되고 있는 것이다.[8] 의인법은 대상을 꼭 인간화하지 않

---

[6] לַפֶּתַח חַטָּאת רֹבֵץ
[7] רֹבֵץ
[8] Wenham, *Genesis 1-15*, 105-106 ; Westermann, *Genesis 1-11*,

는다 하더라도 성립될 수 있다. 생명이 없는 추상적 관념이나 무생물을 생명 있는 존재로 바꾸어 놓는 표현도 의인법인 것이다.

우리는 죄가 문에 웅크리고 있는 귀신이나 야생 동물로 의인화되고 있음뿐 아니라, 문이 비유적 용법으로 사용되고 있음에 주목할 필요가 있다. 여기서 문은 무슨 문을 가리키는 것인가? 가인의 마음의 문을 가리킨다. 그렇다면 죄를 가인의 마음의 문에 잔뜩 웅크리고 기회를 노리는 귀신이나 야수와 같은 존재로 의인화하는 이유가 무엇인가? 죄는 추상적 관념이다. 따라서 죄가 있지도 않은 마음의 문에 웅크리고 있을 리가 없다. 그렇다면 이렇게 의인화한 이유는 무엇인가?

가인은 자신의 제물을 하나님께서 받으시지 않자 심히 분노하였다. 분노는 단순한 내적 감정에 지나는 것이 아니다. 분노가 죄로 발전하기는 시간 문제이다. 하나님의 경고에도 불구하고 가인이 분노를 참지 못하고 아벨을 살해하는 모습에서 우리는 이런 모습을 쉽게 볼 수 있다. 더욱이 죄는 그저 악한 상태나 선의 결여 정도가 아니다. 죄가 무의식 중에 저질러질 수는 있으나, 마음이 하나님께 대한 반항의 상태에 있기 때문에 죄가 저질러지는 것으로 보아야 한다. 따라서 죄는 본질적으로 하나님과 하나님의 말씀에 대항하는 자발적인 반항의 행위이며, 하나님의 주되심을 거부하는 의도적인 행동이다.[9] 죄는 자발적인 것이나, 죄의 능력은 너무나 강하기에 인간은 죄의 비참한 희생물인 것처럼 보인다.

예레미야는 이 같은 인간의 죄성을 여러 이미지를 사용해서 강

299.

[9] 윌리암 다이어네스, 주제별로 본 구약 신학, 김지찬 역(생명의말씀사, 1984), 124.

조하고 있다.

"샘이 그 물을 솟쳐냄같이 그가 그 악을 발하니"(렘 6 : 7).

"구스인이 그 피부를, 표범이 그 반점을
변할 수 있느뇨 할 수 있을찐대
악에 익숙한 너희도 선을 행할 수 있으리라"(렘 13 : 23).

죄를 지을 수밖에 없는 인간의 죄성을 성욕의 때에 들짐승의 충동에 비유하는 예레미야의 표현력은 생동감이 넘치다 못해 충격적이기까지 하다.

"너는 광야에 익숙한 들 암나귀가
그 성욕이 동하므로 헐떡거림 같았도다
그 성욕의 때에 누가 그것을 막으리요
그것을 찾는 자들이 수고치 아니하고
그것의 달에 만나리라"(2 : 24).

하나님께서는 이 같은 죄의 강한 능력을 "마음의 문에 웅크리고 기회를 호시탐탐 노리는 귀신이나 들짐승"으로 의인화한 것으로 볼 수 있다. "죄는 문에 엎드린 자"라는 하나님의 말씀은, 죄란 단순히 선의 결여나 악한 상태 정도가 아니라 인간 외부에서 인간을 사로잡으려는 힘으로 느낄 수 있을 정도로 강력한 능력을 가지고 있음을 암시하는 의인법이라 할 수 있다.[10] 물론 그렇다고 해서 죄의 책임이 면제되는 것은 아니다. 오히려 죄를 적으로 의인화시킴

---

[10] G. von Rad, *Genesis*, OTL(Philadelphia : Westminster, 1972), 105.

으로 죄와의 전쟁을 시작해야 함을 드러낸다. 특별히 "죄의 소원은 네게 있으나 너는 죄를 다스릴찌니라"는 말씀은 죄의 책임이 온전히 인간에게 있음을 주지시키고 있다.

7. 음부의 입

"음부가 그 욕망을 크게 내어
한량없이 그 입을 벌린즉
그들의 호화로움과 그들의 많은 무리와
그들의 떠드는 것과 그 중에서 연락하는 자가
거기 빠질 것이라"(사 5 : 14).

위에서는 음부가 마치 입을 가진 인간처럼 의인화되고 있다. 사실상 음부(스올) 혹은 죽음의 권세는 구약성경에서 자주 의인화되는 대상이다.

"아래의 음부가 너로 인하여 소동하여
너의 옴을 영접하되
그것이 세상에서의 모든 영웅을
너로 인하여 동하게 하며
열방의 모든 왕으로
그 보좌에서 일어서게 하므로"(사 14 : 9).

"대저 사망이 우리 창문에 올라오며
우리 궁실에 들어오며
밖에서는 자녀와 거리에서는 청년들을
멸절하려 하느니라"(렘 9 : 21).

"음부로 보내진 양같이
사망이 저희를 뜯어 먹으리라"(시 49 : 14).[11]

죽음이란 무엇인가? 심장의 박동이 멈추는 것인가, 아니면 뇌의 기능이 정지하는 것인가? 죽음이란 그저 생명이 없는 상태, 혹은 활력의 부재를 말하는 것인가? 현상적으로 보면 죽음이란 삶의 자연스런 결과인지도 모른다. 흙에서 취해진 인생이 흙으로 다시 돌아가는 것은 어쩌면 당연한 귀결이 아닌가?

그러나 성경은 이렇게 죽음을 이해하지 않고 있다. 죽음은 죄가 가져온 파멸이다. 원래 죽음은 정상적인 삶의 결과가 아니었다. 죽음은 인간에게 다가오는 무서운 악의 세력이었다. 이 같은 인식을 표현하기 위해 음부와 죽음은 인간을 빠뜨리는 함정으로, 인간을 공격해 오는 적으로 의인화되어 있다. 이것은 죽음을 인간의 삶의 자연스런 결말이라고 생각하는 고대 근동 아시아의 견해와는 크게 다르다. 길가메쉬 서사시는 "신들이 인간을 창조했을 때 그들은 인간에게 죽음을 주었다"고 노래하고 있다. 구약에서는 죽음은 자연스런 인간의 삶의 결론이 아니라, 부자연스러운 것, 죄와 연관된 것이다. 죽음이 낙원에 이르는 문이라는 생각은 찾아볼 수가 없다.

죽음은 죄가 세계 안에 끌어들인 파멸의 상징이었다. 죽음은 세상의 정상적인 일부가 아니라, 죄의 파괴적 결과였다. 그러기에 히브리인들은 죽음을 피하려고 하였다. 그럼에도 불구하고 죄의 결과로 죽음은 피할 수 없는 일이 되어 버렸다. "창문으로 올라오는"

---

[11] 한글 개역 성경은 "양같이 저희를 음부에 두기로 작정되었으니 사망이 저희 목자일 것이라"고 번역하고 있다.

죽음의 이미지나[12] 입을 벌리고 인간을 빠뜨리는 함정으로서의 음부의 이미지는 이 같은 "적으로서의 죽음의 속성"을 구체적으로 의인화한 것이라고 할 수 있다. 자연의 일부로서 인생이면 겪어야 하는 자연의 순환으로서의 죽음이 아니라, 죄가 가져온 파멸로서의 죽음을 이해한 자만이 가질 수 있는 의인화된 죽음이다.

8. 결론

이같이 의인법은 인간적 표현들을 통해 세계의 현상들을 인간적 관심사로 이해하고 이에 대한 인간적 해결 방식을 함축적으로 제시하는 역할을 감당한다. 땅에서 들려오는 아벨의 핏소리는 억울한 피해자에 대한 하나님의 관심과 동정을 드러내는 청각적 이미지이다. 가인의 마음의 문에 웅크리고 있는 귀신이나 야수로 의인화되고 있는 죄는, 성경적 죄관이 죄를 선의 결여 정도로 보는 철학적 죄관과는 다름을 잘 드러내고 있다. 이같이 죄가 인간을 삼키려고 마음의 문 앞에 웅크리고 호시탐탐 기회를 노리는 귀신이나 야수로 의인화되면, 우리는 죄에 대해 전쟁 선포를 해야만 한다. 경계 태세를 갖추고 죄를 막아내는 것이 최우선 과제로 설정되어야 하는 것이다.

---

[12] 특별히 창문으로 올라오는 죽음의 이미지는 고대 근동 아시아 문헌에도 나타난다. 우선 우가릿 문헌을 살펴보면, 바알루 신을 위해 궁전을 지을 때 일루 신은 건축가 코타루-와-카시수에게 창문이 달린 멋진 집을 지어 주라고 허락을 한다. 그러나 바알루 신은 창문을 원하지 않는다. 이에 대해 U. Cassuto는 바알루 신의 적대자인 못(Mot) 신(죽음의 신)이 창문으로 들어와 자기 아이들을 유괴하지 못하도록 하려는 데 있었다고 해석한다. U. Casssuto, "The Palace of Baal," JBL 61 (1942), 51-56. 다른 학자들은 창문으로 들어와 벽을 타고 아이들을 공격하는 바벨론 귀신 라마쉬투(lamastu)가 예레미야 9:21의 배경을 이룬다고 설명한다. Shalmon M. Paul, "Cuneiform Light on Jer. 9, 20," *Bib* 49(1968), 374-376 참조.

그저 원시인들이나 어린 아이들이 의인법을 사용하는 것이라고 치부해 온 현대 성경 해석자들의 잘못이 얼마나 큰가를 우리는 잘 알 수 있다. 인간이 미지의 사물을 이해하는 원초적 형태는 자신과 그 사물을 비교해 보는 의인법이라는 사실을 지금까지 잊고 있었던 것이다.

12
상징에 유의하라

1. 인간은 상징적 동물

"까치 소리가 들리는 것을 보니 반가운 손님이 오려나 보다." 농촌에 살아 본 경험이 있는 사람이라면 어렸을 때 부모님께 흔히 듣던 말일 것이다. 까치 소리는 단순히 까치의 울부짖음이 아니다. 반가운 소식을 예고하는 상징이다. 소박하고 간결한 흑백의 배색, 경쾌하고 명료한 소리는 화려와 기교보다는 담백과 단아를 선호하는 한국민의 기질과 어울려 국조(國鳥)로까지 여겨지고 있다. 설날 새벽에 까치 소리를 들으면 "청참"(廳讖)이라 하여 그 해 농사가 잘될 것이라고 하였으며, 중부 지방에서는 까치가 물을 치면 날이 개고, 정월 열 나흘 날 까치가 울면 수수가 잘되며, 까치집 있는 나무 밑에 집을 지으면 부자가 된다고 하였다. 여기서 까치는 단순한 새가 아니라 행운과 복을 상징하는 새로 둔갑을 하고 있다.

위 까치 소리의 예에서 볼 수 있듯이 상징이란 어떤 사물이 그 자체 이외의 다른 것을 의미하는 것을 가리킨다. 이렇게 보면 모든 단어가 다 상징이다. 꽃이란 언어는 그 자체가 꽃을 가리키는 것이 아니다. 꽃의 상징일 뿐이다. 그러나 우리가 여기서 논하려는 상징은 이처럼 포괄적인 의미의 상징이 아니다. 우리가 다루려는 상징은 "어떤 대상이나 사건을 의미하면서도 그것을 넘어서는 다른 어떤 것을 의미하거나 일정한 범위의 지시 내용을 갖는 단어나 어구를" 가리키는 것이다.[1]

상징이 그 자체 이외의 것을 의미하는 것이라고 해서 거리의 신호등이나 깃발 같은 것도 상징이라고 보지는 않는다. 이것들은 순전히 인위적인 약속에 의해 다른 것을 대신하고 있기 때문에 "기호"라고 보지 상징이라고 보지는 않는다. 신호등의 빨간 불은 멈추라는 의미로 인위적으로 정해 놓았기 때문에 멈춰 서는 것이지 꼭 그래야 되는 이유가 있는 것은 아니다. 이같이 기호는 인위적인 약속에 의해 다른 것을 대치하는 의미로 쓰인다. 그러나 상징은 그렇지 않다. 대신하는 것과 대신되는 것 사이의 연결을 추론할 수가 있다. 소나무를 절개의 상징으로 보는 것은 소나무의 사철 푸름에서 절개의 속성을 본 때문이다.

결국 상징은 원관념을 감추고 보조관념만을 내세운 은유라고 할 수 있다. 절개라는 원관념(tenor)은 감춘 채 소나무라는 보조관념(vehicle)만 내세운 은유인 것이다. 우리가 상징을 더 잘 이해하기 위해서는 은유와 비교해 볼 필요가 있다. 은유는 형태적으로 원개념을 드러내지 않지만, 상징은 전적으로 원개념은 은폐한다. 두 관념 사이의 비교가 있는 것은 사실이지만 훌륭한 상징일수록 두 관념의 결합의 밀도는 강력하여 원개념은 끝까지 내러티브 후면에 암시로 머무르게 된다. 많은 학자들은, 상징은 은유와 유사한 점이 있으나 반복, 고집되는 성격에 그 특징이 있다고 본다.

[1] 아브람스, 문학 용어 사전, 303.

제일로 상징이 반복 고집되는 점에 의미가 있다고 우리들은 생각한다. 이미지는 한번은 은유로서 생겨나게 될지는 모르지만 만일 그것이 표현과 표상으로서 언제까지나 반복된다면 그것은 하나의 상징이 된다. 또는 상징적인 체계의 일부가 된다.[2]

따라서 상징은 하나만을 가리키는 것은 아니다. 상징은 얼마든지 다양한 해석이 가능하다. 상징은 인간의 가장 심오한 정신 세계에서 나오는 것이기에 전인격에 호소한다. 상징은 사고의 자료를 제공하기에 신학적 사색을 위해서는 성경의 상징은 필수적인 것이다.[3] 여기서 기호학자인 김경용의 말을 다시 들어 보자.

인간은 어떻게 보면 상징의 세계에 태어나서 상징의 삼투작용을 체험하며 성장한다. 우리의 두뇌는 우리가 배우고, 익히고, 체험하여 체화한 상징들의 보고이다. 그래서 많은 상징이 우리에게 어떤 의식과 정서를 불러일으킨다. "불러일으킨다"는 뜻은 우리의 이성에 앞서, 먼저 일어났던 기호의 작용이 이미 우리 안에 숨어 있다는 말이다. 상징의 자의성이나 규약 의존성에도 불구하고 상징은 매우 의미심장한 정념과 인식을 우리에게 불러일으킨다. "어머니"라는 세 음절의 말이나, 세 개의 글자 자체에는 "어머니다움(母性)이 전혀 없다. 그런데도 "어머니"라는 말을 들으면 그 말은 우리에게 온갖 정념을 일으킨다. 시구들은 상징으로 되어 있는데도 우리의 가슴을 뒤흔들고, 음악은 상징들의 흐름인데도 우리를 열

---

[2] 정한숙, 소설 문장론, 45에서 재인용.
[3] Alonso Schökel, *A Manual of Hebrew Poetics*, 111.

광케 한다.⁴

　이와 같이 상징은 상상, 직관, 감정 등 전인격에 호소하는 능력을 가지고 있다. 예를 들어 평범한 사람에게는 헝겊 쪼가리와 메달에 불과한 훈장이 군인들과 운동 선수들에게는 목숨까지도 걸게 하는 위력을 지니고 있다. 오직 인간만이 상징을 만들고, 상징의 숲속에서 살기에 독일의 철학자 카시러(Ernst Cassirer)는 인간을 상징적 동물로 규정하고 있다.

2. 나의 누이, 나의 신부여

"나의 누이, 나의 신부는
잠근 동산이요
덮은 우물이요
봉한 샘이로구나"(아 4 : 12).

　"나의 누이는 잠근 동산"은 형식적으로 보면 은유이다. 그러나 잠근 동산은 단지 그 의미로만 쓰인 것이 아니다. 감추고 있는 다른 의미가 있기에 상징이라고 볼 수 있다.

　동산은 아가서에서는 신부와 신부의 매력을 가리키는 상징으로 쓰이고 있다. 아가서 기자가 잠겨져 있다고 말하는 동산은 누군가에 의해 열려지지 않은 소유이다.⁵ 그렇다면 "잠근 동산"이라는 이미지는 처녀를 가리키는 상징으로 볼 수 있다. 동산이란 성적인

---

⁴ 김경용, 기호학이란 무엇인가, 44.
⁵ 동산을 뜻하는 히브리어 간(גן)과 어원적으로 연결되어 있는 동사는 "덮다, 수호하다, 보호하다"의 의미이다. 결국 동산은 소유권, 더 나아가 보호의 개념까지도 함축하고 있다.

해석을 가능케 하는 상징이기 때문이다. 실제로 고대 근동 아시아의 한 문헌에서는 여인을 가리켜 "기쁨이 가득한 환락의 동산"이라고 묘사하고 있으며, 현대 아랍어 문헌에도 마찬가지의 상징이 나타난다고 한다. "꽃이 만발한 너의 아름다운 동산은 꽃동산보다 아름답고 화려하다."[6]

아가서에서 이런 동산의 상징성은 비교적 분명히 드러난다. 아가서에서 동산은 아름다운 실과와 꽃들과 향기와 몰약과 꿀과 포도주와 젖 등의 온갖 매력을 가지고 있는 것으로 묘사되고 있다. 이것은 아가서의 술람미 여인의 매력을 가리키는 상징임이 너무나 분명하다. 아가서 4:12에서 "잠근 동산"은 바로 술람미 여인임을 밝히고 있다. 그러나 동산의 상징의 의미는 명쾌하게 설명될 수는 없다. 설명될 수 없는 부분이 그래도 남아 있다. 설명될 수 없는 미지의 부분, 어떤 신비의 세계는 암시적 방법에 의해서만 그 표현이 가능하다. 상징은 이런 암시적 효과를 가장 크게 높일 수 있는 표현 장치이다.

그럼에도 불구하고 동산이 가지고 있는 다양한 함축성 내지 암시성 때문에 교회 역사에서 다양하게 해석되어 온 것이 사실이다. 탈굼(아람어역 구약성경)에서는 "잠근 동산"과 "덮은 우물"을 이스라엘 여인의 정숙으로 해석하였다.

> 남자들의 택함을 받은 너희 여인들은 정숙하며 그 영혼이 천사들에 의해 보냄을 받은 성도들 외에는 들어갈 수 없는 에덴 동산과 같다. 너희 처녀들은 방안에 숨겨져 있으며 생명 나무 아래서 나와 네 갈래로 갈라진 생명수

---

[6] Pope, *Song of Songs*, 488.

같이 봉인되었다. 만일 거룩한 이름에 의해 봉인되지 않
았다면 전세계로 흘러넘쳤을 것이다.

　교회에서도 전통적으로 "잠근 동산"과 "덮은 우물"을 그리스도
의 신부로서 교회와 연관을 시켰다.[7] 석원태는 "잠근 동산"을 "신
자의 마음"으로 해석하고 있다.

> 　신자의 마음은 정말 잠근 동산이어야 한다. 잡인이 출
> 입 못하는 곳이어야 한다. 신자의 마음이 보통 공원처
> 럼 공개되어 잡인이 출입할 수 있다면 참으로 부끄러운
> 일이다……신자의 마음은 예수 그리스도께서 독점하도
> 록 해야 한다. 신자는 예수 그리스도에게만 그 마음의 비
> 밀을 여는 사랑의 은닉성을 지녀야 한다. 신자의 마음은
> 죄악의 침노에는 닫고, 주의 은총에는 활짝 열어야 한다.
> 세상의 더러움에는 닫고, 주님의 정결 앞에는 열어야 한
> 다.[8]

　우리는 이런 교회사 가운데서의 다양한 해석을 염두에 두면서
상징을 어떻게 해석해야 할 것인가 교훈을 얻을 수가 있다.
　첫째, 상징은 함축적이기 때문에 때로는 추측만이 가능할 때가
있다. 따라서 상징을 해석할 때 독단적이 되어서는 아니된다.
　둘째, 문맥 안에서 의미를 찾아야 한다. 문맥에서 보면 "잠근 동
산"의 의미는 처녀성을 가리키는 것임이 분명하다. 그렇다면 여기
서 "잠근 동산"을 신자의 마음으로 해석하는 것은 지나친 해석이
아닌가 본다. 이 점에서 석원태의 아가서 해석은 탈굼보다 본문에

---

[7] Pope, *Song of Songs*, 489-490.
[8] 석원태, 솔로몬의 아가 : 아가서 강해(서울 : 은성문화사, 1974), 148-149.

서 많이 이탈했다고 볼 수 있다. 이것은 석원태가 아가서를 알레고리로 보았기 때문에 어쩔 수 없는 선택이었다고 보여진다.[9] 보통 상징은 어떤 중요한 요점을 강조하고 잘 기억할 수 있도록 하기 위해 사용한다. 따라서 해석자는 모든 세부 사항에서 어떤 풍유적 의미를 억지로 끌어내려고 해서는 아니된다.

3. 새로운 미래를 가능케 하는 상징

이스라엘이 애굽에서 종노릇하고 있을 때, 여호와께서는 사막을 통해 그들을 구하러 오셨다(신 33:2 ; 시 68:7). 사사 시대에 이스라엘이 어려움에 처했을 때에도 여호와는 시내산에서부터 오셔서 그들을 구하셨다. 그런데 이스라엘은 불순종으로 인해 또 다시 바벨론에 포로로 잡혀 가는 환난을 당하고 말았다. 과거에도 그러하셨듯이 여호와께서는 사막을 통해서 다시 자신의 백성들을 구할 계획을 가지고 계셨다. 이에 이사야를 통해 사막에서 여호와의 길을 준비하라고 명하셨다.

"외치는 자의 소리여 가로되
너희는 광야에서 여호와의 길을 예비하라
사막에서 우리 하나님의 대로를 평탄케 하라"(사 40:3).

전에는 여호와께서 친히 사막 가운데 길을 내시며, 이스라엘을

---

[9] 최근에 총신대학 학장이었던 김희보 교수의 아가서 주석은 우선 아가서를 "한 가정의 부부의 참사랑의 아름다움을 노래한 순결한 애정시, 다시 말하면 에덴 동산에서의 첫 일남 일녀의 타락 이전에, 하나님이 심어 주신 원형적인 그 사랑을 보여 준 거룩한 '사랑의 노래'로 보면서 동시에 이것은 또한 '그리스도와 교회'에 관한 모형임을 찾으려 애썼다"는 점에서 진일보한 것으로 볼 수 있다. 김희보, 구약 아가서 주해(서울 : 총신대학 출판부, 1994), 5 참조.

인도하셨으나, 이번에는 이스라엘이 사막 가운데 길을 내는 준비를 해야 했다. 따라서 여기서 사막은 단지 문자적인 사막이 아니라, 하나님과 백성 사이를 가로막은 모든 장애물과 방해 요소를 가리키는 상징으로 쓰이고 있음을 볼 수 있다. 실제로 이사야서에서 사막은 피폐해질 대로 피폐해진 이스라엘의 상황을 잘 보여 주는 상징이다.

사막은 물이 없고(사 41 : 18, 43 : 19, 20, 48 : 21), 풍요하지 못하며(41 : 19, 51 : 3, 55 : 13, 60 : 13), 길이 없으며(43 : 19), 사람이 살지 않는 곳(64 : 10)이기 때문에 당시 이스라엘 백성의 상황을 보여 주기는 그야말로 안성마춤인 상징이다.

더욱이 이사야서뿐 아니라 일반적으로 성경에서 사막은 오아시스가 있는 낭만적인 장소라기보다는, 위험과 죽음의 장소로 연상된다. 사막은 길이 없는 곳이기에 잘못 길을 들면 허기와 갈증으로 죽을 수밖에 없는 곳이다(시 107 : 4-5). 이에 예레미야는 광야를 가리켜 "사막과 구덩이 땅, 간조하고 사망의 음침한 땅, 사람이 다니지 아니하고 거주하지 아니하는 땅"이라고 지칭하고 있다(렘 2 : 6).[10] 우가릿 문헌을 보면 사막은 무서운 귀신들이 배회하는 곳으로 묘사되어 있다.[11] 특별히 이스라엘은 불순종으로 인해 사막에서 40년간을 보내야 했다. 이 같은 배경으로 인해 이사야서에서 사막은 불순종으로 인해 바벨론에 포로로 잡혀 간 이스라엘의 형편을 가리키는 상징으로 사용되었다.

---

[10] 우가릿 문헌을 보면 저 세상의 입구 지역이 가끔 사막으로 기술되어 있다. KTU 1.5 : V. 15-19 참조. J. C. de Moor, *An Anthology of Religious Texts from Ugarit*(Leiden : E. J. Brill, 1987), 78 참조.
[11] KTU 1. 12 : 20-21.

사실 그러하였다. 바벨론에 잡혀 간 이스라엘 포로들의 상황은 정말 그러하였다. 물론 그들의 포로 생활이 경제적으로나 신체적으로 처참했다는 의미가 아니다. 성경이나 그 밖의 자료들에 의하면 당시 포로로 잡혀 간 유다인들은 주로 엘리트들이었는데다가, 포로지에서 상당한 자유와 경제적 자립을 누린 것으로 되어 있다. 현대적 의미에서 아우슈비츠 같은 집단 수용소를 연상해서는 아니된다.

그럼에도 불구하고 바벨론 포로들의 형편을 사막으로 상징한 이유는 어디에 있는가? 바벨론 포로들에게 임한 가장 심각한 위기는 경제적 위기나 정치적 위기나 신체적 위기가 아니었다. 이들의 위기는 정체성의 위기, 신학적인 위기였다. 한때는 여호와는 살아계신 유일하신 참하나님이시요, 자신들은 이 여호와의 선택된 백성이라고 믿었으나, 바벨론에 포로로 잡혀 오면서 이 같은 신앙에는 커다란 균열이 일기 시작하였다. 예루살렘 성이 무너지고 성전이 훼파되고 지성소마저 이방인들의 발에 짓밟히고, 다윗 계열의 왕이 눈이 뽑혀 끌려가는 모습을 바라보면서 과연 여호와는 한 분뿐이신 참하나님이신가라는 점에 회의가 들기 시작하였다.

물론 여호와께서는 선지자들을 통해 이들을 이방의 손에 넘겨 심판하실 것임을 수없이 경고하셨음에도 불구하고 이 같은 재난 앞에 이들의 깨어지기 잘하는 신앙은 비빌 언덕마저 상실한 것이다. 더욱이 포로 생활의 기간이 길어지기 시작하면서 이스라엘 포로들은 극심한 절망 가운데로 빠져 들어가기 시작하였다. 너무나 큰 낙심으로 인해 이들은 "새로움"에 대해서는 생각할 수조차 없는 절망의 상황으로 들어간 것이다.

그렇다면 이스라엘은 이제 절망뿐인가? 길도 없고, 물도 없고,

사람도 살지 않는 불모의 땅 같은 이스라엘에는 이제 희망은 없는 것인가? 그렇지 않다. 그럼에도 불구하고 이스라엘 포로들은 절망의 도가 지나쳐 어떤 희망도 가지기를 원하지 않았다.

새로움에 대해서는 상상조차 하지 못하는 이런 절망의 상황을 반박하기 위해서 선지자들이 할 수 있는 일은 상징들을 제공하는 것뿐이라고 브루지만(Brueggemann)은 말한다.

> 예언자는 자신이 속한 공동체가 인정하고 있는 현실을 반박하기 위해서 언어라는 수단……만을 가진다……희망은 아주 세심한 상징화 작업을 요구한다……누구도 상상할 수 없는 미래를 표현하는 일이 얼마나 중요한가? 물론 이런 일은 새로운 상징들을 고안함으로써 이루어질 수는 없다. 미래를 표현한다는 것은 이 공동체가 지니고 있는 가장 뿌리 깊은 기억으로 되돌아가 항상 지배적인 의식을 반박하는 근거가 되어온 바로 그 상징들을 활성화시킨다는 것을 뜻한다. 따라서 희망의 상징들은 일반적이고 보편적일 수 없다. 이 특정한 역사에서 구체적으로 알려져 온 상징들이어야 한다.[12]

이에 이사야 선지자는 사막이라는 익숙한 상징을 통해 새로운 일의 시작을 알린다. 왜냐하면 사막은 죽음의 장소이지만 동시에 새로운 일이 시작되는 갱신의 장소로 사용된 역사적 경험이 있기 때문이다.

---

[12] 월터 브루지만, 예언자적 상상력, 김쾌상 역(서울 : 대한 기독교 출판사, 1981), 98-99.

"보라 내가 새 일을 행하리니
이제 나타낼 것이라
너희가 그것을 알지 못하겠느냐
정녕히 내가 광야에 길과
사막에 강을 내리니"(사 43:19).

출애굽 사건에서 익히 알 듯이, 여호와는 길이 없는 광야에 길을 내시고, 물이 없는 사막에 강을 내시는 분이다. 이에 비록 사막과 광야의 불임을 경험하는 이스라엘이라 할지라도, 사막을 통해 임하시는 주님의 길을 준비하는 자들에게는 새로운 구원의 체험이 가능한 것이다.

여호와께서는 불순종한 이스라엘을 고치시기 위해서 일부러 사막으로 데려가신 것이다. 이 점을 호세아는 정확히 간파하고 있었다.

"그러므로 내가 저를 개유하여
거친 들로 데리고 가서 말로 위로하고
거기서 비로소 저의 포도원을 저에게 주고
아골 골짜기로 소망의 문을 삼아 주리니
거기서 응대하기를 어렸을 때와
애굽 땅에서 올라오던 날과 같이 하리라"(호 2:14-15).

옛날 광야에서 이스라엘에게 삶이 부여된 것처럼, 이스라엘의 삶이 다시 갱신될 곳도 광야(거친 들)가 될 것이다. 이스라엘에게서 모든 거짓된 안정을 벗겨 버리고, 모든 문화적인 허례 허식을 정화시킨 후에 다시 이스라엘을 위로할 것이다.

이 같은 일을 감당할 예수의 길을 예비하는 세례 요한이 광야에서 회개의 메시지를 전파한 것은 구·신약의 통일성의 일면을 보여 주고 있다. 구·신약의 통일성은 교리적인 통일성뿐 아니라 상징적 통일성도 드러내고 있다.

이 같은 상징적 통일성 가운데서 구약과 신약을 비교해 보면 강한 대조를 살펴볼 수 있다. 불순종으로 40년을 광야에서 방황하면서 이스라엘은 하나님의 시험을 받았다. 이에 신약 시대에 이르러 광야는 시험의 장소로서의 상징성을 지니게 되었다. 반면에 예수께서는 40일간 광야에서 시험을 받았으나 성공적으로 이를 이기셨다. 이스라엘이 실패한 시험을 예수께서는 잘 통과하신 것이다. 시험의 장소인 광야를 배경으로 벌어진 이스라엘과 예수 그리스도의 실패와 성공은 구원이 왜 예수 그리스도에게서만 나오는지를 잘 보여 주고 있다.

그렇다면 우리는 어떤가? 우리는 광야에서 시험을 잘 이길 수 있는가? 쉽게 장담할 수 없다. 마가복음에 의하면 제자들은 광야에서 두 번씩이나 믿음 없음으로 인해 시험을 이기지 못하고 실패하였다. 옛 이스라엘 백성들처럼 제자들도 "하나님이 광야에서 능히 식탁을 준비하시랴"(시 78:19)고 의심하였다. 우리도 같은 의심을 하지 않는가? 반면에 예수께서는 믿음으로 많은 무리를 위하여 광야에서 떡을 준비하셨다. 하나님의 풍성한 음식 준비는 메마른 광야와 대비되면서 강한 극적 대조를 이루고 있다.[13] 광야에서 시험을 이기시고 풍성한 음식을 내려 주신 그리스도를 의지하는 것만이, 광야 같은 세상에서 승리할 수 있는 유일한 길이라는 것이

---

[13] D. Rhoads and D. Michie, *Mark as Story : An Introduction to the Narrative of a Gospel*(Philadelphia, 1987), 66.

복음의 메시지인 것이다.

4. 상징적 지도

"그들이 앉아 음식을 먹다가 눈을 들어본즉
한 떼 이스마엘 족속이 길르앗에서 오는데
그 약대들에 향품과 유향과 몰약을 싣고
애굽으로 내려가는지라
……그들이……그를 이스마엘 사람들에게 팔매
그 상고들이 요셉을 데리고 애굽으로 갔더라
……그 모든 자녀가 위로하되 그(야곱)가
그 위로를 받지 아니하여 가로되
내가 슬퍼하며 음부에 내려 아들에게로 가리라 하고
그 아비가 그를 위하여 울었더라"(창 37 : 25, 28, 35).

애굽은 이스라엘이 종노릇하던 곳이다. 그래서 그런지 알 수는 없으나, 와이어트는 애굽이 성경 사상에서 "죽음의 땅"을 가리키는 상징일 수 있다고 주장한다.[14] 우리는 애굽과 죽음의 땅 사이의 상징적 연관성을 창세기에서 찾아볼 수 있다. 37 : 25에 보면 요셉의 형들이 요셉을 이스마엘 대상에게 팔아 요셉은 "애굽으로 내려가게" 된다. 요셉의 찢긴 옷을 본 야곱은 "내가 슬퍼하며 음부에 내려 아들에게로 가리라"(창 37 : 35)고 애통해 한다. 애굽으로 내려가는 것과 음부로 내려가는 것이 성경 기자에 의해 은연중에 동일시되고 있다.

---

[14] N. Wyatt, "Sea and Desert : Symbolic Geography in West Semitic Religious Thought", *Ugarit Forschungen* 19(1987), 375ff.

이런 동일시는 베냐민이 애굽으로 내려갈 때도 나타난다. 유다는 "말째 아우가 너희와 함께 내려오지 아니하면"(창 44:23) 자기 얼굴을 보지 못하게 될 것이라고 요셉이 엄포를 놓았음을 상기하면서, 베냐민이 없어지면 "우리 아비의 흰머리로 슬피 음부로 내려가게 함이니이다"(창 44:32)고 호소한다. 여기서도 애굽과 음부의 동일시가 암시적으로 일어나고 있다. 이것은 애굽으로 돌아가는 것을 혐오하는 모티브가 성경 전반에 깔려 있음을 염두에 두면 쉽게 이해할 수가 있다(창 24:5-8; 출 13:17; 민 14:2f; 신 17:16; 호 9:3, 11:5; 사 30:2; 렘 42:19).

더욱이 이스라엘 백성은 뒤에서 애굽 군대가 추격해 오고 앞에는 홍해가 가로막혀 진퇴양난의 위기에서 "애굽에 매장지가 없으므로 당신이 우리를 이끌어 내어 이 광야에서 죽게 하느뇨"라고 모세에게 불평하였다. 와이어트는 이 말에 애굽을 무덤과 동일시하는 함축적인 상징이 사용되고 있다고 말한다. 애굽에 내려가는 것은 음부에 내려가는 것과 같은 것이며, 애굽에 있는 것은 무덤 안에 있는 것과 마찬가지라는 뉘앙스가 밑에 함축되어 있다는 것이다. 이 같은 점은 애굽을 신화적 괴물로 간주하는 이사야서에서 확인이 된다.

"애굽의 도움이 헛되고 무익하니라
그러므로 내가 애굽을
가만히 앉은 라합이라 일컬었느니라"(사 30:7).

여기서 라합은 때로는 용, 리워야단, 꼬불꼬불 한 뱀으로도 지칭되는데, 바다에 사는 신화적 괴물이다. 애굽을 바다의 신화적 괴물로 묘사하는 이유는 출애굽 이전에 애굽이 이스라엘을 압제한 때문이다. 여기서도 우리는 애굽을 죽음의 세력을 가리키는 상징으로 쓰고 있음을 알 수 있다.

와이어트는 여기서 한걸음 더 나아가 홍해(얌숩)는 죽은 자의 땅(애굽)과 산자의 땅(가나안)을 가르는 경계로서의 상징성을 가진다고 주장한다. 홍해는 이렇게 보면 "멸절의 바다"(the sea of extinction)라는 것이다.

사실상 그 동안에 합리주의적인 비평학계는 이스라엘이 육지로 건넌 얌숩(흔히 홍해로 번역됨)이 어디에 위치하는가를 놓고 많은 시간을 허비하였다. 실제로 얌숩은 때로는 수에즈만(출 10:19; 민 33:10-11)을, 때로는 아카바만(왕상 9:26)을 가리키기도 할 정도로 넓은 의미를 가지고 있다. 따라서 현재 우리가 가지고 있는 자료만을 가지고는 정확히 건넌 지점을 알 수가 없다. 이에 앤더슨은 "여기서는 아마도 만잘레 호수 부근의 수에즈만 북쪽 끝에 자리잡은 늪지대의 호수를 가리키는 것 같다. 히브리인들은 이 지역을 거쳐 탈출했을 것이다. 비록 건넌 지점을 정확하게 알 수는 없지만 사실상 갈대가 자라지 않는 수에즈만을 통과했다는 가정만으로 족하지 더 이상 문제를 어렵게 할 필요는 없다."[15] 이런 난점을 고려해 볼 때 얌숩을 상징적 지형으로 보는 와이어트의 견해는 장점이 많다. 물론 그렇다고 해서 얌숩이 실제 존재하지 않는 허구의 바다라는 것은 아니다. 누가 이렇게 받아들인다면 이것은 분명 오해임을 밝힌다. 까치 소리를 반가운 소식을 가리키는 상징이라고 해서, 까치 소리가 허구의 소리가 되는 것이 아님과 같은 이치라고나 할까?

---

[15] B. W. 앤더슨, 구약 성서 이해 상, 강성열, 노항규 공역(서울 : 크리스챤 다이제스트, 1994), 105.

그렇다면 일반적인 성경 해석자들은 홍해가 어디에 위치하는가의 문제로 시간 낭비를 할 것이 아니라(물론 고고학자들은 이런 문제로 씨름을 해야 하지만) 홍해가 가지는 상징적 의미가 무엇인지를 이해하는 것이 더 중요한 것이다. 우리는 실제로 3,000년 전의 고대 근동 아시아의 팔레스타인 땅 안에 살고 있는 것이 아니라, 성경의 "상징적 지도" 안에 사는 것이기 때문이다.

죽음의 땅인 애굽과 산 자의 땅인 가나안 사이의 경계선으로서의 홍해가 우리의 삶의 형성에 더욱 중요한 것이다. 따라서 우리에게 홍해는 지형적 경계로보다 신학적 경계로서 더 중요하다. 이런 상징적 지도 안에서 우리는 우리의 삶을 축조하고 살아가는 것이기 때문이다.

5. 상징을 뚫고 보는 상상력

"너희 어미와 쟁론하고 쟁론하라
저는 내 아내가 아니요
나는 저의 남편이 아니라
저로 그 얼굴에서 음란을 제하게 하고
그 유방 사이에서 음행을 제하게 하라
그렇지 아니하면 내가 저를 벌거벗겨서
그 나던 날과 같게 할 것이요
저로 광야같이 되게 하며
마른 땅같이 되게 하여
목말라 죽게 할 것이며"(호 2:2-3).

위의 본문은 호세아의 아내 고멜이 음행을 버리지 않을 때 생길 재앙을 경고하는 내용이다. 음행을 제하여 버리지 않으면 그에 꼭 상응하는 벌, 벌거벗겨서 수치를 당케 할 것이라는 것이다. 아내에게 옷을 입히는 것은 남편의 법적 의무이다(출 21 : 10). 그러나 아내가 계속 음란의 죄를 범하면 남편은 이런 의무를 행할 이유가 없는 것이다. 에스겔 16 : 39, 40에 보면 간음한 여자는 벌거벗기고, 돌로 치고, 칼로 찌르는 형벌이 기록되어 있다. 그렇다면 아내를 벌거벗길 것이라는 경고는 간음한 여인에 대한 형벌로, 문자적인 의미로 해석될 수도 있다. 더욱이 고대 근동 아시아의 조약 문서에 "창녀처럼 옷을 벗기게 될 것이다"는 저주의 공식이 나오는 것을 염두에 두면, 호세아서 본문의 저주는 언약 파기에 따른 형벌의 의미를 담고 있는 것으로도 볼 수가 있다.[16]

그러나 바로 아래서 여인은 땅의 모습으로 등장한다.

"저로 광야같이 되게 하며
마른 땅같이 되게 하여."

여인을 광야같이, 마른 땅같이 되게 한다는 말의 의미는 무엇인가? 우선 여기서 우리는 가나안 신화가 배경이 되어 있음을 짐작할 수 있다. 가나안 신화에서는 땅은 바알 신이 내리는 비에 의해 풍요로워지는 여인으로 나타난다. 결국 호세아서 기자는 가나안 종교의 언어를 과감히 사용하여 바알 신 숭배를 비난하고 있음을 볼 수 있다. 땅의 풍요함은 바알에게 달려 있는 것이 아니라 여호와에게만 달려 있음을 이런 식으로 표현하고 있는 것이다. 만일 이스라엘이 다른 신을 섬기면, 땅은 광야로 변하고 말 것이다. 왜냐하면 비를 관장하는 분은 바알이 아니라 여호와이시기 때문이다. 갈멜산의 엘리야가 바알 숭배자들을 무찌르고 승리한 후 기도

---

[16] Mays, *Hosea*, 38.

하자, 3년 6개월 동안 비가 오지 않던 하늘이 비를 내리지 않았는가?

어찌되었든간에 아내의 벌거벗김의 이미지와 땅의 메마름의 이미지는 서로 연결되어 있다. 아무것도 남지 않은 흉년과 몰락을 연상케 하기 때문이다. 이에 우리는 아내의 벌거벗김과 땅의 메마름의 이미지는 자신을 넘어서서 다른 재난들(흉년과 전쟁에서의 패배)을 가리키는 상징으로 쓰였을 가능성을 크게 하고 있다.[17]

실제로 호세아서 기자는 이스라엘의 언약 파기로 말미암아 두 가지 재난을 당할 것을 선언하고 있다.
첫째, 기근, 염병으로 인해 땅은 소출을 얻지 못할 것이며(2:9-13), 여인들도 무자할 것이다(4:3, 10, 8:7, 9:2, 11-14, 16).
둘째, 군사적인 패배와 정치적 몰락이 있을 것이다(7:16, 8:3, 10:6-10, 11:6). 그렇다면 벌거벗김의 이미지는 이 같은 재난을 가리키는 상징으로 쓰인 것이라고 결론지을 수 있다.

우리는 여기서 선지서의 한 특징을 볼 수 있다. 그것은 바로 상징으로 표현하는 것이다. 따라서 우리는 상징을 대할 때 상상력이 필요하다. 마음대로 지어 내는 상상력이 아니라 "상징을 뚫어 보는 좋은 상상력"이 필요한 것이다.[18]

---

[17] F. I. Andersen and D. N. Freedman, *Hosea*, Anchor Bible(Doubleday, 1985), 262-263.
[18] 데니스 레인, 강해 설교, 최낙재 역(성서 유니온, 1993), 97.

6. 회화적 사고

"내가 그들 중에서
기뻐하는 소리와 즐거워하는 소리와
신랑의 소리와 신부의 소리와
맷돌 소리와 등불 빛이 끊쳐지게 하리니"(렘 25 : 10).

느부갓네살에 의해 유다가 멸망할 때의 상황을 묘사하면서 예레미야는 맷돌 소리와 등불 빛이 끊쳐질 것이라고 선언하였다. 그렇다면 맷돌 소리와 등불 빛은 무엇을 의미하는가? 문자 그대로 맷돌 소리와 등불 빛만을 의미하는가? 앞뒤 문맥으로 보면 그럴 것 같지 않다. 이보다는 포괄적인 것을 가리키는 상징으로 쓰였을 가능성을 쉽게 짐작해 볼 수 있다. 마르텐스의 주장대로 맷돌 소리는 모든 상업적 행위를, 등불 빛은 모든 가정 생활을 가리키는 것인가?[19] 그렇지 않은 것 같다. 맷돌 소리와 등불 빛은 어떤 대조를 가리키는 것이 분명하기 때문이다. 기뻐하는 소리와 즐거워하는 소리, 신랑의 소리와 신부의 소리는 일련의 대조적인 쌍을 이루고 있다. 그렇다면 맷돌 소리와 등불 빛도 이런 대조를 이룰 것이라 추측할 수 있다.

빵을 매일같이 구워야 하기에 사람이 사는 곳이라면 아침마다 손 맷돌 소리가 나기 마련이다. 마찬가지로 저녁이 되면 사람이 있는 곳은 등불을 켜게 된다. 그렇다면 맷돌 소리와 등불 빛은 하루의 시작과 끝을 가리키고 있는 것이 분명하다. 그러나 맷돌 소리와 등불 빛은 단지 하루의 시작과 끝만을 가리키는 것이 아니다.

---

[19] Elmer A. Martens, *Jeremiah*, Believers Church Bible Commentary (Scottdale : Herald Press, 1986), 164.

맷돌 소리와 등불 빛은 하루 하루의 삶의 전형적인 일을 상징하고 있기에 아침과 저녁 사이의 모든 시간, 즉 하루 종일의 일과를 가리키는 상징으로 보아야 한다. 결국 낮에는 어떤 인간의 소리도 나지 않는 공허만이 감돌고, 저녁에는 불빛이 비추지 않는 절대 암흑만이 있다면 그곳은 철저히 파괴된 폐허밖에 없다. 결국 맷돌 소리와 등불 빛의 끊어짐은 철저한 파괴와 황폐를 보여 주는 놀라운 상징적 표현이다.[20]

따라서 상징이 많은 본문, 특히 예언서를 다룰 때에는 신학 논문을 다루듯이 해서는 안 된다. 이에 관해서 조엘 그린의 이야기를 들어 보자.

> 상징의 신비한 세계를 여는 열쇠는 논리적 분석이 아니다. 오히려 우리는 요한계시록에 나오는 환상들을 볼 때 마치 그림책이나 장편 영화를 보듯이 그림 속에서 생각하는 훈련을 해야 한다……이러한 훈련이 합리적 사고를 부인하는 것이 아니다. 하지만 분석을 하기 전에, 앞에 있는 것이 무엇인지 그대로 보아야 한다.[21]

이에 우리는 상징을 통해서 성경 본문의 세계 안으로 들어가는 상상력을 키울 필요가 있다.

---

[20] W. L. Holladay, *Jeremiah 1*, Hermenia(Philadelphia : Fortress, 1986), 668.
[21] 조엘 그린, 어떻게 예언서를 읽을 것인가, 한화룡 역(서울 : 한국 기독 학생회 출판부, 1984), 81.

13
알레고리에 유의하라

1. 고호가 귀를 자른 이유

　상징과 성격이나 형태가 유사한 표현 장치로 알레고리를 들 수 있다. 알레고리에 대한 정의를 쉽게 이해하기 위해 알레고리로 쓰인 현대 한국시를 살펴보도록 하자.

　　말은 한마디씩
　　더듬어 찾을 밖에 없다
　　살기 좋은 고호의 마을에서는
　　아무도 그런 고생하지 않는다
　　테이프만 틀면
　　청산 유수로 쏟아지는 말의 자동화 시대
　　들으나마나 다 암기하고 있으니까.

　　이제 귀는 할 일이 없다.
　　빈둥빈둥 혈색 좋게 자라기만 한다
　　덕분에 귀고리 가게가 번창한다
　　세공은 날로 정교해지고

사이즈는 날로 커가는 귀고리
무위 도식하는 귀의 위신을
절렁절렁 번쩍번쩍 훈장처럼 높인다.

그렇다면 내게는 없는 게 좋겠군
가난뱅이 고호는 어느 날 제 귀를 잘라 버렸다.
……

― 이형기, 고호의 마을에서 ―

  여기에 나오는 귀는 진실의 언어가 사라진 시대의 세태와 그런 세태 가운데서 거짓으로 가득 찬 꾸밈만을 일삼는 인간을 풍자하는 알레고리이다. 진실의 말을 듣지 못하는 귀, 귀고리를 달기 위한 장식품 같은 귀는 차라리 없는 것이 좋겠다는 속뜻이 담겨 있다. 그러나 표면적으로 귀라는 개념에는 이 같은 의미가 드러나지 않는다. 정교해진 세공에 사이즈만 커진 귀고리를 달고 있는 귀만 표면에 드러나 있다. 이와 같이 "속뜻을 감추고 다른 사물을 내세워 그것으로 하여금 감추어진 속뜻을 말하게 하는 표현 장치"를 알레고리라고 한다.

  알레고리란 말은 우유(寓喩) 또는 풍유(諷喩)라고 번역되는데, "다른 것을 말한다"는 뜻의 헬라어인 알레고레인에서 나온 단어이다. 이런 점에서 상징과 유사하다. 예를 들어 우리의 고시조 중 "까마귀 싸우는 곳에 백로야 가지 마라"를 살펴보자. 여기서 까마귀는 세속적 욕심에 사로잡힌 자요, 백로는 고귀한 선비를 가리킨다. 그러나 겉으로는 이런 뜻이 드러나 있지 않다. "고귀한 선비"라는 원개념을 감추고 "백로"라는 보조개념을 내세웠기 때문이다. 결국 알레고리는 원개념을 감추고 보조개념만 내세운 은유라는 점에서 상징과 비슷하다.

그러나 상징은 일대다의 세계를 지시하여 다의성이 있는데 반해, 알레고리는 일대일의 세계를 지시하여 단순하다. "까마귀 나는 곳에 백로야 가지 마라"는 고시조에서 "까마귀"와 "백로"는 다양한 의미의 상징으로 쓰인 것이 아니다. "까마귀"는 세속적 인간, "백로"는 고귀한 선비로 일대일로 대응시킬 수 있을 뿐이다. 알레고리는 지시 대상의 의미가 상징처럼 신비의 베일에 가려져 있는 것이 아니라, 분명하게 확정되어 있다. 여기서 확정된 의미는 알레고리를 만든 사람의 머리 속에 들어 있는 관념이다.

그런데 여기서 문제가 생긴다. 만일 이 관념이 순전히 개인적 관념이라면 알레고리가 전하려는 의미를 제대로 전달할 수가 없다. 조선 시대에 세조는 자기가 직접 심은 박넝쿨을 보면서, 신숙주에게 열매가 열리겠느냐고 물었다. 이에 신숙주는 줄기가 연약한 데다가 시기가 늦어 열매가 열리기 힘들게 되었다고 대답을 하자, 세조는 실망감을 감추지 못했다고 한다. 세조는 박넝쿨을 세자를 빗대어 한 말이나 신숙주가 이를 알지 못했기 때문이었다. 세조의 알레고리는 순전히 개인적 관념에서 나온 것이기에 신숙주가 이를 알 리 없었던 것이다. 그러나 후에 이 박넝쿨에서 딴 열매로 표주박을 만들어 세조가 신숙주에게 보내자 이를 깨닫게 되었다. 이에 이것으로 술을 받겠다며, 영원히 선물로 간직하겠다고 한 이야기가 전해진다.

이 이야기는 알레고리를 만든 사람이 순전히 개인적 관념을 가지고 만든 알레고리는 그 의도가 전달되기 쉽지 않음을 잘 보여주고 있다. 따라서 알레고리로 확정해서 전달하려는 관념은 누가 알레고리를 보아도 금방 알 수 있는 보편적 관념이어야 한다. 이렇게 되다 보니 알레고리는 도덕적 관념으로 치우치기 쉽다. 이런 도덕적 관념은 당위성을 전제하기에 필연적으로 교훈성을 갖게 마련이다. 또한 알레고리는 속뜻을 숨기고 다른 사물을 내세워 그 것으로 감추어진 의미를 드러내게 함으로 풍자적 비판이 되기가 쉽다. 대상을 우스꽝스럽게 만들어서 비판의 효과를 높이는 것이다.

2. 풍자와 비판의 효과

신동문의 "비닐 우산"을 예로 들어 보자.

비닐 우산,
받고는 다녀도
바람이 불면
이내 뒤집힌다
대통령도
베트남의 대통령.

비닐 우산,
싸기도 하지만
버리기도 잘한다
대통령도
콩고의 대통령.

걸핏하면 군사 쿠데타로 정권이 바뀌는 나라의 대통령은 일회용으로 썼다 버리는 비닐 우산과 같다는 것이 알레고리의 속뜻이다. 그러나 이런 뜻은 숨겨져 있을 뿐 드러나 있지는 않다. 대통령이 비닐 우산처럼 자주 바뀌는 정치 후진국의 정치 상황에 대한 날카로운 비판 의식을 풍자적인 알레고리로 대변하고 있다. 비닐 우산이란 알레고리가, 비판의 내용을 훨씬 구체적으로 생동감 있게 이해하게 만든다.

3. 알레고리에 대한 오해

현대 성경 해석자들에게 있어서 알레고리 하면 곧바로 중세 성경 해석자들의 자의적인 영해(알레고리컬한 해석)를 떠올린다. 그러나 앞서 살핀 대로 우리가 여기서 다루고자 하는 알레고리는 풍유적 해석을 의미하는 것은 아니다. 통상적으로 이야기한다면 예수께서 행하신 비유도 분류상 알레고리의 영역에 속한다.[1] 물론 이 같은 분류에 강력히 반대하는 이들이 있을 것이다. "예수께서는 비유를 말씀하신 것이지 알레고리가 아니다." 그러나 문제는 비유와 알레고리를 날카롭게 구분하다 보면, 예수님의 이야기 가운데 이런 구분상 알레고리에 들어가야 할 이야기들이 나온다는 데 있다. 만일 이 둘을 엄밀히 구분하여 비유는 하나의 중심적인 상응점을 보이고,[2] 알레고리는 다양한 상응점을 가지고 있다고 보면, 씨 뿌리는 이야기와 마가복음 12:1-9의 악한 농부들의 이야기는 알레고리에 속한다.[3] 상응점이 여러 개이기 때문이다.

사실상 알레고리와 비유의 구별은 생각만큼 쉬운 것이 아니다. 한 영어 학자는 알레고리와 비유는 상호 호환할 수 있는 용어이며 단지 관용어적 차이밖에 없다고 하였다.[4] 물론 이는 너무 지나친 표현이지만, 올바른 방향을 가리키고 있는 것만큼은 분명하다.

---

[1] L. Ryken, *The Literature of the Bible*(Grand Rapids : Zondervan, 1976), 301. 참조, 아브람스, 문학 용어 사전, 6-10.
[2] 많은 학자들이 이것을 알레고리와 비유의 차이점으로 든다. 바클레이 미켈슨, 기초 성경 해석학, 원세호 역(국제 신학 연구소, 1991), 300 참조.
[3] Caird, *The Language and Imagery of the Bible*, 160-161, 166.
[4] H. W. Fowler, *Modern English Usage,* Caird, *The Language and Imagery of the Bible*, 161에서 재인용.

그렇다면 우리가 취해야 할 태도는 무엇인가? 케어드가 이야기했듯이 알레고리와 알레고리제이션(allegorization, 알레고리화)의 세계를 구분해야 한다.[5] 알레고리는 저자가 숨은 의미를 전달하기 위해 만든 이야기이다. 따라서 이런 이야기는 마땅히 숨은 의미를 찾아 내야 올바른 해석을 했다고 할 수 있는 것이다. 반면에 알레고리제이션은 원래 저자가 의도하지도, 생각하지도 않은 숨은 의미를 억지로 이야기 위에 부가하는 것을 말한다. 이것은 원래 알레고리가 아닌 것을 알레고리처럼 해석하는 것이기에 문제가 된다. 결국 여기서도 모든 의미의 문제에서와 마찬가지로 저자의 의도가 해결의 열쇠이다. 시를 산문으로 해석하기를 거부하는 것이 산문을 거부하는 것을 뜻하는 것은 아니듯이, 알레고리가 아닌 본문을 알레고리로 해석하는 것(알레고리제이션)을 거부하는 것이 알레고리를 거부하는 것을 의미하는 것은 아니다.

만일 한 저자가 하나 이상의 비교점을 갖도록 이야기를 만들었다면, 의도된 비교점들을 찾는 것이 결코 알레고리제이션이 아니라는 사실을 인정하는 한에서는, 우리가 이를 비유로 부르느냐, 알레고리로 부르느냐는 큰 문제가 아니다. 알레고리를 알레고리로 해석하는 것을 변증해야 하는 분위기가 형성된 것은 과거의 지나친 알레고리컬한 해석에 대한 반동이 그 주요 원인이라고 보아야 한다. 결국 우리는 알레고리와 알레고리제이션의 차이를 인식하고, 한 본문이 알레고리로 쓰였다면 알레고리로 해석하여야 한다. 물론 이때 알레고리로 된 스토리 자체의 의미에 주의를 기울여야 함은 두말할 나위가 없다. 구약성경에는 알레고리로 의도된 본문이 여럿 있다. 그 중에서 요담의 우화, 나단의 비유, 이사야의 포도원의 노래를 살펴보도록 하자.

---

[5] Caird, *The Language and Imagery of the Bible*, 165.

4. 요담의 우화

"세겜 사람들아 나를 들으라
그리하여야 하나님이 너희를 들으시리라
하루는 나무들이 나가서
기름을 부어 왕을 삼으려 하여
감람나무에게 이르되
너는 우리 왕이 되라 하매

감람나무가 그들에게 이르되
나의 기름은 하나님과 사람을 영화롭게 하나니
내가 어찌 그것을 버리고 가서
나무들 위에 요동하리요 한지라

나무들이 또 무화과나무에게 이르되
너는 와서 우리의 왕이 되라 하매
무화과나무가 그들에게 이르되
나의 단 것, 나의 아름다운 실과를
내가 어찌 버리고 가서
나무들 위에 요동하리요 한지라

나무들이 또 포도나무에게 이르되
너는 와서 우리의 왕이 되라 하매
포도나무가 그들에게 이르되
하나님과 사람을 기쁘게 하는 나의 새 술을
내가 어찌 버리고 가서
나무들 위에 요동하리요 한지라

이에 모든 나무가 가시나무에게 이르되
　　너는 와서 우리의 왕이 되라 하매
　　가시나무가 나무들에게 이르되
　　너희가 참으로 내게 기름을 부어 너희 왕을 삼겠거든
　　와서 내 그늘에 피하라
　　그리하지 아니하면 불이 가시나무에서 나와서
　　레바논의 백향목을 사를 것이니라"(삿 9:7-15).

　사사 기드온이 죽은 후 세겜에 있는 기드온의 첩이 낳은 아들인 아비멜렉이 세겜 사람들을 현혹하여 이들의 마음을 샀다. 그리고는 기드온의 아들 70인을 죽이고 스스로 세겜의 왕이 되었다. 이때 기드온의 아들 가운데 오직 요담만이 무사히 피신할 수 있었다. 요담이 형제들이 죽고 아비멜렉이 세겜의 왕이 된 것을 듣고는 세겜인들에게 이와 같은 우화로 그들의 결정의 어리석음을 풍자하고 있다.

　우화란 용어는 동물이나 식물이나 심지어는 무생물을 인간적인 동기나 열정을 지닌 존재로 등장시켜 도덕적 명제나 인간 행동의 원리를 예증하는 짧은 이야기를 가리킨다. 여기서는 아비멜렉이 저지른 행동과 상황을 풍자하는 의도로 우화를 이용하고 있다.

　나무들은 자기들을 다스릴 왕을 찾고 있었다. 감람나무와 무화과나무와 포도나무는 왕으로 추대를 받았음에도 이를 거절하였다. 각자 자기에게 주어진 좋은 것들 때문에 그것을 버리고 공연히 나무들 위에 군림하여 "요동할 필요가 무엇이 있느냐"는 태도였다. 실제로 고대 근동 아시아에서 이 세 나무는 매우 중요한 과실수였다. 이것은 오늘날까지도 마찬가지이다. 나름대로 생산성이 있는 나무들은 정치적 권력을 추구하지도 않을 뿐 아니라, 왕의 자리가 주어졌을 때도 이를 거부하였다.

 반면에 가시나무는 왕의 자리에 앉을 가능성이 주어지자, 이를 움켜 잡았을 뿐 아니라 자기에게 대항하는 이들을 가만히 놔두지 않겠다고 협박하고 있다. 사실상 가시나무는 봄에 아름다운 꽃을 제외하고는 아무런 열매도 맺지 않는다. 더욱이 가시가 많기 때문에 꽃조차도 꺾기 힘들다. 그렇다면 아무 쓸 데도 없는 나무이다. 따라서 오래전부터 가시나무는 위에서 언급한 세 나무들과는 정반대되는 식물로 언급된다. 그런데도 가시나무는 지키지도 못할 보호의 약속을 늘어 놓고 있다. "내 그늘에 피하라." 사실상 가시나무는 그늘이라고 제공할 것이 없다. 단지 현재의 형편에서 자족하지 말고 나와 자기에게로 오라는 의미일 것이다. 어찌되었든간에 요담은 왕권과 연관된 표현을 통해 가시나무의 제안의 어리석음을 풍자하고 있다.
 고대 근동 아시아의 왕권 이데올로기에서는 왕의 보호 기능을 왕의 그늘로 표현한다.[6] 앗시리아인들의 궁중 편지를 보면 왕의 보호 아래 여행하는 자를 "그의 그늘 안에" 있는 자로 표현하는 구절이 나온다. 구약에서는 하나님의 보호하심을 그늘로 표현한다(시 17 : 8).
 더욱이 가시나무는 자신의 왕권을 인정하지 않는 자를 불로 사르겠다고 위협한다. "그리하지 아니하면 불이 가시나무에서 나와서 레바논의 백향목을 사를 것이니라." 여기서 레바논의 백향목이란 열왕기하 14 : 9에 비추어 보면 자족하는 왕들을 가리키는 은유로 많이 쓰이고 있다. "이스라엘 왕 요아스가 유다 왕 아마샤에게 보내어 이르되 레바논 가시나무가 레바논 백향목에게 보내어 이르기를 네 딸을 내 아들에게 주어 아내를 삼게 하라 하였더니 레바

---

[6] J. A. Soggin, *Judges*, OTL(London : SCM, 1987), 176.

논 들짐승이 지나가다가 그 가시나무를 짓밟았느니라."

왕이 될 자격도 없는 자가 스스로 왕이 되고, 지키지도 못할 약속을 남발하면서, 허세까지 부리는 모습을 알레고리로 풍자화하고 있다. 더욱이 세겜인들은 별 볼일 없는 가시나무의 그늘을 믿고 그에 의지하는 우를 범하고 있다. 이들이 아비멜렉과 언약을 맺고 받으리라고 기대하는 축복보다는 저주가 많음을 놓치고 있다. 이를 요담은 알레고리로 풍자한 다음 이 같은 저주를 명시화하고 있다. "만일 너희가 오늘날 여룹바알과 그 집을 대접한 것이 진실과 의로움이면 너희가 아비멜렉을 인하여 즐길 것이요 아비멜렉도 너희를 인하여 즐기려니와 그렇지 아니하면 아비멜렉에게서 불이 나와서 세겜 사람과 밀로 족속을 사를 것이요 세겜 사람들과 밀로 족속에게서도 불이 나와서 아비멜렉을 사를 것이니라"(삿 9 : 19-20).

요담은 이 같은 알레고리로서 자기가 당한 일을 자신의 앞으로의 목적에 가장 맞는 방식의 언어로서 표현할 수 있게 된 것이다. 객관적인 나무의 이야기를 통해서 자신이 전하려는 도덕적 메시지를 더욱 구체화시킬 수 있었던 것이다. 이렇게 알레고리는 요담이 전달하려는 세겜인에 대한 비판과 아비멜렉에 대한 풍자를 생동감 있고 자연스럽게 만들어 주는 표현 장치이다. 그러나 이 같은 알레고리는 직접적인 효과를 거두는 데는 실패하였다. 세겜인들이 요담의 우화를 듣고도 아무런 변화도 보이지 않고 있다. 비교가 제대로 되지 않았다든지 그런 유비에 의한 논증은 구식이라든지 하는 식으로 얼마든지 콧방귀를 낄 수 있었기 때문이다.

그러나 이 같은 요담의 실패는 성경 내레이터의 성공이다. 세겜인들이 요담의 말을 듣고 변화하지 않았기에 결국은 세겜인들과 아비멜렉이 나중에 서로 싸우다 함께 멸망하기 때문이다. 내레이터는 요담의 우화를, 그것이 비록 소기의 목적을 달성하지는 못했지만, 내레이터가 이야기하려는 주제를 더욱 극화하고 사건의 전개를 끌고 나가는 원동력으로 쓰고 있다.

5. 감추어진 알레고리

"여호와께서 나단을 다윗에게 보내시니 와서 저에게 이르되
한 성에 두 사람이 있는데 하나는 부하고 하나는 가난하니
그 부한 자는 양과 소가 심히 많으나
가난한 자는 아무것도 없고
자기가 사서 기르는 작은 암양 새끼 하나뿐이라
그 암양 새끼는 저와 저의 자식과 함께 있어 자라며
저의 먹는 것을 먹으며 저의 잔에서 마시며
저의 품에 누으므로 저에게는 딸처럼 되었거늘
어떤 행인이 그 부자에게 오매
부자가 가지의 양과 소를 아껴
자기에게 온 행인을 위하여 잡지 아니하고
가난한 사람의 양 새끼를 빼앗아다가
자기에게 온 사람을 위하여 잡았나이다"(삼하 12 : 1 – 4).

다윗은 우리아의 아내 밧세바와 동침하여 아이를 잉태케 한 후에, 이 스캔들이 자신의 소행임을 알게 될 것을 두려워한 나머지 결국은 우리아를 죽이는 죄악을 범하였다. 다윗은 요압에게 우리아를 죽일 것을 교사하였으며, 이런 일을 악하게 생각하지 말라고 하였다(삼하 11 : 25). "이 일을 악하게 생각하지 말라"(한글 개역성경에는 "이 일로 걱정하지 말라"로 되어 있다). 그러나 여호와의 눈에는 다윗의 소위가 악하기 그지없었다. 이에 선지자 나단을 보내셨다. 나단은 한 가지 비유(알레고리)를 들었다. 물론 이 비유는

그 자체가 허구라는 사실을 알려 주는 어떤 암시도 없다. 우리는 이런 비유를 감춰진 비유(veiled parable)라고 부른다.[7] 따라서 다윗은 이 비유가 자신의 이야기라고는 꿈에도 생각하지 못했으며 실제 다른 이에게 있었던 역사적인 이야기로 이 비유를 받아들였던 것이다. 따라서 직접적으로 자기의 이익과 관련이 없는 것처럼 느꼈기에 경계심을 늦추고 편안히 이야기 속으로 빨려 들어갈 수밖에 없었다.

나단의 비유 첫 부분에는 등장 인물이 소개된다. 등장 인물은 한 성에 사는 두 사람이다. 원문에 보면 둘과 하나라는 수사가 문장의 처음과 끝에 나와 대조되고 있다.[8] 둘이 한 성에 살면, 한 공동체에 속한 것이다. 그렇다면 어떤 공통점이 있을 것 같으나, 그렇지 않다. 오히려 매우 대조적이다. 한 사람은 부유하고, 한 사람은 가난하다.

비유의 두번째 부분은 이 같은 대조를 확대, 부연 설명하고 있다. 대조점은 가지고 있는 가축의 수이다. 부자는 매우 많은 양과 소를 가지고 있다. 반면에 가난한 자는 아무것도 가지고 있지 않다. 오직 자기가 산 작은 양 새끼 한 마리뿐이었다. 더욱이 부자에게는 많은 재산이 원래의 소유이나, 가난한 자에게 양 새끼 한 마리는 돈을 주고 산 유일한 재산이었다.

더욱이 그 암양 새끼는 그저 재산에 지나는 것이 아니었다. 암양 새끼는 한마디로 딸과 같은 존재였다. 그 이유를 5개의 동사로 설명하고 있다. 우선 가난한 자는 암양의 생명을 돌보았으며, 자신과

---

[7] M. Sternberg, *The Poetics of Biblical Narrative : Ideological Literature and the Drama of Reading*(Bloomington : Indiana Univ. Press, 1987), 429.

[8] שְׁנֵי אֲנָשִׁים הָיוּ בְּעִיר אֶחָת

자신의 아들과 함께 자라나게 하였다. 암양 새끼는 그의 떡을 먹으며, 그의 잔에서 마시며, 그의 품 안에서 잠을 잤다. 여기에 삼인칭 남성 단수 대명사 접미사 "그의"(ㄱ)가 6번이나 쓰이고 있다. 더욱이 아들과 딸이 대칭을 이루면서, 암양이 가난한 자에게 거의 아들의 위치에 상응하는 딸 같은 존재임을 보이고 있다.

가난한 자는 마치 식구처럼 암양을 돌보았음을 볼 수 있다. 포컬만은 여기서 "가난한 자의 부"를 말하고 있다. 이에 반해 부한 자가 가난한 자의 양을 빼앗는 마지막 부분을 "부한 자의 가난"으로 설명한다.[9] 이 두 사람이 함께할 수 없는 이유가 여기에 있다. 부한 자는 이기주의와 권력 남용의 벽을 쌓고, 가난한 이웃의 약한 점을 이용하고 있다. 부한 자의 이기심은 자기 소유의 노예가 되어 있기에 양 한 마리도 아까워하고 있다. 손님이 찾아온 것은 부한 자도 이제 남과 접촉하고, 함께 나누고, 친밀하게 지낼 기회가 다가온 것이다. 그러나 부자는 이 같은 기회를 인식하지 못했다. 오히려 문제점으로 인식한 것이다. "내 양을 한 마리 잡을 것인가, 말 것인가?"

결국 부자는 자신의 가축 중에서 한 마리 잡는 것을 아까워했다. 결국 이것을 거꾸로 이야기하면 가난한 자를 불쌍히 여기지 아니했음을 의미한다. 다윗은 후에 이 이야기를 듣고 "저가 불쌍히 여기지 않고 이 일을 행하였으니 그 양 새끼를 사 배나 갚아 주어야 하리라"고 선언하고 있다. 결국 아까워하는 이기적 마음은 결국 남을 상처 주고 손해 나게 하는 것이다.

---

[9] J. P. Fokkelman, *Narrative Art and Poetry in the Books of Samuel*, vol. 1, King David,(Assen : Van Gorcum, 1981), 75.

나단의 비유는 매우 효과적으로 서술되고 있다. 나름대로의 가치관과 세계관을 지닌 이야기로서 그 자체만으로 완벽하고 일관된 스토리이다. 더욱이 다양한 테크닉에 의해 구성된 이야기임에도 불구하고 다윗이 그 사실성이나 역사성을 의심하지 않았다. 이 이야기를 들은 다윗은 몹시 화를 냈다. 그는 하나님의 이름으로 맹세하면서 부자에게 사형을 선고하였다. "이 일을 행한 사람은 마땅히 죽을 자라." 그리고 양을 네 배로 갚아야 한다고 했다. 다윗은 그것이 자신을 가리키는 이야기인 줄 몰랐기에 이같이 선언을 한 것이었다. 이것이 바로 나단이 바라는 바였다. 만일 이 비유가 다윗의 행동을 가리키는 것인 줄 다윗이 눈치챘다면 이렇게 선언하진 않았을 것이다.

마침내 진실의 순간은 오고 말았다. 나단은 다윗에게 "당신이 바로 그 사람이오"라고 밝힌다. 이때에야 비로소 다윗은 그 이야기가 바로 자신의 이야기임을 알아차린다. 그러나 때는 너무 늦어 발을 뺄래야 뺄 수가 없었다. 결국 자승자박의 꼴이 된 셈이다.

독자들은 이미 나단의 비유가 다윗의 밧세바 에피소드를 가리키고 있음을 알 수 있다. 따라서 화자─독자 레벨에서는 다음과 같은 등식이 성립한다.

　　부한 자─다윗
　　가난한 자─우리아
　　암양─밧세바
　　많은 소와 양─하렘(궁중의 후궁들)

물론 비유는 모든 요소가 실제 다윗─밧세바 이야기의 요소와 일대일로 대응되는 것은 아니다. 그러나 비유내의 두 가지 요소가 실제 이야기를 암시하고 있다. 암양 새끼는 마치 딸(바트 : bat)[10] 같다고 했는데, 이 요소는 밧세바(바트-셰바 : bat-šeba')[11] 를 암시한다. 또한 암양은 주인의 떡을 함께 먹고, 잔을 함께 마시고, 그의 품안에서 잤다고 했는데, 이 세 동사는 우리아가 아내와 누리기를 거부한 세 동사와 같다.[12] 밧세바는 우리아에게 사랑스런 아내였다. 이에 다윗은 어떻게 하면 우리아로 하여금 아내와 함께 먹고, 마시고, 동침하도록 할 수 있을까 온갖 수단을 다 썼으나 실패하고 말았다.

나단은 다윗으로 하여금 자신의 잘못을 시인하도록 하기 위해 지혜로운 방법을 택하였다. 다윗에게 남아 있는 양심에 호소하는 방법을 택했다. 더욱이 처음에는 다윗을 언급하지 않음으로써, 다윗이 의심을 갖지 않고 자기의 감정을 드러낼 수 있도록 한 것이다. 결국 다윗은 나단의 비유가 허구요 꾸민 것이라는 사실을 알았다. 그러나 비유의 허구적 성격에 오도되지 않았다. 처음에는 실제로 일어난 일인 줄로 알고 있었기 때문이다. 비록 이것이 꾸며진 이야기라 하더라도 진리를 전달할 수 있는 것이다. 왜냐하면 나단의 비유는 다윗의 역사적 실재를 보여 주고 있지는 않지만, 그의 실존적 실재를 보여 주고 있기 때문이다.

결국 나단의 알레고리는 다윗의 양심에 호소하여 자기 죄를 고백할 수 있도록 자연스럽게 유도하는 효과를 거두었다. "말 한마디로 천냥 빚을 갚는다"는 옛 속담이 있다. "아" 다르고 "어" 다르다는 말도 같은 이치이다. 경직되고 직선적인 언어는 소기의 목적

---

[10] בַּת
[11] בַּת-שֶׁבַע
[12] Fokkelman, *NAPS*, vol. 1, King David, 78-79.

을 달성하기가 어렵다. 상대방의 체면을 세워 주면서 부드럽게 접근할 때에 더 많은 효과를 거둘 수가 있는 것이다. 만일 나단이 다짜고짜로 다윗에게 접근하여 정죄를 선언하였다면, 다윗의 반응은 어떠했을까? 역사에서는 "만일"이라는 가정이 성립될 수 없는 것이 사실이다. 그러나 이렇게 했다면 다윗이 그렇게 고분고분 자신의 죄를 고백했을는지는 의문이다.

그렇다고 해서 나단의 비유가 정면적인 비판보다 비난의 정도가 낮은 것으로 본다면 오해이다. 다윗은 자기 이야기인 줄 모르고 그런 일을 행한 자는 죽어야 마땅하다고 큰소리를 쳤다. 얼마나 우스꽝스러운가! 결국 다윗을 우스꽝스럽게 만듦으로써 나단의 비유는 비난의 정도를 핵폭탄에 가깝도록 증폭시킨 것이다.

나단의 알레고리는 이런 점에서 나단의 목적을 성취시킨 트로이의 목마라고 할 수 있다.[13] "두 사람이 한 성에 살고 있었는데, 하나는 부자고 하나는 가난하니." 마치 다윗과는 아무 상관도 없는 이들의 이야기처럼 비유는 시작되고 있다. 다윗은 경계심을 늦추고 푸근한 마음으로 이 이야기에 귀를 기울인다. 나와 관련된 것이 아니니, 객관적으로 이야기를 들을 수 있는 공간이 생긴 것이다. 그러다 보니 이야기를 끝까지 아무 낌새도 채지 못하고 다 듣게 된다. 목마를 트로이 성 안에 가져다 놓은 것이다. 그러나 이것이 문제였다.

목마의 문이 열리는 순간 트로이가 함락된 것처럼, 이야기를 아무 상관없는 태도로 듣다가 별안간 그것이 자기 이야기로 바뀌면서 다윗의 삶이 벌거벗긴 채로 드러나는 순간 다윗은 함락당할 수

---

[13] 이것을 트로이의 목마로 비유한 사람은 클라렌스 조르단이라고 한다. 예수님의 비유를 트로이의 목마의 관점에서 잘 해석한 책으로는 팀머의 하나님 나라 방정식이 있다.

밖에 없었다. "내가 여호와께 죄를 범하였노라"(삼하 12:13). 이것이 비유와 알레고리의 힘이라 할 수 있다.

제4부

수사법과 의미

14
수사법에 유의하라

1. 파블로프의 개

    현대 언어학의 발달로 언어는 단일 의미체가 아니라 다중 의미체라는 점이 밝혀지게 되었다. 인간이 사용하는 대부분의 언어들은 하나의 의미만을 갖는 기호들, 즉 단일 의미체(monosemy)로 이루어지지 않으며, 여러 층의 의미를 품고 있는 언어 기호들, 즉 다중 의미체(polysemy)로 이루어져 있다. 단일 의미를 갖도록 만들어진 기호를 신호라고 한다. 교통 신호에서 "파란 등"은 가라는 단일 의미만을 지닌다. 만일 파란 신호등이 상황에 따라 여러 가지 의미를 갖도록 만든다면, 도로는 순식간에 마비될 것이다. 비나 눈이 내려 교통 신호등이 망가진 도로에서 서로 먼저 가려고 튀어나오다가 뒤죽박죽이 되어 아무도 가지 못하는 상황을 우리는 누구나 한두 번쯤은 겪었으리라. 이를 겪어 본 사람은 신호가 단일 의미만을 가져야 한다는 데 이의를 달지 않을 것이다.

    그러나 신호와는 달리 언어는 다중 의미로 되어 있다. 곰곰이 생각하고 찬찬히 들여다보지 않으면 의미 재생산은 불가능해진다. 그러나 현대인들은 이렇게 뜯어 보면서 반응을 보이는 상징 반응보다는 기계적인 신호 반응을 보이도록 무의식적으로 세뇌되고 있다. 현대의 상업 광고는 고도의 과학적 방법을 동원하여 광고에 노출되는 사람에게 상징 반응이 아닌 신호 반응을 일으키도록 유도하고 있다. 현대인이 상업 광고에 반응하는 모습은 거의 조건 반사적이라고 한다. 상업 광고 앞에서 현대인들이 파블로프의 개로 점차 변신하고 있음을 보는 것은 그리 유쾌한 일이 아니다.

이런 경향으로 심지어는 다중 의미로 이루어진 본문을 대할 때도 신호 반응을 일으킨다. 교인들은 주일날 예배당에서 주보를 받아 들고 설교 본문을 보면서 흔히 이렇게 말한다. "아, 이 본문! 그 의미는 이런 것 아니야? 목사가 오늘도 또 뻔한 이야기를 하겠지." 일사천리로 본문의 의미와 설교자의 마음을 읽어낸다. 물론 다양하고 심오한 의미를 지닌 본문을 늘 동일한 반복적 메시지로 환원시킨 해석자들의 오류도 있겠지만 현대인들이 신호 반응에 익숙한 이유도 있음직하다.

2. 상징 반응의 여운

그러나 인생의 묘미는 함축 의미와 이에 대한 상징 반응에 있다. 필자가 중학교 때 일이다. 크리스마스 즈음이었던 것 같다. 함께 모여 밤을 새며 재미있는 놀이를 하고 있었다. 한 예쁜 여학생이 내게 사탕 몇 개를 던지며 "지찬이, 너 먹어"라고 유독 내게 관심을 보이는 것처럼 보였다. 그때만 해도 순진한 소년이었던 필자는 그냥 무심코 던졌을지도 모르는 사탕 몇 개에 담긴 함축 의미로 가슴이 쿵쿵 뛰는 야릇한 감정을 몇 달씩 지니고 다녔다. 그 후에 그 여학생의 내게 대한 계속적인 관심이 없었던 것을 보면 그 사탕은 의례적인 것이었는지 모른다. 그 날 따라 내가 눈에 띄여 그냥 던진 것일 수도 있다. 그러나 25년이 지난 지금도 필자는 가끔 후회하고 있다. 왜 그때 신호 반응을 보이지 못하고, 무슨 뜻으로 사탕을 던진 것일까 요모조모 뜯어 보며 냉가슴만 앓는 상징 반응을 보였을까라고. 그러나 필자가 그때 적극적인 행동을 보였다 하더라도 성사될 가능성은 별로 없었다. 그리했더라면 지금까지 애틋한 감정은 간직하지 못했으리라. 함축 의미에 대한 상징 반응만이 삶에 아쉬움과 풍요를 가져다 주는 요소가 아닌가!

다행히도 최근에는 본문을 다의미체로 이해하려는 노력이 시도되고 있다. 단순히 본문이 가리키는 역사적 사건이나, 종교적 신학적 사상을 찾아 내면 독서가 끝났다고 보는 시각에서 떠나, 본문이 갖는 다양한 함축 의미, 전인격에 호소하는 본문의 다양한 의미 – 심리적, 심미적, 도덕적, 모형적, 은유적, 극적, 상징적, 문예적 의미 등 – 를 찾아 내는 것을 목표로 하는 새로운 독서법이 등장하였다.

따라서 우리는 성경이 다중 의미로 쓰여진 텍스트임을 인식하고, 다중 의미로 쓰여진 텍스트를 이해하는 눈을 키워야 한다. 함축 의미로 가득 찬 텍스트를 이해하기 위해서는 텍스트가 어떻게 의미를 창출하는지에 대한 이해가 있어야 한다. 특별히 성경은 문체가 매우 간결하기에 암시적이고 함축적이다. 성경 기자는 웬만해서는 드러내 놓고 도덕적 판단을 내리지 않는다. 만일 그렇게 했다면 무미 건조한 설교나 진부한 도덕 강연이 되었을 것이다. 이런 식으로는 독자들을 설득시키지 못한다. 고도의 설득의 기교를 동원하지 않고는 동서 고금의 독자들을 울리는 영원한 베스트셀러가 되지 못했을 것이다.

3. 수사법은 설득의 장치

문장은 그저 단어들의 합산이 아니다. 훌륭한 글, 독자를 감동시키는 글은 쓴 사람의 세밀한 계산에 의해 쓰여진 글이 대부분이다. 치밀한 구도와 정확한 언어의 선택이 없이는 독자를 설득시키지 못한다. 결국 성경 기자는 독자를 설득시키기 위해 다양한 기법과 기교를 사용하였다고 볼 수 있다. 이런 설득 언어 장치를 우리는 흔히 수사법이라고 부른다.

수사법은 내용이나 메시지와는 전혀 관계가 없는 장식적 요소라는 통념이 많이 깔려 있으나 이는 큰 오해가 아닐 수 없다. 수사법은 내용의 변화를 주지 않는 형식적 요소에 불과하다고 생각하는 것은 잘못이다. 내용과 형식은 일치하기 마련이다. 모든 사물은 형식을 빌어 자기의 존재를 주장한다. 그러므로 내용과 형식은 불가분리의 관계에 있다. 결국 형식과 관련된 수사법은 단지 형식에만 그치는 것이 아니라 내용과 불가분리의 관계에 있는 것이다.

수사법이란 저자가 자신의 의도가 무엇인지를 알리기 위해 본문 가운데 깔아 놓은 의미의 단서들이라고 정의할 수도 있다. 저자의 의도를 우리는 어떻게 알 수 있는가? 그저 본문을 읽고 난 후 느낀 첫인상으로는 저자의 의도를 말할 수가 없다. 우리는 저자의 의도를 본문 가운데서 찾아내야 한다. 본문에 나타나는 데이타를 근거로 제시할 줄 알아야 한다. 본문이 언어로 쓰여졌기에 언어적 데이타가 가장 중요한 데이타인 것만은 분명하다. 물론 언어의 층을 초월하는 요소가 없는 것은 아니다. 그러나 이 요소도 언어로 표현된다는 점을 잊어서는 아니된다.

저자들은 마치 동화나 위인전처럼 도덕적 명제를 직설적으로 제시하지 않는다. 성경의 기자들은 고도의 설득적 전략을 사용한다. 마음 푹 놓고 듣다 보면 어디로 끌려가는지 모르게 끌려가서 저자의 이야기를 끝까지 듣게 되고 그의 결론에 고개를 끄덕이게 만드는 고도의 전략을 사용한다. 저자는 독자를 위해 대신 직접적으로 교훈을 전달하지 않는다. 물론 때로는 저자가 직접 개입하기도 하지만, 이런 경우는 예외에 속한다. 저자는 독자들 스스로 본문 가운데 들어와 그 의미를 발견하고 스스로 판단을 내리도록 초대하는 전략을 사용한다.

예를 들어 아이러니를 들 수가 있다. 아이러니는 표면적 의미 이상의 의미를 가지고 있다. 그런데 성경 본문 안에 나타나는 등장 인물들은 때로는 이 의도된 의미를 놓치고 있다. 독자들은 이를 보고 내심 흐뭇하게 생각한다. 등장 인물이 모르는 것을 독자는 알고 있기 때문이다. 이렇게 저자들은 등장 인물 몰래 지식을 공유함으로써 독자들에게 아첨한다. 삼손은 들릴라와 사랑 게임을 하다가 그만 잠이 들었다. 잠이 든 사이에 삼손은 머리털을 잘리고 힘도 잃게 된다. 이를 모르고 잠에 골아떨어졌던 삼손은 들릴라가 블레셋인들이 공격해 온다는 고함 소리에 놀라 일어나면서 "내가 전과 같이 나가서 몸을 떨치리라"고 외친다(삿 16:20). 삼손은 힘이 계속 있는 줄 생각하지만 사실상 그렇지 않았다. 독자들은 이를 이미 알고 있다. 불쌍한 우리의 주인공 삼손만이 이 사실을 모르고 있었던 것이다. 여기서 독자들은 삼손의 어리석음을 비난하면서도 동정을 느끼게 된다. 독자들이 이 같은 감정을 느끼는 것은 저자의 통제의 결과이다. 저자는 독자들의 반응을 적절히 조절함으로써 등장 인물에 대해 자신과 동일한 판단을 내리도록 유도한다. 이것이 저자의 설득의 기술이요, 수사학적 기술이다.

암시적이고 함축적일수록 독자들은 설득을 당하기가 쉽다. 언제 끌려왔는지도 모르게 자연스럽게 저자의 판단과 해석에 고개를 끄덕이게 만드는 것이 바로 탁월한 설득력이다. 이런 설득의 장치로 아이러니, 풍자, 과장, 패러디 등을 쓴다. 이런 점에서 우리는 성경 본문에 등장하는 이런 수사법에 관심을 기울여야 한다.

15
아이러니에 주의하라

1. 예쁜 짓

어릴 때 장난을 치다가 부모님이 소중히 여기는 꽃병이나 액자를 깨뜨린 경험이 없는 사람은 없을 것이다. 이럴 때면 어머니가 눈을 흘기며 "예쁜 짓만 골라서 하누만" 하고 혀를 찬다. 이 말은 속뜻과 겉뜻이 반대로 되어 있다. 밉다는 뜻을 짐짓 예쁘다고 말하고 있다. 그럼에도 불구하고 이런 표현은 밉다는 말보다 훨씬 따끔한 꾸중의 효과를 드러내고 있다.

이러한 언어 표현을 보통 아이러니라고 한다. 겉으로 드러난 표현과는 반대의 뜻을 드러낸다고 해서 반어(反語)라 부른다. 못생긴 여인에게 "너는 그야말로 하나님이 내려 주신 최대의 선물이요 미의 화신"이라고 말한다 하자. 이 경우 하나님의 최대의 선물이요 미의 화신이라는 말 속에는 상대방의 못생김에 대한 비꼼이나 풍자의 뜻이 들어 있다. 비판적 의도를 속에 숨기고 시침을 떼는 것이다.

그렇다면 아이러니란 단도 직입적으로, 직설법으로 이야기하는 것이 아니라 우회적으로 말하는 것이다. 우회의 수법으로 직설법보다 더 큰 효과를 거두는 것, 그러니까 아이러니는 현실을 피하는 척하며 현실에 대해 무엇인가를 말하는 기법이다.

2. 에이론과 알라존

이러한 아이러니는 변장 또는 위장을 뜻하는 희랍어 에이로네이아(eironeia)를 어원으로 하고 있다. 고대 희랍인들은 그 에이로네이아를 바탕으로 해서 에이론(eiron)이라는 하나의 인간상을 만들어 내고, 대조적인 인물로 알라존(alazon)을 짝지워 희극에 등장시킨다. 알라존은 힘이 세고 거만한 강자지만 지적으로는 우둔하다. 반대로 에이론은 약하지만 영리하다. 에이론은 시치미를 잘 떼며, 실제보다 똑똑하지 못한 것처럼 행동한다. 반면에 알라존은 자기 기만적인 못된 허풍선이다.[1] 그래서 알라존이 표면적으로는 에이론을 억누르게 되지만 궁극적으로는 에이론이 승리를 거둔다. 에이론은 지는 척하면서 영리한 꾀로 강자 알라존의 허점을 찔러 필경은 그를 거꾸러뜨리고 마는 것이다. 에이론이 최후의 승리를 거두기까지 지는 척하고 있었던 그 태도는 그러니까 위장이라고 할 수 있다. 시침을 떼고 있었던 것이다.

결국 문예 작품에서 아이러니란 "표면적으로 지는 척 시침을 떼

---

[1] 신약성경에도 알라존이라는 단어가 등장한다. 디모데후서 3:1-2에 "네가 이것을 알라 말세에 고통하는 때가 이르리니 사람들이 자기를 사랑하며 돈을 사랑하며 자긍하며 교만하며 훼방하며"에서 "자긍하며"가 바로 알라존이다. 알라존은 알레(떠돌아 다니는 자)에서 나온 말로 플루타르크는 떠돌이 약장수를 가리킬 때 알라존을 사용하였다. W. Barclay, *The Letters to Timothy, Titus and Philiemon*, The Daily Study Bible(Edinburgh : St. Andrew Press, 1975), 185 참조.

면서 실질적으로 알라존을 거꾸러뜨리는 표현 방법"이라 할 수 있다.[2] 이때 시침 떼기는 알라존의 눈을 속이기 위한 위장술이다. 결국 이 시침 떼기가 노리는 것은 반전(反轉)의 효과이다. 뚱보를 날씬하다고 할 때는 그 말이 뚱보로 반전된다는 전제가 있는 것이다. 아이러니는 이 따끔한 반전 때문에 알라존을 정면으로 공격하는 논리적 비판보다 강한 호소력을 가지는 것이다.

이 세상에는 수많은 알라존이 있다. 횡포를 부리는 권력이나 금력, 타락한 세태와 가치관의 전도 현상은 알라존의 대표이다. 하나님의 통치를 믿지 않고 이를 거스릴 수 있다고 믿는 자도 마찬가지이다. 이러한 알라존들을 거꾸러뜨림으로써 독자로 하여금 스스로 이런 세계로부터 분리되어야 하겠다는 결심을 하도록 만드는 언어 장치가 바로 아이러니이다.

더욱이 아이러니는 그저 반어적이고 풍자적인 언어의 표현상의 장치에 그치는 것이 아니다. 아이러니를 형성시키는 원리는 우주적이고, 세계적이고, 인생론적이다. 진시황이 모든 수단을 동원, 불사약을 구하고자 했음에도 끝내 인간의 한계를 극복하지 못하고 죽고 만 것은 자연의 섭리를 벗어날 수 없었기 때문이다. 유한한 존재이면서도 인간의 운명에 도전한 것은 아이러니가 아닐 수 없다. 이런 것을 우주적 아이러니라고 한다.

---

[2] 아이러니는 이 점에서 역설(paradox)과 다르다. 물론 아이러니와 역설은 모두 모순 어법이라는 점에서 공통적이다. 그러나 아이러니는 표현 자체에는 모순이 없는데 반해 역설은 진술 자체가 모순을 지니고 있다. "살고자 하면 죽고, 죽고자 하면 산다"는 말은 역설이다. 표면적인 언어 구조가 모순이기 때문이다. 그러나 아이러니는 겉으로 드러난 표현과 내적인 의미 사이에만 모순이 있다. 이 점을 주의해야 한다.

성경에서도 아합은 전쟁에 나가면 죽을 것이라는 선지자의 경고가 있었음에도 불구하고 전쟁에 나아간다. 변장을 하면 피할 수 있을 것이라는 생각에 유다 왕 여호사밧에게 왕복을 입히고 자신은 평인처럼 변장을 하였다. 그러나 우연히 쏜 화살이 갑옷의 솔기 사이로 들어와 꽂히게 되어 아합은 전사하고 만다. 하나님이 결정한 것을 인간은 피할 수 없는 것이다. 그럼에도 불구하고 하나님의 작정에 도전한 것은 아이러니가 아닐 수 없다. 이런 아이러니를 신학적 아이러니라 부름은 어떨까? 물론 이것은 앞서 언급한 우주적 아이러니와 유사한 것은 사실이다.

아이러니는 관점에 따라 여러 가지 유형으로 나눌 수 있으나 흔히 언어적 아이러니와 구조적 아이러니로 나눈다. 언어적 아이러니를 진술의 아이러니라고 한다면, 구조적 아이러니는 사건과 상황의 아이러니라고 할 수 있다.

3. 언어적 아이러니

언어적 아이러니(verbal irony)란 화자가 외면상으로 명백히 단정하는 것하고, 은연중에 의도하고 있는 것이 다른 진술을 의미한다. 그 예로 오규원의 시 "마음이 가난한 사람"을 들 수가 있다.

성경에 가라사대 마음이 가난한 자에게 복이 있다 하였으니
2백억을 축재한 사람보다 1백 9십 9억을 축재한 사람은
그만큼 마음이 가난하였으므로
천국은 그의 것이요

1백 9십 9억원 축재한 사람보다 1백 9십 8억을 축재한 사람
또한 그만큼 마음이 가난하였으므로

천국은 그의 것이요

그보다 훨씬 적은 20억이니 30억이니 하는 규모로 축재한 사람은
다른 사람과는 비교가 안 될 만큼 마음이 가난하였으므로
천국은 얻어 놓은 당상이라.
　　　　　　　－오규원, 마음이 가난한 자에서－

위의 시의 진술을 액면 그대로 받아들인다면 1백99억이나 1백 98억을 축재한 사람이 천국 가고, 20－30억을 축재한 사람은 따놓은 당상으로 천국에 간다는 것이지만, 속뜻은 이와는 정반대이다. 더욱이 단순히 축재자만을 비판하는 데서 그치지 않고 모든 가치를 돈으로만 가름하려는 황금 만능주의의 세태 풍자로까지 발전하고 있다. 시인은 시침을 떼고 있지만 언어 표현 자체가 의미와 상충되고 있기에, 우리는 이런 유형을 언어적 아이러니라 부른다.

4. 미갈의 언중유골

"이스라엘 왕이 오늘날
어떻게 영화로우신지(마흐－니크바드 : mah-nikbad)[3]
방탕한 자가 염치 없이 자기의 몸을 드러내는 것처럼
오늘날 그 신복의 계집종의 눈앞에서
몸을 드러내셨도다"(삼하 6 : 20).

미갈은 다윗이 여호와의 법궤를 오벧에돔의 집에서 다윗 성으로 모셔올 때 다윗이 뛰놀며 춤추는 것을 보고 심중에 업신여겼다. 성경은 그 이유에 대해서 명백한 언급을 하지 않고 있다. 자신이

---

[3] מַה־נִּכְבַּד

아버지 사울에 의해 발디엘에게 아내로 주어졌을 때 다윗이 그 동안 자신에게 무관심했던 것에 대한 분노 때문인지, 다른 아내들을 얻고 그들을 사랑하는 데 대한 질투심 때문인지, 양자 모두인지 확실하지는 않다. 그러나 성적인 것이 부분적인 이유가 됨은 그가 다윗에게 한 말에서 찾아볼 수 있다. "이스라엘 왕이 오늘날 어떻게 영화로우신지(마흐-니크바드 : mah-nikbad) 방탕한 자가 자기의 몸을 드러내는 것처럼 오늘날 그 신복의 계집종의 눈 앞에서 몸을 드러내셨도다."

다윗에 대한 미갈의 차가운 태도는 다윗의 호칭 가운데 나타난다. 미갈은 "당신"이라고 하지 않고 이스라엘 왕이라는 공식 호칭을 써서 비난의 강도를 더하고 있다. "이스라엘 왕이 오늘날 참으로 영화로우시다"는 말은 정말 그렇다는 것이 아니다. "낮게 보였다"는 것을 짐짓 영화로우시다는 말로, 반대로 표현한 것이다. 즉 겉뜻과 속뜻이 전혀 다르게 사용되고 있다. 이것은 미갈이 "방탕한 자가 자기의 몸을 드러내는 것처럼 오늘날 그 신복의 계집종의 눈앞에서 몸을 드러내셨도다"는 이어지는 말 속에서 분명히 드러난다. 더욱이 내레이터는 미갈이 다윗을 심중에 업신여겼다고 분명히 밝히고 있다(삼하 6 : 16). 미갈은 이 같은 아이러니를 사용해서 직설법의 비난보다 경멸의 강도를 한층 높이고 있다. 자기 보기에 천하게 행동한 사람을 영화롭게 처신하였다고 시침을 뗌으로써 더 맹렬한 비난을 가하고 있는 것이다. 우리는 여기서 아이러니가 비판적 의도로 쓰이고 있음을 본다.

다윗이 이 같은 아이러니의 반전을 눈치채지 못할 사람이 아니었다. 이에 그는 미갈에게 대꾸하면서 "영화롭다"와 대조적인 용어인 "낮아지다"를 사용하고 있다. 한글로는 이 두 단어 사이의 대조 효과가 강하게 나타나지 않지만, 히브리어로는 분명히 드러난다. "영화롭다"는 히브리어론 무겁다(카바드 : kābad)⁴이며, "낮아지다"는 가볍다(칼랄 : kālal)⁵는 동사이다. 다윗의 대꾸를 눈여겨보자. "내가 이보다 더 낮아져서(칼랄 : kālal) 스스로 천하게 보일찌라도 네가 말한 바 계집종에게는 내가 영화로움(카바드 : kābad)을 받으리라." 미갈이 자기를 영화롭다고 한 아이러니에는 낮아짐으로의 반전이 있음을 안 것이다. 이에 다윗은 비록 미갈의 눈에는 낮아진다 하더라도 미갈이 언급한 계집종의 눈에는 높임을 받을 것이라고 되받아친다. 미갈의 아이러니가 담고 있는 반전을 완전히 역이용하는 모습을 볼 수가 있다.

5. 꿈의 대가

"요셉이 그들에게 가까이오기 전에
그들이 요셉을 멀리서 보고
죽이기를 꾀하여 서로 이르되
꿈꾸는 자가 오는도다
자, 그를 죽여 한 구덩이에 던지고
우리가 말하기를 악한 짐승이 그를 잡아먹었다 하자
그 꿈이 어떻게 되는 것을 우리가 볼 것이니라"(창 37 : 18
-20).

요셉이 부친의 심부름을 하기 위해 세겜에 나타나자, 형들이 멀리서 보고 "꿈의 대가가 오는도다"라고 말한다. 한글 개역 성경에는 "꿈꾸는 자"라고 되어 있으나, 히브리어 원문에는 "꿈의 대가" (바알 하할로모트 : ba'al haḥălōmôt)⁶라고 되어 있다. 겉뜻은 요셉

---

⁴ כָּבַד
⁵ קָלַל
⁶ בַּעַל הַחֲלֹמוֹת

을 추켜 세우고 있으나, 속뜻은 미움과 경멸이 담겨 있다. 요셉이 형들의 곡식단이 자기 곡식단에게 절을 하는 꿈을 꾸었다고 떠들고 다니자 형들은 이에 대해 강한 불만과 미움을 갖게 되었다(37 : 8). 더욱이 해와 달과 열한 별이 자기에게 절을 하는 꿈을 꾸었다는 이야기 앞에서는 형들은 견딜 수 없는 시기심을 느끼게 되었다 (37 : 11). "네가 참으로 우리의 왕이 되겠느냐 참으로 우리를 다스리게 되겠느냐"(37 : 8)고 한 형들의 반응은 그들이 요셉에게 냉소적이고 비판적인 시각을 가지고 있음을 단적으로 보여 주고 있다.

이에 부친의 눈이 미치지 못하는 곳에 요셉이 나타나자 "그를 죽여 구덩이에 던지자"고 모의한다. 그들의 목적은 20절에 잘 나타난다. "그 꿈이 어떻게 되는 것을 우리가 볼 것이니라." 자기들이 요셉의 발 앞에 무릎을 꿇는 것이 아니라 오히려 요셉이 자기들 손에 죽임을 당할 것이라는 강한 반발이 들어 있다. 요셉을 죽이면 꿈이 무산될 것이 뻔한데도 불구하고 형들은 요셉을 보고 "꿈의 대가"가 온다고 시침을 떼고 있는 것이다. 요셉에 대한 미움과 살의를 강력하게 자극하기 위해 "꿈의 대가"라는 아이러니를 사용하고 있음을 주목할 필요가 있다. 구덩이에 던져져 죽음을 당하고 큰 꿈이 무산될 처지에 놓인 자를 "꿈의 대가"로 부른 것은 그 꿈이 결국은 무산되고 말 것이라는 반전이 전제되고 있는 것이다. "우리 손에 죽음을 당하고 구덩이에 던져질 녀석이, 뭐? 우리가 그 앞에 절하게 될 주인이라고?" 하는 식의 정서가 깔려 있는 것이다.

6. 엘리야의 조롱

엘리야가 갈멜산에서 바알 선지자 450인과 대결을 벌이고 있었다. 바알 선지자들이 먼저 송아지를 잡아 나무 위에 올려 놓고 불의 응답을 바알에게 빌고 있었다. 아침 나절 내내 바알 신의 이름을 부르면서 응답해 달라고 빌어도 아무 응답이 없자 엘리야는 정오쯤에 이들을 조롱하기 시작하였다.

"큰 소리로 부르라
저는 신인즉
묵상하고 있는지
혹 잠간 나갔는지
혹 길을 행하는지
혹 잠이 들어서 깨워야 할 것인지……"(왕상 18:27).

450인의 선지자들이 바알의 이름을 부르면서 "바알이여 우리에게 응답하소서"라고 오전 내내 외쳤음에도 불구하고 아무런 응답이 없다면 바알은 참신이 아님이 분명하다. 그럼에도 불구하고 엘리야는 조금도 그런 기색을 내지 않고, 이방의 다신론주의자들의 신관에 따른 신들의 상황을 마치 객관적으로 묘사하듯 하고 있다.

우가릿 문헌을 보면 우가릿의 신들은 사람처럼 휴식을 필요로 한다. 바알루(성경에서는 바알)가 아직 살아 있다는 사실을 알게 된 일루(우가릿 신들 가운데 최고 신)는 다음과 같이 안도를 표한다.

"이제 내가 앉아 쉴 수 있으며,
내 영혼이 내 품안에 안식하리라."[7]

여기에 "앉다", "쉬다", "안식하다"는 동사는 인간들의 휴식에

---

[7] KTU 1.6 : III. 18-19.

도 사용되는 동일한 용어들이다. 더욱이 연회 중에 나이 많은 일루 신이 과음으로 잠에 떨어지는 모습이 나온다. 물론 그가 잠들었다는 명백한 언급은 나오지 않지만 깨어났다는 표현은 그가 잠이 들었거나 무의식 상태로 빠졌음을 보여 준다.[8] 더욱이 신들이 꿈을 꾼다는 표현은 우가릿의 신들이 잠을 잔다고 믿었음을 보여 주는 또 다른 단서가 된다.[9]

이것은 우가릿뿐 아니다. 고대 근동 아시아의 많은 민족들이 신들이 잠을 잔다고 믿었다. 당시의 다신론 사회의 사람들은 그들이 믿는 신들이 인간들과 거의 유사한 모습을 지녔다고 믿었다. 따라서 "묵상하고 있는지 혹 잠간 나갔는지 혹 길을 행하는지 모른다"고 조롱한 엘리야의 비꼼은 당시 바알 선지자들이 바알 신에 대해 갖고 있었던 객관적 기술이었을 가능성이 크다. 이들은 바알 신이 묵상하기도 하고, 잠깐 나가기도 하고, 길을 가기도 하고, 잠을 자기도 한다고 믿었을 것이다.

물론 엘리야의 입장에서는 이런 신은 참신이 아니다. 묵상하느라고, 길을 가느라고, 자기 백성의 기도에 응답하지 못하는 신이라면 어찌 그것을 참신이라고 하겠는가? 잠깐 나갈 때나 잠을 잘 때는 백성들의 기도를 듣지 못하는 신이라면 살아 있는 신이 아님이 분명하다. 이런 신이 과연 참신인가라는 경멸의 어조가 속에는 가득하다. 이런 신을 참신으로 믿고 섬기는 이들에 대한 날카로운 풍자가 담겨 있다. 그럼에도 불구하고 엘리야는 조금도 그런 내색을 하지 않고, 바알 선지자들이 바알 신이 그러하다고 믿는 대로 객관적으로 진술을 하고 있다.

---

[8] KTU 1.114 : 28.
[9] KTU 1.6 : III. 10f.

바알 선지자들은 알라존의 입장이라면, 엘리야는 에이론의 입장이다. 바알 선지자들은 자기들을 비판하는 엘리야가 얄밉기 짝이 없을 것이다. 그러나 엘리야가 시침을 떼고 있기에 반격을 할 수가 없다. 이것이 아이러니의 매력이요 효과다. 이에 바알 선지자들이 광란에 가까운 반응을 보인 것은 어쩌면 당연한 것인지 모른다. "이에 저희가 큰 소리로 부르고 그 규례를 따라 피가 흐르기까지 칼과 창으로 그 몸을 상하게 하더라"(왕상 18 : 28).

7. 구조적 아이러니

진술의 외적 표현과 내적 의미 사이의 괴리에서 기인하는 언어적 아이러니와는 달리, 구조적 아이러니는 전개되는 사건이나 상황상 등장 인물이 모르고 있는 것을 독자나 작가가 알고 있는 사건 구조에서 생기는 아이러니를 가리킨다.

모파상의 소설 목걸이는 구조적 아이러니의 예로 늘 언급되고 있다. 어느 하급 관리의 부인이 장관이 초청한 무도회에 참석하기 위해 부유한 친구로부터 보석 목걸이를 빌린다. 이 목걸이 때문에 아름다움이 돋보여 이 부인은 무도회에서 단연 돋보이고 많은 이의 찬사를 받는다. 그러나 집에 돌아와 보니 목걸이가 없어지고 말았다. 어쩔 수 없이 이 부인은 똑같은 목걸이를 사서 주인에게 돌려 준다. 그리고 빚을 갚기 위해 10년 동안 죽을 고생을 한다. 드디어 빚을 다 갚은 날, 목걸이의 주인에게 지난날의 사연을 이야기한다. 그런데 주인은, "어머, 그 목걸이는 가짜였는데"라고 말한다. 목걸이 주인의 이 말 한마디 때문에 그 전까지는 그렇지 않았던 이야기가 갑자기 통렬한 아이러니로 바뀐다. 한때의 허영심이 초래한 10년 동안의 모진 고생을 무의미한 것으로 만들어 버린 때문이다.

이렇듯 구조적 아이러니는 스토리의 전개상이나 상황에 의해 창출되는 관점의 불일치에서 기인하는 것이다. 따라서 구조적 아이러니를 흔히 상황적 아이러니 혹은 극적 아이러니로 부르기도 한다. 상황적 아이러니 혹은 극적 아이러니(dramatic irony)란 연극이나 내러티브 가운데서 등장 인물은 모르고 있는 사실을 독자와 작가가 함께 알고 있는 상황을 가리킨다. 등장 인물은 실제 상황에 부적절한 처신을 하고 있거나, 숙명적으로 결정되어 있는 것과는 정반대의 것을 예상하고 있거나, 실제로 일어나기는 하지만 기대와는 다르게 일어날 일을 예상케 하는 말을 할 때 우리는 극적인 아이러니를 느낀다.[10] 극적 아이러니는 여러 기능을 가지고 있다. 비판적 안목을 제시하기도 하고, 충격적 사건을 강조하기도 하고, 비극적 사건을 부각시키기도 한다.

(1) 현진건의 운수 좋은 날

"새침하게 흐린 품이 눈이 올 듯하더니
눈은 아니 오고 얼다가 만 비가
추적추적 나리는 날이었다."

인력거꾼 김첨지는 이 날 운이 좋게도 벌이가 좋다. 집에는 병든 아내가 그를 기다리고 있다. 계속 굵직한 손님을 이곳 저곳으로 실어 나르면서 그의 머리 속엔 돈벌 욕심과 아내에 대한 걱정이 교차한다. 일이 끝난 후 길가 선술집에서 오랜만에 포식을 하고 주정도 하고 아내에게 줄 설렁탕 한 그릇을 사 들고 오니 아내는 이미 죽어 있다.

---

[10] 아브람스, 문학 용어 사전, 144.

"설렁탕을 사다 놓았는데
왜 먹지를 못하니,
왜 먹지 못하니…….
괴상하게도 오늘은! 운수가 좋더니만……!"

독자는 김첨지가 모처럼 잡은 행운이 시간이 길어질수록 불행의 원인이 되는 것은 아닐까라는 아이러니를 예감하게 된다. 김첨지가 선술집에서 늑장을 부릴 때에는 이 같은 아이러니가 극적으로 고조된다. 그의 마지막 탄식을 들을 때에는 인간 욕망의 허망함, 가난, 운명의 아이러니를 느낀다.

8. 다윗의 스캔들

다윗은 궁전 옥상에서 목욕하는 여인을 보고 데려다가 동침한다. 이로 인해 그 여인은 잉태하게 된다. 다윗은 태어날 아이가 누구의 아이인지 모르도록 하기 위해 우리아를 불러들일 것을 획책한다. 다윗은 요압에게 우리아를 보낼 것을 명한다. 우리아가 오자 다윗은 안부를 묻는다.

"우리아가 다윗에게 이르매
다윗이 요압의 평안(샬롬 : šālôm)[11]과
군사들의 평안(샬롬 : šālôm)과
전쟁의 평안(샬롬 : šālôm)을 묻고"(삼하 11 : 7).

이에 대한 우리아의 대답이 있었을 것이 분명하나, 본문은 이를 기록하지 않는다. 아마도 다윗의 머리에는 이 대답이 들어오지 않

---

[11] שָׁלוֹם

앉을 것이다. 관심 밖의 일임을 보여 주는 놀라운 테크닉이다. 특별히 세 번이나 평안(샬롬)을 묻는 다윗의 질문은 당시의 아이러니컬한 상황을 형상화시키는 좋은 수사학적 테크닉이다. 실제로 전쟁의 상황은 아무런 이상이 없었다. 이상이 있는 곳은 바로 다윗의 집과 우리아의 집이었다. 다윗은 요압과 군사와 전쟁의 평안을 묻고 있으나, 실제로 대화를 나누고 있는 다윗과 우리아의 집에는 평안이 없었다. 이보다 아이러니컬한 일이 어디 있는가? 실제로 평안을 묻는 다윗이 평안을 깨고 있었다.

다윗은 우리아의 대답을 건성으로 듣고 빨리 하고 싶은 말을 내뱉는다. "네 집으로 내려가서 발을 씻으라"(8절). 여기서 핵심은 발을 씻으라는 표현이다. 이 표현은 다윗이 염두에 두고 있는 계책을 가리키는 환유법이다. "휴가를 내고 마음껏 즐기라." 우리아가 왕의 집에서 나온다. 우리아의 시점으로 왕의 집이란 표현은 성경 기자가 쓰고 있는 것 같다. 이에 왕의 식물이 뒤따라 나온다. 그러나 우리아는 왕의 집 문 앞에서 "그의 주의 신복들"과 함께 잠을 자고 자신의 집으로 내려가지 않았다. 여기서도 화자는 우리아의 시점을 보여 준다. 우리아는 다윗을 자신의 주로 충성하고 있다. 왕의 신복이 "우리아가 그 집으로 내려가지 아니하였나이다"(10절)라고 알린다. 이에 다윗은 "어찌하여 네 집으로 내려가지 아니하였느냐"고 묻는다.

이에 우리아는 고상하기 그지없는 대답으로 다윗의 말문을 막는다.

"언약궤와 이스라엘과 유다가 영채 가운데 유하고
내 주 요압과 내 왕의 신복들이 바깥 들에 유진하였거늘
내가 어찌 내 집으로 가서 먹고 마시고

내 처와 같이 자리이까
내가 이 일을 행치 아니하기로
왕의 사심과 왕의 혼의 사심을 가리켜 맹세하나이다"(삼하 11 : 11).

우리아는 충성스런 신복이 아닐 수 없다. 내레이터는 우리아가 다윗을 언급할 때 항상 "그의 주"라는 칭호를 쓰게 함으로써 그의 관점을 보여 주고 있다. 우리아는 다윗을 항상 자신의 주로 간주한 것이다. 언약궤가 영채 가운데 있는데 어찌 내가 집에 가서 쉴 수 있겠는가? 내레이터는 우리아로 하여금 언약궤를 언급하게 함으로써 다윗의 죄를 부각시키고 있다.

우리아가 다윗과 자기 아내와의 부정한 행동을 알았는지, 몰랐는지에 대한 언급은 없다. 만일 우리아가 몰랐다면 우리아는 단지 사실을 이야기하고 있는 것뿐이다. 휴가를 나와 즐기고 있는 자신의 처지와 전장에 있는 상관과 동료들의 열악한 처지를 단순 비교하고 있는 데 지나지 않는다. 그러고는 전장의 동료들이 누리지 못하는 특권을 혼자만 누릴 수 없다고 선언하고 있다. 그러나 독자는 다윗이 범한 죄를 알기에 여기서 아이러니를 느끼게 된다.

우리아는 자기 아내와 잘 수 없다고 선언한다. 그러나 이것을 다윗은 행한 것이다. "내가 어찌 내 집으로 가서 먹고 마시고 내 처와 같이 자리이까 내가 이 일을 행치 아니하기로 왕의 사심과 왕의 혼의 사심을 가리켜 맹세하나이다." 여기서 나라는 대명사가 강조되고 있음을 주목할 필요가 있다. 우리아의 단순한 선언은 독자들에게는 "나는 내 처와 같이 자지 않을 것이다. 그러나 너는 내 처와 함께 자지 않았는가?"라는 암시로 들린다. 더욱이 우리아는 자기를 해하려는 자의 삶과 혼을 가리켜 맹세한다. 여기에 아이러니가 배가되고 있음을 본다.

더욱이 우리아는 주인인 다윗에게 충성함으로써 오히려 생명이 단축된다. 스캔들을 숨길 가능성이 없어지자 다윗은 우리아를 영원히 제거하기로 결심하고 요압에게 우리아를 제거하라는 편지를 써서 우리아의 손에 들려 보낸다. 우리아가 다윗에 대한 충성 때문에 죽음을 당하게 되고, 더욱이 자기를 죽이라는 사형 언도장을 직접 전달하는 모습 속에 아이러니는 극에 달한다.

밧세바 에피소드에 이토록 많은 아이러니를 사용하고 있는 이유는 무엇인가? 다윗의 죄의 심각성을 부각시키려는 데 있다. 부하들은 전장터에 나가 있는데 한가롭게 부하의 아내와 동침하고, 충성스런 부하를 살해하도록 교사하고, 직접 사형 언도장을 들고 가도록 한 다윗의 죄는 용서받기 힘든 파렴치한 범죄임을 강조하는 데 목적이 있다.[12]

9. 아합의 비극

"이스라엘 왕이 여호사밧에게 이르되
나는 변장하고 군중으로 들어가려 하노니
당신은 왕복을 입으소서 하고
이스라엘 왕이 변장하고 군중으로 들어가니라……
한 사람이 우연히 활을 당기어
이스라엘 왕의 갑옷 솔기를 쏜지라
왕이 그 병거 모는 자에게 이르되
내가 부상하였으니 네 손을 돌이켜

---

[12] Bar-Efrat, *Narrative Art in the Bible*, 126-127.

나로 군중에서 나가게 하라 하였으나
이 날에 전쟁이 맹렬하였으므로
왕이 병거 가운데 붙들려 서서
아람 사람을 막다가 저녁에 이르러 죽었는데
상처의 피가 흘러 병거 바닥에 고였더라"(왕상 22 : 30, 34
-35).

등장 인물이 숙명적으로 결정되어 있는 것과는 정반대의 것을 예상하고 있음으로 생기는 아이러니를 우리는 아합의 생애의 마지막 순간에서 찾아볼 수 있다. 아합은 원래 이스라엘 땅이던 길르앗 라못을 아람에게서 빼앗고 싶었다. 이에 거짓 선지자들은 올라가면 하나님께서 승리를 줄 것이라고 예언한다. 반면에 미가야는 올라가면 죽게 될 것이라고 선언한다. 그러나 아합은 미가야의 말을 받아들이지 않는다. 올라가면 죽도록 결정되어 있음에도 불구하고, 아합은 얼마든지 신의 작정을 무너뜨릴 수 있다고 생각한다. 이에 왕복을 여호사밧에게 입히고 자신은 변장한다. 그러나 사건의 전개는 아합이 예상한 대로 움직이지 않는다. 아합이 변장하고 전투에 나갔음에도 불구하고, "한 사람이 우연히(특정한 목표 없이)[13] 활을 당기어 이스라엘 왕의 갑옷 솔기를 쏜지라." 이에 화살에 맞아 아합은 죽고 만다. 아합은 여호사밧에게 왕복을 입히고 자신은 변장함으로써 하나님의 예언을 거스리려고 하였다. 그러나 하나님께서는 우연도 자신의 장중에서 움직이심으로써 결국 그의 예언을 성취하신다. 하나님께서 한번 정하신 것은 누구도 거스릴 수 없다. 그러나 아합은 변장을 통해 이를 거스리려고 한다. 여기서 독자는 아이러니를 느낀다.

---

[13] לְחֻמּוֹ

아이러니는 단지 장식적인 요소가 아니다. 여기서 아이러니는 누가 세계를 다스리고 지배하는지를 잘 보여 주고 있다. 이스라엘을 지배하는 자는 아합 왕이 아니다. 이스라엘을 지배하는 진정한 왕은 하나님이시다. 이 같은 인식의 결여뿐 아니라 아합의 오만이 결국은 자신의 파국을 몰고 온다. 아합은 하나님의 경고를 무시한다. 단지 무시하는 정도가 아니라 하나님의 경고에 정면으로 도전한다. 여기에 아합의 비극이 있다. 그리스 비극에서도 비극적 결함의 하나는 자만이었다. 즉 인간으로 하여금 신의 경고를 무시하거나 중요한 도덕률을 어기게 하는 오만이었다.[14] 결국 아합의 오만이 자신의 파국을 가져오는 직접적인 원인이었다는 점에서 극적인 아이러니는 한층 고조된다.

10. 지속적 아이러니

한번씩 아이러니를 사용하는 것이 아니라, 의미의 이중성을 지속화하는 구조적 특징을 통한 아이러니를 말한다. 흔히 아이러니적인 등장 인물을 통해서 지속적 아이러니를 창출한다.

우리는 사사기 17-18장에서 미가라는 인물의 아이러니적인 말과 행동을 통해 지속적 아이러니가 창출되는 모습을 본다. 미가는 어머니에게 훔친 돈을 되돌려 주고 다시 받은 은 이백으로 신상을 만든다. 미가는 레위인을 만나서 해마다 은 열과 의복 한 벌과 음식을 주기로 하고 자신의 제사장을 삼는다. 미가는 자신의 미래가 이로 인해 확고히 보장되었다고 믿는다.

"레위인이 내 제사장이 되었으니

---

[14] 아브람스, 문학 용어 사전, 315.

이제 여호와께서 내게 복 주실 줄을 아노라"(삿 17 : 13).

미가는 제의적 수단을 통해 하나님을 조종할 수 있다고 생각하는 혼합주의적 신앙을 가지고 있었다. 따라서 자신의 미래에 대해 강한 확신을 가지고 있었다. 그러나 이것이 자신의 파멸의 시작임을 알지 못했다. 여기서 통렬한 아이러니가 드러난다. 어찌되었든 간에 이 점을 중심으로 사건의 전개가 완전히 달라진다.

단 지파가 기업을 얻기 위해서 땅을 탐지하러 다니는 중에 미가의 집에서 레위 소년의 음성을 듣고 무엇을 하느냐고 묻는다. 이에 레위인은 "미가가 여차여차히 나를 대접하여 나를 고빙하여(고용하여) 나로 자기 제사장을 삼았느니라"고 대답한다. 이에 단 지파 사람들은 이 제사장을 고용할 수 있는 인물로 여기게 된다. 후에 단 지파는 라이스로 가는 도중에 미가의 집에 이르러 제사장에게 미가의 보수보다 더 큰 보수를 제의한다. "제사장이 마음에 기뻐하여 에봇과 드라빔과 새긴 우상을 취하고 그 백성 중으로 들어가니라"(삿 18 : 20).

미가는 순식간에 그 동안 쌓아온 모든 희망을 한꺼번에 빼앗긴다. 미가는 단 자손에게 항의한다(삿 18 : 24 참조).

"내가 만든 신을 너희가 가져갔다!
그리고 제사장도.
너희가 이렇게 가버렸도다.
내게 남은 것이 무엇이냐?
그런데도 무슨 일이냐고 내게 반문할 수 있느냐?"

미가에게 있어서 신은 살아 계신 여호와 하나님이 아니었다. 그에게 신은 그가 만든 신이었다. "내가 만든 신을 너희가 가져갔다." 그가 제의 수단을 통해 조종할 수 있는 신이었다. 결국 그의 신은 절대적인 자유적 주권자가 아니었기에 그 어떤 인간이라도 제의 수단을 통해 통제할 수 있는 신이었다. 따라서 힘이 강한 단 지파에게 빼앗기는 것은 어쩌면 사필귀정이었다. 여기서 우리는 미가라는 인물을 통해 지속적인 아이러니가 산출되는 모습을 본다.

그러나 여기서 더 흥미로운 것은 미가 개인의 구조적 아이러니는 단 지파의 구조적 아이러니를 보여 주는 소우주(microcosm)라는 점이다. 단 지파 또한 미가와 동일한 혼합주의적 신앙을 버리지 못했다. 미가가 만든 신상과 에봇과 드라빔을 강제로 빼앗아 감으로 단 지파의 성소의(간접적) 창건자는 도적인 미가였다. 더욱이 단 성소의 제사장은 미가에게 고용되었던 삯꾼 제사장이었다. 이 점에서 성경 기자는 미가의 오류와 단 지파의 오류를 동일시하면서 강한 암시적 비판을 가하고 있다. 이 같은 암시적 비판은 아래의 애매한 진술 가운데 강하게 드러난다.

"단 자손이 자기를 위하여 그 새긴 신상을 세웠고……
이 백성이 사로잡히는 날까지 이르렀더라"(삿 18:30).

이 구절은 이 신상이 에브라임 산지 미가의 집에서 강제로 포로가 되어 옮겨진 것처럼 포로가 될 것임을 암시하고 있다. 결국 미가의 구조적 아이러니와 단 지파의 구조적 아이러니가 맞물리면서 사사기 17-18장 전체는 매우 풍자적인 어조를 드러내게 되었다. 우리는 이 같은 아이러니를 통해 이런 삶을 살아가는 이들이 겪게 될 비극적 결론에 대해 강한 경고를 받게 된다.

이렇게 아이러니는 독자로 하여금 스스로 이야기를 해석하도록 안내하는 수사학적 기법이라고 볼 수 있다.

　　이 기법들을 사용함으로써 독자에게 최소한 두 단계의 의미를 제시하며, 독자로 하여금 보다 높은 곳에 와서 살도록 초청한다. 이러한 재구성의 단계를 통해서 작업을 하면 독자는 부스(Booth)가 말하는 "유쾌한 직관의 도약"(a delightful leap of intuition)을 하게 된다. 다른 사람들이 놓친 것을 파악해 내는 비교할 수 없는 기쁨을 준다. 독자는 이야기의 등장 인물이 보지 못한 것을 찾아낸다. 그래서 아이러니는 "숨겨진 아첨"을 사용하는 설득의 기술을 통해서 독자를 내재된 저자와 결합시킨다.[15]

　　이렇게 되면 독자는 저자가 내린 결론을 마치 자기의 결론인 양 손쉽게 받아들인다. 아무런 저항도 없이. 독자는 저자에 의해 스토리에 나오는 인물들보다 우월한 자리에 앉아서 이들이 살고 있는 세계를 분명히 볼 수 있게 됨으로써 스토리 세계로부터 한 걸음 떨어져 올바른 도덕적, 영적 결론을 내릴 수 있는 것이다.

---

[15] 마크 알렌 포웰, 서사 비평이란 무엇인가 이종록 역(대한 예수교 장로회 총회 교육부편, 1993), 66-67.

16
풍자에 유의하라

1. 간 큰 남자

1995년도에 유행되는 풍자 가운데 "간 큰 남자 시리즈"가 있다. 아내에게 "여보, 아침밥 줄래" 하는 30대 남자, TV 앞에서 채널을 마음대로 돌리는 40대 남자, 아내가 외출하는데 "당신 어디 가? 나도 갈래" 하는 50대 남자는 간 큰 남자라는 것이다. 이는 남성의 외소화를 은근히 비아냥거리는 세태 풍자이다. 이런 관점에서 보면 풍자란 은폐된 현실을 드러내는 유용한 문예적 개념이라고 볼 수 있다. 그러나 이것만으로 풍자를 다 설명할 수는 없다.

그렇다면 풍자(satire)란 무엇인가? 아브람스의 정의를 들어 보자.

> 어떤 주제를 우습꽝스럽게 만들거나, 거기에 대한 재미, 멸시, 분노, 냉소 등의 태도를 환기시킴으로써 그것을 격하시키는 문학적 기법을 말한다. 희극은 웃음 그 자체를 목적으로 해서 유발하지만, 풍자는 조소를 유발한다는 점에서 이 두 가지는 구별된다. 즉 풍자는 웃음을 무기

로써 사용하고, 그것으로써 작품의 외부에 존재하는 어떤 과녁을 겨냥하는 것이다.[1]

위의 정의를 요약하자면 풍자는 "문예적 도구를 통한 역사적 인물과 상황 혹은 도덕적 죄에 대한 공격"이라고 정의할 수 있다. 다시 말해 풍자는 잘못이나 모순을 빗대어 비웃으며 폭로하고 공격하며 꼬집고 깎아내리는 일종의 수사법이다. 여기에 필수적으로 비판의 의도가 수반되며, 이 비판이 가져다 준 신랄미와 심각미가 있다. 그러나 풍자는 비판 자체가 목적은 아니다. 풍자는 조롱이나 책망을 통해서 인간의 악과 어리석음을 폭로하는 것이다. 따라서 풍자가의 목적은 긍정적인 것이다. 즉 인간의 악덕을 교정하는 것이다. 그러나 이를 달성하는 방법은 주로 부정적이다. 항상 누군가를 공격하는 데 바쁘기 때문이다.

2. 아이러니와 풍자

여기서 우리는 풍자를 쉽게 이해하기 위해 아이러니와 비교해 볼 수 있다. 아이러니와 풍자의 주된 차이는 풍자가 공격적인 아이러니라는 점이다. 풍자는 아이러니와 비슷하면서도 현실에 대한 부정적, 비판적 태도에 근거를 두고 성립하므로 아이러니보다 날카롭고, 노골적이며, 공격적 의도가 내재하고 있어 보다 직접적이고도 비판적, 폭로적이라고 할 수 있다. 아이러니가 은폐의 수단으로 성립되는 것에 비해 풍자는 보다 노골적이라 할 수 있다. 풍자라는 말은 사투라(satura), 즉 "잘게 썬 조각"이라는 말에서 유래되었다고 한다. 이런 점에서 풍자는 직설적이다. 따라서 프라이는 풍자에는 두 가지 요소, 유머와 공격의 대상이 필요하다고 말한다.

---

[1] 아브람스, 문학 용어 사전, 261.

"그러므로 두 가지 사실이 풍자에 필요하다. 하나는 공상 또는 그로테스크한 느낌, 부조리한 느낌에 근거를 둔 기지나 유머, 또 하나는 공격의 대상이다."[2]

그러다 보니 풍자가는 풍자하려는 요점을 분명하게 하기 위해 곡해, 단순, 과장을 하기도 한다. 따라서 풍자를 이해할 때는 이 점을 놓쳐서는 아니된다.

> 풍자가는 막강한 적대자들을 마주 대하기 때문에 과장할 수밖에 없다. 유쾌하지 못한 진리를 드러내는 데 불쾌감을 나타내는 대중, 관료들, 교사들, 이런 진리는 존재하지 않는다고 주장하는 작가들과 맞부딪쳐야 하기 때문이다.[3]

3. 성경에 풍자가 많은 이유

성경에는 풍자와 아이러니가 많이 등장한다. 그 이유는 성경이 산출된 이스라엘의 문화가 수치 지향적인 문화이기 때문이다. 흔히 문화는 수치 지향적인 문화와 죄책 지향적인 문화로 구분된다. 수치 지향적인 문화(shame-oriented culture)에서는 다른 사람들이 어떻게 생각하고 말할 것인가가 자신의 행동을 결정하는 데 가장 중요한 열쇠이다. 죄책 지향적인 문화(guilt-oriented culture)에서는 죄를 인정하고 그에 합당한 처벌을 받으면 범죄자는 언제나 사회 안으로 복귀할 수 있다. 반면에 수치 문화에서는 범죄는

---

[2] 노스롭 프라이, 비평의 해부, 임철규 역(한길사, 1993), 314.
[3] L. Feinberg, *Introduction to Satire*(Ames : Iowa State Univ. Press, 1967), 14. J. C. Holbert, "'Deliverance Belongs To Yahweh!' : Satire in the Book of Jonah," *JSOT* 21(1981), 61에서 재인용.

비판, 모욕, 거절로 이어진다. 따라서 이런 문화에서는 가장 무서운 것이 조롱이다. 우린 이런 모습을 히브리 성경에서 볼 수가 있다. 조롱거리가 되는 것보다 두려워하는 것은 없다. "하나님께 불러 아뢰어 들으심을 입은 내가 이웃에게 웃음받는 자가 되었으니 의롭고 순전한 자가 조롱거리가 되었구나"(욥 12:4). 이같이 수치심을 두려워하는 정서가 성경에 깔려 있기에 풍자와 아이러니가 그렇게 자주 나타나는 것이다.[4]

4. 현실 비판으로서의 풍자

특별히 풍자는 예언서에 많이 나타난다. 풍자나 예언은 모두 이상적인 것과 현실적인 것, 가능과 사실 사이의 강한 대조를 통해 미래를 더 바람직하게 만들자는 비전에서 나온 것이기 때문이다. 현실을 비판하고 현실보다 나은 대안을 제시하려는 것이 풍자와 예언 모두의 동기이다. 따라서 선지자들이 풍자를 많이 사용하고 있는 것은 충분히 이해할 수가 있다. 예언서에 깔려 있는 조롱조의 비판의 테크닉을 이해할 수 있는 가장 유용한 해석의 틀은 풍자이다.

그렇다고 풍자와 예언이 상호 호환적인 장르나 용어라는 말은 아니다. 단지 히브리 선지자들이 풍자의 성격, 특성, 테크닉, 주제, 패턴들을 드러내 보이고 있다는 것뿐이다. 따라서 선지자가 풍자라는 장르를 의도적으로 사용하고 있다는 것을 의미하는 것은 아니다. 이것은 또한 풍자라는 장르가 이미 선지자들 당시에 유행하던 장르라는 것도 아니다. 이런 장르가 의식적으로 사용되기 전부

---

[4] Thomas Jemielity, *Satire and the Hebrew Prophets*, Literary Currents in Biblical Interpretation(Louisville : Westminster, 1992), 26.

터 풍자의 기법을 사용할 수 있기 때문이다.

히브리 선지자들의 무기 가운데, 풍자는 주요 무기이다. 성경 예언의 메시지는 주로 비판이다. 현실의 모습이 선지자들에게 불만을 준 것이다. 풍자가의 무기 중 하나는 욕설(invective)인데, 성공하려면 문예적 재능이 있어야 한다.[5] 리듬 감각, 무한한 어휘력, 박식함 등이 있어야 한다. 또 하나는 해부학, 성이나 배설을 무기로 하는 풍자이다.

5. 풍자적 이름 짓기

선지자들은 자주 풍자적으로 이름을 지음으로써 비판적 어조를 드러낸다. 왕 아하시야가 사마리아에 있는 다락 난간에서 떨어져 병이 들자 에그론의 신에게 "이 병이 낫겠나 물어 보라"고 사자를 보낸다(왕하 1:2). 이에 엘리야는 "이스라엘에 하나님이 없어서 너희가 에그론의 신 바알세붑에게 물으러 가느냐"고 책망하면서 "네가 올라간 침상에서 내려오지 못하고 반드시 죽으리라"고 심판을 선언한다. 여기서 바알세붑(Baal-Zebub)은 바알과 제붑의 합성 명사이다. 바알은 "주"란 의미로 가나안 신 바알을 가리킬 수도 있고, 신에 대한 일반적 명칭일 수도 있다. 세붑은 "파리"를 가리킨다. 그렇다면 바알세붑은 "파리들의 주"란 의미이다.

---

[5] 호세아는 욕설을 잘 퍼부은 대표적 선지자이다. 호세아는 타락한 신앙에 동참한 이스라엘 백성을 가리켜 "완강한 암소"라고 불렀다(호 4:16, 10:11). 꿈쩍도 않는 암소의 이미지는 죄를 끊임없이 계속해서 지어대는 이스라엘을 보여주는 좋은 이미지이다. 더우이 호세아는 에브라임을 가리켜 "뒤집지 않은 전병"(a cake half-baked)으로 부른다(호 7:8). 이방 국가나 풍습과 혼합되어 거의 구분이 안 된다는 의미이다.

여기서 학자들은 두 진영으로 구분된다.

첫째, 바알세붑은 원래 에그론의 신이라고 보는 학자들이 있다. 이 에그론의 신은 병을 가져다 주는 파리를 내쫓는 능력을 가진 신이기에, "파리들의 주"라는 이름을 가졌다는 것이다. 헬라의 신 가운데 제우스 아포무이오스(Zeus Apomuios)가 "파리들을 쫓는 자"란 이름을 가진 것을 보면 잘 알 수 있다. 그렇다면 바알세붑은 병을 쫓는 건강의 신이었을 가능성이 있다. 그러나 여기서 문제는 아하시야가 일반적인 질병이 아니라 난간에서 떨어져 생긴 병인데, 바알세붑과 어떤 연관이 있느냐는 것이다.

한편 다른 학자들은 원래 에그론의 신의 이름은 "왕자 바알"이란 의미의 바알세불(Baal-Zebul)인데, 성경 기자들이 모욕적으로 이름을 바알세붑으로 변경하였다고 본다. 세불(Zebul)은 왕자란 의미임이 우가릿 문헌에서 확인되고 있다.[6] 신약에서 언급되는 바알세불은 "왕자 바알" 혹은 "바알은 왕자이다"의 의미로 해석할 수 있다(마 10:25, 12:24, 27; 막 3:22; 눅 11:15, 18, 19).[7]

만일 후자의 견해가 옳다면 바알세붑은 바알세불, "왕자 바알"

---

[6] 세불(Zebul)의 자음인 zbl은 우가릿 신화에서는 바알이 종종 zbl b'l 'arṣ(왕자, 땅의 주)로 명명되고 있다.

[7] 필자의 네덜란드 유학시 지도 교수였던 요하네스 드모어(J. C. de Moor)는 바알세붑(Fly Lord)이란 명칭은 바알이 괴물 파리들(귀신들)을 이기고 승리한 것을 상기시킨다고 주장한다. 우가릿 문헌 가운데 주문을 담고 있는 토판에는 바알이 괴물 파리의 형상을 한 귀신들을 몰아내 줄 것을 청원하는 내용을 담고 있다(KTU 1.82). 바알이 귀신들을 몰아내는 이 장면은 신약에서 예수께서 귀신들을 몰아내자, 바리새인들이 "이가 귀신의 왕 바알세불을 힘입지 않고는 귀신을 쫓아내지 못하느니라"고 한 비난과 직접적인 병행이 된다고 본다. J. C. de Moor, *An Anthology of Religious Texts from Ugarit*, NISABA 16(Leiden: E. J. Brill, 1987), 179, 183 참조.

을 모욕적으로 변경한 이름이다. 다른 곳에서와 마찬가지로 유머스럽고 모욕적인 단어 유희(wordplay)를 통해 에그론의 신을 풍자화하고 있다.

6. 드라빔의 처량한 신세

"라헬이 그 드라빔을 가져
약대 안장 아래 넣고
그 위에 앉은지라
라반이 그 장막에서 찾다가 얻지 못하매
라헬이 그 아비에게 이르되
마침 경수가 나므로 일어나서 영접할 수 없사오니
내 주는 노하지 마소서 하니라"(창 31:34-35).

라헬은 남편 야곱과 함께 아버지 집을 도망쳐 나오면서 아버지의 신인 드라빔을 훔쳐 가지고 나왔다. 이에 라반이 드라빔을 찾으러 추격을 나왔다. 라헬은 드라빔을 약대 안장 아래 넣고 그 위에 앉아서, 유혈이 있으므로 내려오지 못하겠다는 핑계를 댔다. 겉으로 볼 때는 라헬의 거짓말에 대한 단순한 이야기처럼 보이지만, 깊이 들여다보면 라반의 신과 야곱의 하나님 사이에 극명한 대조가 드러난다.

야곱의 하나님은 역사를 창조해 나가시는 역사의 주인이시다. 반면에 라반의 신인 드라빔은 아무것도 하지 못한다. 드라빔은 누구의 섬김을 받아야 할는지에 대해서도 선택권이 없다. 그저 끌려가는 대로 몸을 맡길 뿐이다. 심지어는 자신을 보호하지도 못한다. 오죽하면 유혈 중에 있는 여인의 보호를 받을 수밖에 없었겠는가. 이스라엘의 율법에서는 유혈 중의 여인은 부정한 것으로 간주되었다. 그럼에도 불구하고 라반의 신은 다른 선택의 여지가 없었다. 이 드라빔의 무능함에 독자들은 실소를 금할 수가 없다. 여기서 아이러니는 그 도를 넘어 풍자에 달하고 있다.

이 같은 나무로 만든 우상에 대한 비난과 조롱은 이사야서에서 정점에 이르고 있다.

"벨은 엎드러졌고 느보는 구부러졌도다
그들의 우상들은 짐승과 가축에게 실리웠으니
너희가 떠메고 다니던 그것은
피곤한 짐승의 무거운 짐이 되었다
그들은 구부러졌고
그들은 일제히 엎드러졌으므로
그 짐을 구하여 내지 못하고
자기도 잡혀 갔느니라"(사 46:1-2).

벨은 원래 하늘 신으로서 신들의 아버지였다. 느보는 마르둑의 아들로 경배되는 신으로, 신바벨론(갈대아)의 가장 중요한 신이었다. 이 신들에 의해 대표되던 갈대아는 몰락 직전에 있었고, 신전이 위태로워지자 신상들은 원래의 장소에서 떼내어져 짐승들에 의해 옮겨지게 되었다.[8]

여기서 한 가지 주목할 것은 신들과 백성들의 역할이 역전되고 있다는 점이다. 신들이 자기 신상을 구원해 내지 못하자, 백성들이 신상들을 구해 낼 수밖에 없었다. 아니 신상을 구원해 내기는커녕

---

[8] C. Westermann, *Isaiah 40-66*, OTL(Philadelphia : Westminster, 1969), 178.

자신도 그만 포로로 잡혀 가고 마는 신세가 된 것이다. 우상으로 대표되는 신들은 그런 것이다. 백성들이 몰락하는 순간에, 이 신들은 백성들의 짐을 덜어 주지 못한다. 오히려 짐을 더할 뿐이다. 여기에 이스라엘의 여호와 하나님과 이방 신의 차이가 있다. 지쳐 빠져서 싣고 다녀야 하는 신의 이미지에다 지치고 절망하고 있는 백성의 존재를 겹쳐 놓아 위의 장면은 아이러니를 넘어서 풍자로 발전하고 있다. 이렇게 빈정거리는 표현이 성경에 자주 나타나는 것에 대해 놀랄 필요가 없다. 자연계에는 신성한 권세들이 존재하지 않음을 보이기 위해 풍자에 의존하고 있는 것이다.[9] 이방신들은 이렇게 먼저 조롱의 대상이 되고 우스꽝스러운 존재가 되어야, 이 신들에게 불순종할 수 있는 것이다. 이렇게 되면 이방신은 약속을 하지도 못하고 충성을 요구하지도 못하는 존재로 전락하기 때문이다.

이방 신들과는 달리 여호와께서는 이스라엘이 몰락했을 때 이스라엘의 짐이 되는 그런 분이 아니시다. 오히려 이스라엘을 떠메어 주시고 안아 주시는 분이시다.

> "야곱 집이여 이스라엘 집의 남은 모든 자여
> 나를 들을찌어다
> 배에서 남으로부터 내게 안겼고
> 태에서 남으로부터 내게 품기운 너희여
> 너희가 노년에 이르기까지 내가 그리하겠고
> 백발이 되기까지 내가 너희를 품을 것이라
> 내가 지었은즉 안을 것이요
> 품을 것이요 구하여 내리라"(사 46 : 3-4).

---

[9] 작크 엘룰, 뒤틀려진 기독교(서울 : 대장간, 1994), 96.

그럼에도 불구하고 이런 여호와 하나님을 버리고 자기 자신도 보호하지 못하는 우상신을 섬긴 이스라엘의 잘못은 그냥 넘어갈 성질의 것이 아니다. 그러나 더욱 비극적인 것은 예수 그리스도의 십자가에 이르는 죽음의 충성을 경험한 그리스도인들조차도 맘몬의 우상 앞에 무릎을 꿇는 것이다.

7. 음식을 탐한 이삭

성경은 이삭이 에서를 사랑한 이유를 "에서의 사냥한 고기를 좋아하므로"(창 25 : 28)라고 밝히고 있다. 이삭이 에서를 사랑한 이유가 너무나 분명히 밝혀지고 있다. 반면에 리브가는 야곱을 사랑하였지만 이유가 드러나 있지 않다. 그저 "리브가는 야곱을 사랑하였더라"고만 밝히고 있다. 이삭의 경우는 이유가 너무나 구체적으로 밝혀진 데 반해, 리브가의 경우는 이유가 전혀 없어 아주 대조적이다. 더욱이 이삭이 에서를 사랑한 이유는 너무나도 인간적이다. 에서가 사냥한 고기를 좋아하는 것이 바로 에서를 사랑하는 이유였다는 점이니 말이다.

에서가 팥죽 한 그릇에 장자의 명분을 판 것을 보면, 어쩌면 부전자전인 듯싶다. 에서의 사냥한 고기를 좋아하는 이삭의 피가, 음식 한 그릇에 장자권을 판 에서에게 흐르고 있음을 볼 수 있다. 이삭은 장자에게 축복할 때도 사냥한 고기로 별미를 만들어 오면 축복하겠다고 할 정도로 별미에 집착하고 있었다. 이것이 자승자박이 될는지는 이삭도 몰랐다. 리브가가 이삭이 즐기는 별미를 만들어 야곱에게 들려 보내, 에서가 받을 축복을 도적질하게 하였기 때문이다. 이렇게 본다면 이삭이 에서가 사냥한 고기를 좋아하므로 에서를 사랑했다는 성경 기자의 논평은 풍자적인 이삭의 성격 묘사에 가깝다고 할 수 있다.

8. 성을 사용한 풍자

흔히 터부시하는 성과 배설을 등장시켜 제시하는 풍자와 예언만큼 쇼킹하고 우스꽝스러운 것은 없다. 이런 성과 배설을 주제로 한 풍자는 희생자들로 하여금 자신을 돌아보게 하는 약의 역할을 한다. 우상 숭배하면서 죄를 짓는 유다는 이웃의 암말을 눈여겨 보는 수말로 비유한다(렘 5:7-8). 예레미야는 이들의 죄를 해부학적으로 회화적이고 말도 안 되는 모습으로 그리고 있다. "그가 돌과 나무로 더불어 행음함을 가볍게 여기고 행음하여 이 땅을 더럽혔거늘"(렘 3:9).

예레미야가 우상 숭배에 열심하는 유다를 "어지러이 달리는" 성욕이 동한 암약대(렘 2:23)에 비유한 것은 예언자들의 이미지의 풍자적 힘이 어떤가를 잘 보여 준다.

"네가 어찌 말하기를 나는 더럽히지 아니하였다
바알들을 좇지 아니하였다 하겠느냐
골짜기 속에 있는 네 길을 보라
네 행한 바를 알 것이니라
너는 발이 빠른 젊은 암약대가
그 길에 어지러이 달림 같았으며
너는 광야에 익숙한 들 암나귀가
그 성욕이 동하므로 헐떡거림 같았도다
그 성욕의 때에 누가 그것을 막으리요
그것을 찾는 자들이 수고치 아니하고
그것의 달에 만나리라"(렘 2:23-24).

암약대들은 믿기 어려우며, 쉽게 동요되어, 어지러이 왔다갔다

한다. 한 방향으로 세 발자국 이상 떼어 놓지를 못한다고 한다. 따라서 지금까지도 젊은 암약대는 믿지 못할 것을 가리키는 극적인 예로 늘 언급된다. 이스라엘의 발자취에는 어떤 패턴도, 어떤 유형도 없었다. 유다의 행동은 예측 불가능 바로 그것이었다.

한편 성욕이 동한 암나귀는 광폭하다고 한다. 길바닥의 오줌 속에서 수나귀의 냄새를 맡기 위해 코를 길바닥에 대고 냄새를 맡는다. 그러다가 냄새가 나면 코를 진흙에 비비고, 고개를 든 후 오줌이 밴 흙을 크게 들이쉬면서 냄새를 맡는다. 그러고는 숨을 한번 크게 내쉰 후에 소리를 지르고는 쏜살같이 길을 내달아 수놈을 찾아낸다. 아람의 격언에는 "수놈의 오줌에 취했다"는 말이 있다고 한다. 이런 상황이기에 수나귀는 암나귀를 쫓아다닐 필요가 없다. 암나귀가 수나귀를 쫓는 데 혈안이 되어 있기 때문이다.

그런데 예레미야는 유다를 이런 짐승들에 비유하고 있다. 유다는 가나안의 신들을 쫓는 데 혈안이 되어 있으며, 완전히 노예가 되다시피했음을 잘 보여 주고 있다. 한편으로 유다는 똑바로 걷지 못하는 암약대 같은 반면에, 성적 만족을 위해서는 목표를 향해서만 질주하는 암나귀 같다. 암약대와 암나귀는 믿을 수가 없으며, 책임감도 없다.

이것은 유다에게는 엄청난 모욕이었다. 성욕의 때에 헐떡거리는 암나귀라니? 이보다 더 큰 조롱이 어디에 있는가? 점잖은 자리에서는 금기가 되어 있는 성적인 묘사로 유다를 조롱하는 예레미야의 의도는 어디에 있는가? 충격적인 풍자로 유다가 처한 비극적 현실을 정면으로 목도하려는 데 있다.

9. 모욕적 이미지

이스라엘을 유혹하는 거짓 신들을 묘사할 때 모욕적인 이미지가 등장하는 것은 어쩌면 당연한 것이다.

"내 백성이
그의 나무(his piece of wood)를 향하여 묻고
그의 막대기(his staff)는
저희에게 고하나니"(호 4 : 12).

여기서 나무와 막대기는 가나안 신의 상징이다. 가나안 신의 모습이 그려진 나무 신상인 것 같다.[10] 우리는 우선 여기서 대명사의 대조 가운데 통렬한 아이러니가 드러남을 주목할 필요가 있다. 나의 백성─그의 나무 / 막대기. 어떻게 역사와 언약의 율법을 통해 하나님을 안 하나님의 백성들이 그런 어리석은 풍습에 빠져들 수 있을까? 아무리 정신이 나가도 그렇지 어떻게 이런 미신적인 행동을 할 수가 있을까?

이에 대한 대답은 호세아 5 : 4에 나타나 있다. "저희의 행위가 저희로 자기 하나님에게 돌아가지 못하게 하나니 이는 음란한 마음이 그 속에 있어 여호와를 알지 못하는 까닭이라." 즉 음란한 마음 때문이라는 것이다.

이 점을 염두에 둘 때 우리는 나무와 막대기라는 병행 명사들이

---

[10] J. L. Mays 같은 학자들은, 나무란 나무 우상, 즉 가나안 신전의 제단 옆에 있는 아세라 신탁의 나무이며, 막대기는 던질 때 떨어지는 방식에서 신의 뜻을 알아 내는 용도로 쓰인 막대기일 수도 있다(겔 21 : 21 참조.)고 주장한다. J. L. Mays, *Hosea*, OTL(Philadelphia : Westminster, 1969), 73 참조.

남성의 성기(penis)를 가리키는 동의어라는 긴즈버그(Ginsberg)의 해석에 귀를 기울일 필요가 있다. 그렇다면 여기에 우상은 남근의 상징이거나, 아니면 나무 우상을 조롱조로 희화한 것이라고 볼 수 있다.[11] 사실상 가나안의 신들은 성의 신들(gods of sex)이다. 호세아는 나무 신상에게 지혜를 요청하는 이스라엘인들을 두 나무 남근(男根)에게 홀딱 빠진 음란한 여인으로 우스꽝스럽게 풍자하고 있는 것으로 볼 수 있다(합 2:18-19; 렘 10:3-5).

10. 현실 직시를 가능케 하는 풍자

아름다운 얼굴도 풍자 만화가의 손에 들어가면, 그 얼굴의 몇 가지 특징이 우스꽝스럽게 과장된다. 마찬가지로 선민 사상이나, 여호와의 날 같은 전통적 개념들도 풍자의 대상이 된다.

이스라엘은 하나님의 선택된 백성이라는 믿음을 가지고 있었다. 선민 사상은 이스라엘 신앙의 모퉁잇돌이었다. 그러나 선민 사상은 그 자체가 목적이 될 때 위험성을 내포하고 있다. 하나님의 택하심을 배타적인 특권으로만 인식할 때, 책임 의식이 사라지기 때문이다. 실제로 이스라엘은 하나님의 편애를 받는다고 느꼈고, 어떤 징벌로부터도 면제를 받는다고 생각하기 시작하였다. 이에 아모스 선지자는 선민 사상을 강하게 풍자화하고 있다.

"여호와께서 가라사대
이스라엘 자손들아
너희는 내게 구스 족속 같지 아니하냐

---

[11] F. I. Andersen and D. N. Freedman, *Hosea*, AB(New York : Doubleday, 1985), 366에서 재인용.

내가 이스라엘을 애굽 땅에서,
블레셋 사람을 갑돌에서,
아람 사람을 길에서 올라오게 하지 아니하였느냐"(암 9 : 7).

첫번째 질문 "이스라엘 자손들아 너희는 내게 구스 족속 같지 아니하냐"는 수사학적 질문이다. 자신들을 하나님의 특별한 선민이라고 생각하던 이들에게 이 같은 질문은 충격이 아닐 수 없다. 왜 하필이면 구스 족속을 비교의 대상으로 삼았는지 정확한 이유는 알 길이 없다. 구스는 에티오피아와 누비아 지역을 가리키는 구약의 용어이다. 그러나 구스족은 성경에 자주 언급되지 않는다. 모세의 애굽 아내가 구스족이었으며, 아론과 미리암이 그 여인이 구스족이라는 이유로 반대를 하고 있다(민 12 : 1). 한편 구스족은 이스라엘에서는 종과 환관으로 이따금씩 등장한다(삼하 18 : 21 ; 렘 38 : 7). "구스인이 그 피부를, 표범이 그 반점을 변할 수 있느뇨"(렘 13 : 23)라는 말 속에서도 구스족은 낯선 사람들임을 알 수가 있다. 이런 증거를 볼 때 구스족은 이스라엘이 노예 민족으로 알고 있는 먼 이방 족속이라고 결론지을 수 있다. 이런 점에서 이스라엘을 구스 족속과 비교하고 있는 것은 그 자체만 하더라도 모욕적인 것이다.[12] 그렇다면 하나님께서는 이스라엘이나 구스 족속이나 매한가지라는 말은 어떤 의도에서 나온 것인가?

하나님과의 관계에서 이스라엘을 겸손하게 만들려는 데 목적이

---

[12] H. W. Wolff는 구스 족속과의 비교 자체가 하등 모욕적인 것이 아니라고 주장하나(*Joel and Amos*, Hermenia<Philadelphia : Fortress, 1977>, 347), 필자는 이에 동의하지 않는다(J. L. Mays, *Amos*, OTL<Philadelpha : Westminster, 1969>, 157, 아브라함 요수아 헤셸, 예언자들 상, 이현주 역<종로서적, 1994>, 47 참조).

있는 것이다. 이스라엘과 하나님과의 관계는 하나님의 주권을 제한하는 어떤 특권이나 특혜가 있는 것이 아니라는 것이다.

한걸음 더 나아가 아모스는 이스라엘이 결정적인 구원사 사건으로 간주하는 출애굽 역사와 이방 민족들의 이주 역사를 동일한 수준에 놓고 있다. 여기서도 비교의 대상으로 언급된 나라들이 이스라엘의 미움을 받는 나라들이라는 데 충격의 요소가 있다. 블레셋인들은 사사 시대부터 이스라엘을 괴롭힌 철천지 원수요, 아람인들은 끊임없이 북왕국을 위협하는 존재였다. 그런데 이들의 역사도 이스라엘의 출애굽 못지않게 하나님의 사역이라는 것이다.

물론 이 말은 출애굽 사건이 구속사적 중요성이 없다거나 별것 아니라는 의미가 아니다. 아모스 선지자가 여기서 풍자를 통해 부정하는 것은 출애굽 사건이 이스라엘로 하여금 다른 나라들과는 달리 배타적인 특권을 소유하게 만드는 것이라는 통설이다. 출애굽 사건은 여호와를, 이스라엘만을 위한 민족신으로 가두는 구속 역사의 출발점이 아니라는 것이다. 오히려 출애굽은 국제 역사의 문맥에서 여호와의 무조건적인 은혜의 현시로 보아야 하는 것이다. 이로 인해 오직 여호와만이 홀로 높임을 받으시는 것이다. 그렇다면 이스라엘은 자기들만이 하나님의 백성이라는 자기 주장과 자기 미혹에서 벗어나야 하는 것이다.

그러나 이스라엘 백성들은 "화가 우리에게 미치지 아니하며 임하지 아니하리라"(암 9:10)고 믿고 있었다. 이런 자기 기만에 깊이 빠진 이들에게 현실을 똑바로 볼 수 있도록 하는 방법은 풍자가 적격이었다. 아모스는 이런 풍자에서 한걸음 더 나아가 선택이 오히려 심판의 근거가 된다고 선언한다. "내가 땅의 모든 족속 중에 너희만 알았나니 그러므로 내가 너희 모든 죄악을 너희에게 보응하리라"(암 3:2). 이스라엘과 여호와의 독특한 관계가 징벌의 근

거라는 것이다. 이런 아모스의 주장은 전통적인 신학적 정통주의
와는 충돌되는 것이다. 아모스는 정통적인 교리들을 가져다가 전
혀 기대하지 못하던 방식으로, 비정통적인 방식으로 재해석하고
있다.

물론 죄를 범하면 하나님의 심판을 받는다는 점은 이미 오래전
부터 주장되어 오던 정통적인 견해였다. 아모스의 새로운 점은 선
택 사상을 심판과 징벌의 근거로 삼았다는 데 있다. 아모스에게
있어서 선택을 받은 것은 심판 아래 놓임을 의미하는 것이다. 아모
스에게는 구속사란 없다. 단지 의의 역사만이 있을 뿐이다.

아모스는 선민 사상만을 풍자화한 것이 아니었다. 아모스는 여
호와의 날을 믿고 방자히 행하는 이스라엘 백성들의 오만을 지적
하기 위해 여호와의 날 또한 풍자화하고 있다.

"화 있을진저
여호와의 날을 사모하는 자여
너희가 어찌하여 여호와의 날을 사모하느뇨
그 날은 어두움이요 빛이 아니라
마치 사람이 사자를 피하다가 곰을 만나거나
혹 집에 들어가서 손을 벽에 대었다가
뱀에게 물림 같도다"(암 5 : 18).

이스라엘 백성들은 자신들이 어떤 형편에 있든지 여호와의 날
에 구원을 받을 것이라고 믿고 있었다. 여호와의 날은 이방인들에
게는 형벌의 날이요, 자신들에게는 구원의 날이라고 생각하였다.
이에 대해 아모스는 "왜 여호와의 날을 사모하느냐, 여호와의 날
은 어둠의 날이지 빛의 날이 아니다"라고 조롱하고 있다. 여호와

의 날이 어둠의 날임은 이스라엘도 알고 있었다. 그러나 이스라엘은, 이 어둠은 오직 이방인들에게만 해당되는 것이라고 믿고 있었다. 따라서 여호와의 날이 오면 이방인들에게는 어둠의 날이 되겠지만 이스라엘에게는 빛의 날이 될 것이라고 확신하고 있었다.

그러나 이스라엘인이라는 이유만으로 여호와의 날이 빛의 날이 되는 것이 아님을 아모스는 선포하고 있다. 아모스는 여호와의 날이 어둠의 날이라고 믿고 있는 이스라엘 백성들의 신앙을 이용하여 오히려 이들을 조롱하고 있는 것이다.

"여호와의 날……이 임하여 땅을 황무케 하며
그 중에서 죄인을 멸하리니
하늘의 별들과 별 떨기가 그 빛을 내지 아니하며
해가 돋아도 어두우며
달이 그 빛을 비취지 아니할 것이로다"(사 13 : 9 – 10).

여호와께서 적과 싸우실 때에는 하늘의 광명이 빛을 잃을 것이며, 짙은 구름이 몰려들고, 깊은 어둠이 휩쌀 것이다. 여호와의 날이 어둠의 날이라는 선언은 아모스의 창작이 아니다. 이미 여호와의 날이 어둠의 날이라는 점은 널리 퍼져 있었다. 아모스에게 있어서 새로운 것은 이 어둠이 이스라엘에게도 임한다는 점이다. 따라서 여호와의 날을 사모할 필요가 없다는 것이다. 여호와의 날은 구원의 날이 아니라, 심판의 날이기 때문이라는 것이 그 이유다.

구원의 날이라 믿고 여호와의 날을 기다리는 이들은 사자를 피하다가 곰을 만난 사람이나, 집에 가서 쉬려고 하다가 뱀에 물린 사람과 같다는 것이다. 이 두 비유는 죽음을 피하려고 하다가 오히려 죽음에 도달하는 이의 비극을 잘 보여 준다. 여호와의 날을 사모하는 것은 결국 자신의 죽음을 재촉할 뿐이라는 것이 아모스의 풍자의 요지이다.

11. 결론

이와 같이 풍자란 잘못이나 모순을 빗대어 웃으며 폭로하는 수사법이다. 때로는 풍자하려는 요점을 분명하게 하기 위해 곡해, 단순, 과장을 하기도 한다. 따라서 사실을 곡해, 과장, 단순화시켰다고 해서 진실이 아니라고 해서는 아니된다. 사실을 인정하지 않으려는 막강한 적대자들을 대상으로 하기에 이런 방법을 쓸 수밖에 없는 것이다. 특별히 현실을 비판하고 현실보다 나은 대안을 제시하려는 성경 기자들이 이런 기법을 사용한 것은 너무나 당연한 것이다. 비록 풍자라는 용어가 없었을는지는 모르나 성경 기자들이 이 같은 기법을 사용하여 하나님 나라를 대안 공동체로 제시하려고 한 것은 부인할 수가 없다.

17
과장법에 유의하라

1. 과장법은 허위인가

 과장법이란 일상 언어를 사용해서 크기나 수나 위험이나 용기나 유용성에 있어서 실제보다 과장하여 표현하는 기법을 의미한다. 예를 들어 예수님은 "어찌하여 형제의 눈 속에 있는 티는 보고 네 눈 속에 있는 들보는 깨닫지 못하느냐"(마 7:3)고 하셨다. 어찌 눈 속에 들보가 들어갈 수 있는가? 이것은 불가능한 일이다. 그렇다면 과장법은 허위가 아닌가? 물론 문자적인 외시 의미로 보면 과장법은 비진실이라고 말할 수 있을는지 모른다. 그러나 함축 의미로 보면 과장법은 결코 허위가 아니다.

 과장법은 허위나 비진실을 날조하려는 것이 아니라, 전달하려는 개념이나 사실을 강조하려는 데 목적이 있는 것이다. 때로는 진지한 목적을 위해서, 때로는 희극적 효과를 내기 위해서 지나치게 과장하는 것을 과장법이라 부른다.[1] 결국 표현의 경제성을 추구하다 보면 과장법에 의존하게 된다. 이런 과장법은 동서고금의 모

---

[1] 아브람스, 문학 용어 사전, 123.

든 문학에서 찾아볼 수 있으나, 왕이나 고관대작을 실제 실물보다 크게 부조나 조각으로 그리는 것이 일상화되어 있던 고대 근동 아시아에서는 과장법은 매일의 일상적 언어의 일부였다. 고대 근동 아시아인들의 상상 속에서는 위대한 신들은 작은 신들보다 크고, 신들은 인간들보다 크며, 유명한 왕들은 평민들보다 크다고 생각하였다. 이런 문화권 안에서는 과장법은 매일의 언어의 한 부분인 것이다.

우가릿 문헌 가운데 아카투 왕의 전설에는 다음과 같은 과장이 나온다.

"그들이 영웅 아카투를 위해 울었으며
구원자의 아들인 다니일루의 아들을 위해 눈물을 흘렸다
날이 달이 되고
달이 해가 되니
제 7 년이 되기까지 그들은 영웅 아카투를 위해 울었으며
구원자의 아들인 다니일루의 아들을 위해 눈물을 흘렸다."
　　　　　　　　　　　　－KTU 1. 19：Ⅳ. 12－17－

일반적으로 죽은 이를 위한 애도의 기간은 일주일이다(창 50：10 ; 민 19：11f ; 욥 2：12f). 그런데 여기서 아카투를 위해서는 칠 년을 울었다고 되어 있다. 이렇게 7년이라는 과장법이 쓰인 것은 아버지 다니일루의 슬픔의 정도가 얼마나 큰가를 보이려는 데 있는 것이다.[2]

---

[2] J. C. de Moor, *An Anthology of Religious Texts from Ugarit* (E. J. Brill, 1987), 261fn. 240.

2. 사랑과 미움의 흑백 사고

이와 마찬가지로 셈족은 흑백으로 구분하는 사고에 능한 이들이다. 서양인들이 "나는 A보다 B를 더 사랑한다"고 표현한다면, 히브리인들은 "나는 A를 사랑하고 B를 미워한다"고 말한다고 볼 수 있다. 야곱이 레아보다 라헬을 더 사랑하였다. 그런데 성경 기자는 이를 두고 레아가 야곱의 미움을 받는 것으로 표현하였다.

"여호와께서 레아가 미움을
받는 것을 보시고"(창 29 : 31).[3]

외시 의미로 보면 야곱이 레아를 미워한 것으로 되어 있으나, 실제로 야곱이 레아를 적극적으로 미워한 것은 아니다. 단지 라헬보다 "덜 사랑한다"는 의미에서 "미워하다"는 용어를 쓰고 있는 것이다. 이것은 바로 앞의 절에서 명백히 나타난다.

"그(야곱)가 레아보다 라헬을 더 사랑하고
다시 칠년을 라반에게 봉사하였더라"(창 29 : 30).

야곱이 레아보다 라헬을 더 사랑했다고 분명히 밝히고 있다. 그렇다면 레아를 적극적으로 미워한 것은 아니다. 이렇게 "덜 사랑한다"는 것을 "미워하다"로 표현한 것은 일종의 과장법이라고 할 수 있다. 이런 과장법을 우리도 흔히 일상 생활에서 쓰고 있다. 학교에서 선생님이 학생들 가운데 하나를 편애하면, 다른 애들이 무엇이라고 말하는가? "우리 선생님은 누구만 좋아해"라고 말하기

---

[3] 히브리어로는 שְׂנוּאָה לֵאָה 인데, 한글 개역 성경은 "레아에게 총이 없음을 보시고"라고 번역하고 있다.

도 하지만, "우리 선생님은 누구만 빼고 우리를 다 미워해요"라고 말하는 것을 흔히 들을 수가 있다. 정말 그런가? 한 아이만 사랑하고 모두 다 미워하는 선생님이 정말 있을까? 과장법은 외시 의미로는 거짓으로 보이지만, 말하는 이의 섭섭함, 편애에 대한 증오 등을 드러내는 의도로 쓰이고 있는 것이기에 거짓으로 볼 수가 없는 것이다.

어디 그뿐인가? 이런 과장법을 이해하지 못하면 예수께서 하신 말씀도 이해할 수가 없을 것이다.

"무릇 내게 오는 자가 자기 부모와 처자와
형제와 자매와 및 자기 목숨까지 미워하지 아니하면
능히 나의 제자가 되지 못하고"(눅 14 : 26).

주님은 여기서 가족과의 연대성을 포기하라고 부추기고 계신 것이 아니다. 충성의 면에서 식구와 하나님 나라 사이에 충돌이 있을 때 하나님 나라에 대한 충성이 우선되어야 함을 지적한 것뿐이다. 식구를 미워해야 한다는 말은 적극적인 의미에서 증오하라는 것이 아니라, 하나님 나라보다 "덜 사랑해야 한다"(love less)는 의미로 쓰인 것이다. 따라서 과장법이 쓰일 때는 문자적인 외시 의미가 아니라, 함축 의미를 찾는 데 열중해야 한다.

3. 예언인가 경고인가

요나는 니느웨 성에 가서 "사십 일이 지나면 니느웨가 무너지리라"고 선포하였다. 그러나 실제로는 니느웨가 회개함으로 이런 일이 일어나지 않았다. 그렇다면 이 선포는 어찌된 것인가? 요나의 선포에는 어떤 조건절도 나타나지 않는다. "회개하지 않으면 40일

후에 니느웨가 무너질 것이다"라고 하지 않았다. 단지 절대적으로 "사십일이 지나면 니느웨가 무너지리라"고 선포한 것뿐이다. 그럼에도 불구하고 니느웨는 40일이 지나도 무너지지 않았다. 그렇다면 요나의 선언에는 무슨 잘못이 있었는가? 요나의 선포는 거짓 예언이 아닌가?

이 질문에 답하기 위해서 우리는 이 선포가 예언으로 선언되었는가, 아니면 경고로 선언되었는가를 살필 필요가 있다. 만일 예언으로 선언되었다면, 요나의 선포는 실제 사건에 의해 거짓임이 드러난 것이다. 그러나 경고로 의도된 것이라면, "만일 회개하지 않는다면"이란 조건절이 함축된 것이라고 보아야 한다. 요나는 철저한 민족주의자였기에 자신의 선포가 예언이 되기를 바랐다. 그러나 이것이 경고라는 사실을 알게 되자 실망을 한 것이다. 더욱이 자신의 말이 거짓임이 드러나 거짓 선지자 취급을 받을까 걱정한 것이다. 여기서 우리는 특별히 전하려는 사상이나 개념을 절대적인 용어들로 표현하고 그 안에 숨겨져 있는 함축적인 조건들(이 경우에는 만일 회개하지 않으면)은 드러내지 않고 독자들이 스스로 채워 넣도록 만드는 스타일을 볼 수 있는데, 이는 독특한 셈족 언어의 특징이라 할 수가 있다.[4] 이런 점에서 과장법적인 요소가 강하게 들어 있음을 알 수가 있다.

4. 과연 의인은 "한 사람"도 없는가

"너희는 예루살렘 거리로 빨리 왕래하며
그 넓은 거리에서 찾아 보고 알라
너희가 만일 공의를 행하며

---

[4] Caird, *The Language and Imagery of the Bible*, 57.

진리를 구하는 자를 한 사람이라도 찾으면
내가 이 성을 사하리라"(렘 5:1).

필자는 어려서부터 교회에 다니면서 이 구절을 볼 때마다 의구심이 들었다. 정말 예루살렘에 공의를 행하며 진리를 구하는 사람이 하나도 없었을까? 목사님들이 설교할 때 종종 의인 하나가 없어 예루살렘이 멸망하였다고 강조할 때마다 의구심이 커지는 것을 막을 길이 없었다. 의인이 단 한 사람도 없어 예루살렘이 멸망한 것처럼 오늘날도 의인 한 명을 찾아보기가 어렵다고 목청을 돋우는 설교자를 보면서, 쓸데없는 공상에 사로잡히곤 하였다. "그런 설교를 하는 분은 자신을 그 안에 포함시키고 있는 것인가, 아니면 자신은 제외시키고 있는 것인가? 그러면 나는 어떤가? 그 한 명의 의인이 될 자격이 있는가? 한국만 하더라도, 아니 서울만 하더라도, 아니 함께 예배드리는 교회 안만 하더라도 이렇게 많은 그리스도인이 있는데, 의인이 단 한 명도 없다는 말인가?" 이런 공상에 빠지다가 그만 머리가 아파 그만둔 적이 한두 번 아니었다. 그러나 사실상 이 성경 본문은 나로 하여금 머리가 뽀개지게 하려고 의도된 것은 아니었다.

물론 외시 의미로는 나의 고민도 이유 없는 것은 아니었다. 의인이 한 사람도 없다고 하지 않았는가? 그러나 이것은 일종의 과장법적 표현인 것이다. 통계적인 관점에서 보면 예레미야의 선언은 크게 잘못된 것이다. 의인이 단 한 명도 없을 수는 없는 것이다. 아브라함 헤셸의 말을 들어 보자.

> 예언자들은 이스라엘 백성들에게 공평하지 못하였다. 그들은 진상을 조사해 보지도 않고 과장하며, 주저 없이 일반화함으로써 정확의 기준을 묵살해 버렸다. 어떤 과

장은 도무지 믿을 수가 없을 정도다.[5]

예레미야의 말은 사실 자체에 대한 관심보다는 사실의 의미에 대한 관심에서 나온 것이다. 인간 행동의 의미는 통계로는 표현이 불가능하다.[6] 영화 쉰들러 리스트로 유명해진 "한 사람의 영혼을 구한 사람은 전세계를 구한 것이다"라는 랍비의 말을 두고 거짓이라고 할 사람은 없다. 매우 작은 것이면서도 중요한 물질이 맨눈으로는 보이지 않으나, 현미경으로 보면 매우 크게 보인다. 그렇다면 현미경 속의 확대된 물체는 사실과 다른 것인가? 눈으로 볼 수 없을 정도로 작은 것을 확대한 것이기에 사실과 일치하지 않는 것인가? 그렇지 않다. 엄연한 사실이다. 그렇다면 과장법은 현미경의 역할을 한다고 볼 수 있다.

의인이 한 사람도 없다는 것은 그 정도로 예루살렘 주민들이 타락했음을 강조하는 과장법인 것이다. 과장법은 외시 의미로는 거짓이나, 함축 의미로는 우리에게 눈에 안 보여 잊어버리기 쉬운 것의 중요성을 되새기게 하는 진실의 언어적 장치라 할 수 있다. 누군가가 일찍 이것이 과장법임을 이야기해 주었던들 성경을 보는 나의 눈이 지금보다는 더 빨리 뜨였을 것을 하는 아쉬움이 있다.

5. 라멕의 교만

"아다와 씰라여 내 소리를 들으라
라멕의 아내들이여 내 말을 들으라

---

[5] A. J. Heschel, *The Prophets : An Introduction* vol. 1(N. Y. : Harper Torchbooks, 1962), 13.

[6] Heschel, *The Prophets*, 14.

나의 창상을 인하여 내가 사람을 죽였고
나의 상함을 인하여 소년을 죽였도다
가인을 위하여는 벌이 칠배일찐대
라멕을 위하여는 벌이 칠십 칠배이리로다"(창 4 : 23 - 24).

인간이 같이 살다 보면 이웃을 죽일 수 있는 가능성이 생기게 마련이다. 더욱이 인간 사회가 발달하게 됨으로 라멕은 이 같은 가능성이 점차 커지게 된 것을 보고 이를 과장법으로 강조하고 있다. 보복의 인습적 법칙에 만족할 줄 모르는 라멕의 하늘을 찌르는 교만이 병행법과 과장법으로 잘 드러나 있다.

이 노래가 매우 오래된 노래라는 점은 많은 학자들이 인정하고 있다. 아다와 씰라라는 이름은 후대에도 나타나지만, 구 아카디아 시대에도 긴 이름 형태로 나타난다. 우선 처음 두 행에 세 쌍의 평행구가 등장한다. (1) 아다와 씰라라는 고유 명사 // 라멕의 아내, (2) "내 소리" // "내 말", (3) "들으라" // "귀 기울이라."[7] 여기서 우리는 이런 병행구가 구약성경에서 쉽게 볼 수 있는 표준적인 단어의 쌍임을 볼 수가 있다.

우선 고유 명사와 설명어 사이의 병행구는 흔히 볼 수가 있다.

"나 드보라가 일어났고
내가 일어나서 이스라엘의 어미가 되었도다"(삿 5 : 7).

"드보라"라는 고유 명사와 "이스라엘의 어미"라는 설명구 사이에 병행이 나타난다.

---

[7] 한글 개역 성경은 둘 다 "들으라"로 번역하였다.

둘째로 "듣다"와 "귀기울이다"의 병행도 자주 나타난다.

"너희 왕들아 들으라
방백들아 귀를 기울이라"(삿 5:3).

"하늘이여 들으라
땅이여 귀를 기울이라"(사 1:2).

소리와 말 사이의 병행 현상도 마찬가지이다.

"너희는 귀를 기울여 내 목소리를 들으라
자세히 내 말을 들으라"(사 28:23).

"네 목소리가 신접한 자의 목소리같이 땅에서 나며
네 말소리가 티끌에서 지껄거리리라"(사 29:4).

지금까지는 당시의 표준적인 전승의 법칙에 따라 시행을 전개하던 시인은 이제부터는 파격의 미를 보이며 나름대로의 독창성을 전개하고 있다.[8]

"나의 창상을 인하여 내가 사람을 죽였고
나의 상함을 인하여 소년을 죽였도다."

물론 여기서 창상과 상함은 한 쌍의 시어로서 다른 곳에서도 등장한다(출 21:23-25; 사 1:6; 잠 20:30). 그러나 게비르츠는

---

[8] Stanley Gevirtz, *Patterns in the Early Poetry of Israel*, The Oriental Institute of the University of Chicago, Studies in Ancient Oriental Covilization, no. 32(Chicago : the University of Chicago Press, 1971), 28.

이 두 시행에서 "사람"과 "소년"은 전통적인 한 쌍의 병행 단어가 아니라고 주장한다. 여기서 소년이란 단어가 쓰인 것은 특기할 만하다는 것이다.

첫째, 구약에서 사람(이쉬 : 'îš)[9]과 병행되는 단어는 인자(사람의 아들 : bēn 'ādām)[10]이다.

"하나님은 인생(사람)이 아니시니 식언치 않으시고
인자가 아니시니 후회가 없으시도다"(민 23 : 19).

"사람들아 내가 너희를 부르며
내가 인자들에게 소리를 높이노라"(잠 8 : 4).

둘째, 시인이 소년이라는 단어를 의도적으로 썼음이 문맥상 분명해 보인다. 소위 영웅이라는 자가 소년을 죽인 것을 자랑하는 모습을 아이러니컬하게 드러내려는 의도를 볼 수가 있다. 그렇다면 여기서 우리는 라멕의 과장을 어느 정도 낌새 챌 수 있다. 그러나 무엇보다도 라멕의 과장이 두드러지는 곳은 마지막 두 시행에서이다.

"가인을 위하여는 벌이 칠배일찐대
라멕을 위하여는 벌이 칠십 칠배이리로다."

가인은 형제인 아벨을 죽인 죄로 하나님께 유리하는 벌을 받았다. 가인은 자신의 목숨을 누가 해칠까 두려워 하나님께 호소하였고, 하나님께서는 가인을 죽이는 자는 벌을 칠배나 받을 것이라고

---

[9] אִישׁ
[10] בֶּן אָדָם

선언하셨다. 라멕은 한 걸음 더 나아가 자기를 해하는 자는 벌을 칠십 칠배나 받을 것이라고 호언장담하고 있다. 라멕의 과장은 칠배 // 칠십 칠배의 병행구에 의해 강조되고 있다.

성경과 고대 근동 아시아의 문헌에서 숫자가 사용되는 병행구의 일반 규칙은 n // n+1이다. 예를 들어 처음 숫자(n)가 7이면, 7 // 8의 병행구가 된다.

"우리가 일곱 목자와 여덟 군왕을 일으켜"(미 5:5).

때로는 여기에 10이나 11이 곱해지기도 한다. 그렇게 되면 70 // 80 혹은 77 // 88의 병행구가 만들어진다. 이것을 수식으로 표현하면 10(n // n+1)과 11(n // n+1) 이 된다. 그러나 라멕의 노래에 나오는 숫자 병행구는 이런 패턴에 맞지 않는다. 만일 이 패턴에 맞으려면, 앞의 숫자를 기준으로 보면 7 // 8이어야 하고,[11] 뒤의 숫자를 기준으로 하면 66 // 77이어야 한다.[12] 이를 근거로 게비르츠는 라멕의 복수가 보복의 법칙을 벗어나고 있다고 주장한다. 받은 해와 비교도 안 될 정도의 엄청난 보복을 가하겠다는 위협으로

---

[11] 미가 5:5을 참조하라.
[12] 우가릿 문헌의 바알 신화를 보면 66 // 77의 병행을 볼 수 있다.
"신들이 차파누(북방)에서 먹는 동안,
신(하두)이 산에서 떠났다.
그는 마을에서 마을로 전진하였으며,
도시에서 도시로 행군하였다.
66개 마을을 쟁취하였으며,
77개 도시를 포획하였다.
바알은 80을 쳤으며,
바알은 90을 쫓아냈다."
    —KTU 1.4 : VII. 5-12—

보아야 한다는 것이다. 이를 7 // 77이라는 비인습적인 병행구로 과장되게 드러내고 있다는 것이다.[13]

그러나 비록 인습적 패턴에 맞는 숫자의 병행이 나타난다 하더라도 라멕의 복수의 선언은 보복의 법칙을 벗어나는 것이라는 점을 염두에 두어야 한다. 병행구는 단지 동일 반복이 아님을 명심해야 한다. 같은 내용을 반복하는 것처럼 보이나 실제로는 무엇인가 새로운 것을 첨가하고, 특정 부분을 강조하고 부각하기 때문이다. 나의 창상을 인하여는 사람을 죽일 것이며, 심지어는 소년이라도 괘념치 않을 것이라는 점층적 강조가 들어 있는 것이다.

어쨌든 우리는 여기서 7 // 77 사이의 병행구를 이해하기 위해서는 당시의 문예 관습에 대한 이해가 필수적임을 살펴보았다.
7과 77 사이의 관계가 가질 수 있는 당시의 함축적 의미가 올바른 해석에 관건임을 보았다. 그저 산술적 가치로 11배 되는 것으로 보는 것은 자의적인 해석이 될 수 있음을 주목할 필요가 있다.

6. 천천과 만만의 차이

"사울의 죽인 자는 천천이요
다윗은 만만이로다"(삼상 18:7).

블레셋과의 전투에서 사울과 다윗이 승리를 하고 돌아올 때, 여인들이 모든 성에서 나와서 노래하며 이같이 노래하였다. 사울과 다윗이 천천과 만만이라는 숫자에 의해 비교되고 있음이 분명하다. 게비르츠는 "천천"과 "만만"이 고정된 한 쌍의 단어(a fixed

---

[13] Gevirtz, *Patterns in the Early Poetry of Israel*, 29-30.

pair)라는 점을 근거로 어떤 비교의 의도도 없다고 주장한다.[14]

물론 이 두 숫자가 한 쌍의 고정된 단어임은 분명하다.

"어찌 한 사람이 천을 쫓으며
두 사람이 만을 도망케 하였을까"(신 32:30).

"여호와께서 천천의 수양이나
만만의 강수 같은 기름을 기뻐하실까"(미 6:7).

게비르츠는 이 두 숫자가 고정된 한 쌍의 단어라는 점을 근거로 거의 등가의 가치를 가지는 것으로 본다. 어떤 비교의 의도가 들어가지 않았다는 것이다.

그러나 이 같은 그의 주장은 근거가 약하다. 아무리 고정된 한 쌍의 단어라 하더라도 숫자의 크기에 차이가 있다. 천천과 만만은 100배 이상의 차이가 나는 것은 아니라 하더라도 분명한 차이를 보여 주고 있다. "웅변은 은이요 침묵은 금이다"는 격언을 보더라도 마찬가지다. 은과 금은 분명히 고정된 한 쌍의 단어이다. 그렇다고 해서 거의 등가라고 할 수는 없다. 분명히 은과 금에는 가치의 차이가 있다. 이것은 우리가 살펴보는 여인들의 노래에서도 마찬가지이다. 사울이 죽인 자가 천천이요, 다윗이 죽인 자가 만만이라는 병행 표현에는 비교의 의도가 적어도 조금은 깔려 있음이 분명하다.[15]

---

[14] Gevirtz, *Patterns in the Early Poetry of Israel*, 15-24.
[15] J. P. Fokkelman도 Gevirtz의 견해를 수용하여 여인들은 사울을 희생시키면서까지 다윗을 칭찬한 것이 아니었다고 주장한다. J. P. Fokkelman, *Narrative Art and Poetry in the books of Samuel*, vol. 2, The Crossing

적어도 사울이 그렇게 받아들인 것만큼은 부인할 수 없다.

"사울이 이 말에 불쾌하여 심히 노하여 가로되
다윗에게는 만만을 돌리고 내게는 천천만 돌리니
그의 더 얻을 것이 나라밖에 무엇이냐"(삼상 18:8).

여기서 천천과 만만은 고정된 한 쌍의 단어인 것이 사실이나, 과장법이 사용되고 있음도 분명하다. 여인들은 언급의 순서에 있어서는 사울을 앞세우고 다윗을 나중에 언급하였다. 그럼에도 불구하고 천천과 만만이 갖는 어감으로 인해 비교되었다는 데 불쾌감을 느낀 것이다. 따라서 사울은 다윗을 먼저 언급하고 자신을 나중에 언급함으로써 이런 비교에서 오는 불쾌감을 한층 부각시키고 있다. 다윗은 만만인데, 나는 겨우 천천인가!

더욱이 사무엘상에서는 이 여인들의 노래가 다윗과 사울을 비교하는 식으로 여러 번 쓰이고 있다.

"아기스의 신하들이 아기스에게 고하되
이는 그 땅의 왕 다윗이 아니니이까
무리가 춤추며 이 사람의 일을 창화하여 가로되
사울의 죽인 자는 천천이요
다윗은 만만이로다 하지 아니하였나이까 한지라"(삼상 21:11).

블레셋 방백들도 다윗을 믿을 수 없다며 돌려 보낼 것을 아기스 왕에게 요구할 때 마찬가지로 이 노래를 인용하고 있다.

Fates(Assen : Van Gorcum, 1986), 218 참조.

"그들이 춤추며 창화하여 가로되
사울의 죽인 자는 천천이요
다윗은 만만이로다 하던 이 다윗이 아니니이까"(삼상 29 : 5).

결국 사울은 다윗에게 만만을 돌린 과장법과 자신을 다윗에 비교한 의도에 불쾌감을 느꼈던 것이 분명하다.[16]

7. 독수리보다 빠른 발의 소유자

"저희는 독수리보다 빠르고
사자보다 강하였도다"(삼하 1 : 23).

사울과 요나단이 블레셋과의 전투에서 전사하자 다윗이 부른 애가의 한 구절이다. 여기서 저희는 사울과 요나단이다. 이들의 용맹을 칭찬하면서 이들이 독수리보다 빠르다고 노래하고 있다. 이것은 누가 보아도 과장이다. 독수리는 빠름에 있어서는 타의 추종을 불허한다. 황금 독수리의 속도를 누가 스톱 워치로 재 보니 무려 시속 120마일(193 km)이나 되었다 한다.[17] 따라서 무서운 속도로 날쌔게 날아와 먹이를 채는 독수리의 모습은 모든 이들에게 공포감을 심어 준 것이 사실이다. 이에 성경에서는 신속한 공격을 이야기할 때는 독수리와 비교하는 경우가 많다.

"대적이 독수리처럼 여호와의 집에 덮치리니"(호 8 : 1).

---

[16] Caird, *The Language and Imagery of the Bible*, 133.
[17] A. Parmelee, *All the Birds of the Bible*, 1969, 200. Harris(eds.), *TWOT*, 697에서 재인용.

"마치 식물을 움키려 하는
독수리의 날음과 같으리라"(합 1:8).

"그 지나가는 것이 빠른 배 같고
움킬 것에 날아 내리는 독수리와도 같구나"(욥 9:26).

이 같은 독수리 비유는 우가릿 문헌에서도 찾아볼 수가 있다.

"(도끼에게 하는 말) 바알의 손가락에서 나오는 독수리처럼
바알의 손에서 튀어나와
얌무(바다 신으로 바알의 대적)의 어깨를 내리치라."
─KTU 1. 2:IV. 12−14─

"내가 너(야투파 전사)를 독수리처럼
나의 사냥 가방에 넣으리라[18]
그렇지, 솔개처럼 나의 행랑에 넣으리라
아카투가 앉아서 식사할 때
다니일루의 아들이 정찬을 들 때
독수리들이 그의 위를 날게 되리라
솔개들이 내려다보리라
독수리들 사이에서 내(아나투 여신)가 직접 날리라[19]
내가 너를 아카투 위에서 놓으리니
두 번 그 머리를 내리치라
세 번 귀 위를 내리치라."
─KTU 1. 18:IV. 17−24─

---

[18] 고대 근동 아시아에서 이미 맹수를 길들여 사냥에 이용한 것은 알려진 사실이다.

[19] 아나투 여신은 검은 솔개로 변신할 수 있다. KTU 1.108:7 참조.

그러나 위에서 언급한 구절들은 성경이든 우가릿 문헌이든간에 직유법을 써서 적들의 공격이 신속하고 빠를 것임을 강조하고 있기에 그 과장의 정도가 비교적 약하다.

반면에 예레미야 4 : 13은 비교급을 써서 과장의 정도를 높이고 있다.

"그 병거는 회리바람 같고
그 말들은 독수리보다 빠르도다."[20]

말들은 아무리 빨라도 독수리보다 빠를 수 없다. 그러나 적의 기병들의 무서운 기세를 과장하여 이런 식으로 비교한 것이다. 그렇다면 다윗이, 사울과 요나단이 독수리보다 빠르다고 한 것은 파격적인 과장임이 분명하다.

그렇다면 이런 과장법을 쓰는 이유는 무엇인가? 흔히 우리는 과장 하면 허위라는 생각을 하기가 쉽다. 그러나 과장법을 문맥 가운데서 제대로 이해하면 결코 허위나 날조가 목적이 아님을 알 수가 있다. 다윗은 사랑하는 요나단의 죽음을 애도하고 있다. 이 같은 애도의 문맥에서 보면 요나단의 발이 독수리보다 빠르고, 사자보다 강하다고 했다고 해서 시비를 걸 사람은 아무도 없다.

언어라는 것은 단순히 정보를 전달하는 기호가 아니다. 따라서 겉으로 드러난 외시 의미보다는 안에 담고 있는 함축 의미가 중요한 것이다. 다윗이 요나단이 독수리보다 빠르다고 했다고 해서 사기꾼이라고 말할 사람은 아무도 없다. 요나단이 진짜 독수리보다

[20] קַלּוּ מִנְּשָׁרִים סוּסָיו

빨랐느냐를 따지는 사람이 있다면 얼치기일 것이다. 그렇게 빠른 용사라는 것뿐이다. 이것이 함축 의미이다.

복덕방 사람의 말을 곧이 곧대로 믿는 사람은 후에 속았다는 느낌을 갖기 일쑤이다. 복덕방 사람의 말을 외시 의미로만 받아들이기 때문이다. "직선 거리로 500m"라고 떠들어 대면 실제로는 먼 거리의 동네임을 알아 차려야 한다. 결국 직선 거리라는 외시 의미 안에는 시내에서 거리가 먼 동네라는 함축 의미가 있음을 알아야 한다는 것이다. "비행기 소리 말고는 소음이라고는 없는 동네"라고 하면 하루 종일 비행기가 뜨고 내려 그 소리에 다른 소리가 다 묻히는 동네임을 알아 차려야 한다. 이것을 모르고 나중에 이러쿵 저러쿵 하소연해 보았자 헛수고다. 그 사람만 바보가 될 뿐이다.

결국 독수리보다 빠르다는 과장은 매우 빠르고 정확한 전쟁의 용사임을 잘 보여 주는 표현이다. 이 같은 표현은 생동감 있고 자연스럽다. 따라서 단지 형용사나 부사를 사용하는 것보다는 효과면에서 낫다고 할 수 있다. 형용사나 부사가 약한 히브리어에서는 더 더욱 그렇다. 히브리어에서는 형용사나 부사가 많지 않기에 자칫하면 같은 형용사나 부사가 지나치게 많이 사용될 수 있다. 그러다 보면 신선감과 충격이 반감되기 마련이다. 따라서 과장법은 진부한 형용사를 효과적으로 대치하는 기능을 갖고 있다고 볼 수 있다.[21] "요나단은 최고의 용사였다"는 진부한 표현보다는 효과면에서 충격이 크다고 할 수 있다. 사랑하는 친구를 잃은 애석함과 격한 감정이 이 같은 과장법을 통해 드러나고 있다.

---

[21] Watson, *Classical Hebrew Poetry*, 319.

8. 숨은 저의를 드러내는 과장[22]

"이는 왕께서 미워하는 자는 사랑하시며
사랑하는 자는 미워하시고
오늘 장관들과 신복들을 멸시하심을 나타내심이라
오늘 내가 깨달으니 만일 압살롬이 살고
오늘 우리가 다 죽었더면
왕이 마땅히 여기실 뻔하였나이다"(삼하 19:6).

다윗이 아들 압살롬이 죽었다는 이야기를 듣고는 슬피 울며 통곡하였다. 이에 백성들이 싸움에 이기고도 기쁜 내색을 하지 못하고 다윗의 눈치만 살피게 되었다. 이에 요압은 이 같은 불편한 백성들의 심기를 대신하는 척하며 위와 같이 말한 것이다.

물론 요압의 주장에 일리가 있는 것 — 다윗이 그의 아들이요 적인 압살롬을 사랑하고, 헌신된 종이요 부하인 요압을 좋아하지 않은 것 — 이 사실이나 그의 말은 매우 과장되었으며, 사실을 있는 그대로 드러내지 않고 있다. 요압의 통렬한 비판은 다윗이 낙담한 데서 다시 몸을 일으킬 것을 원한 데 목적이 있다. 그렇지 않아도 아직 통치 기반이 확고하지 않은데 다윗의 인간적 약점 때문에 그의 통치 기반이 흔들릴 것을 요압이 두려워한 것이다. 그러나 그의 말은 과장되어 있으며, 이 과장법 안에 다윗에 대한 요압의 태도가 은연중 드러나고 있다.

요압의 의도는 당시 상황을 역전시키려는 것이었는데 이는 그의 말의 내용이나 형태가 이를 잘 보여 준다. 요압은 대립 구조를

---

[22] Bar-Efrat, *Narrative Art in the Bible*, 59-61.

사용함으로써 사태의 역전을 꾀하고 있다. "사랑-미움", "사랑하는 자-미워하는 자"의 대립 구조는 문법적, 구문 구조에 의해서도 지지된다.

"You love those who hate you
and hate those who love you."²³

"왕은 사랑합니다. 왕을 미워하는 자들을,
반면에 왕은 미워합니다. 왕을 사랑하는 자들을."

더욱이 동사와 목적어 사이에도 대조가 두드러진다. "미워하는 자들을 사랑하고, 사랑하는 자들을 미워한다." 요압의 말의 뜻은 다윗이 마땅히 느껴야 할 방식과는 정반대로 느끼고 있다는 것이다.

요압의 과장은 그의 일반화에서도 찾아볼 수 있다. 그는 복수(미워하는 자들, 사랑하는 자들)를 사용하고 있으며, 동사가 아닌 부정사(veral noun)를 사용하고 있다. 동사는 시간과 장소에 있어서 특정한 예를 가리키는데 반해 부정사는 일반적인 의미를 함축한다.

다윗이 그를 미워하는 자들을 사랑하고, 그를 사랑하는 자들을 미워한다는 일반화는 확실히 근거가 없는 것이다. 다윗이 아들을 위해 슬퍼하는 것은 그의 장수들과 종들이 하등 중요하지 않다고 보는 것과 마찬가지라는 요압의 주장은 정확하지 않은 것이다. "만일 압살롬이 살고 오늘 우리가 다 죽었다면 왕이 마땅히 여기실 뻔하였나이다"라고 한 요압의 말 — 다윗의 행동을 통해 요압이

---

²³ לְאַהֲבָה אֶת־שֹׂנְאֶיךָ וְלִשְׂנֹא אֶת־אֹהֲבֶיךָ

추론한 것인데 - 은 단지 부분적으로만 사실인 것이다. 압살롬이 살아 있었다면 다윗이 즐거워했겠지만, 그의 장수들과 종들이 죽었더라도 즐거워했을거라는 주장은 사실이 아니다.

요압의 해석은 반쪽 진리만을 담고 있다. 즉 다윗의 감정을 부분적으로 반영하면서 자신의 감정을 상당히 많이 표출시키고 있다. 그의 죄책감, 즉 압살롬을 해하지 말라는 다윗의 명령을 고의적으로 불순종한 죄책감이 그의 저돌적인 어투와 다윗에 대한 비난 가운데 잘 드러난다. 그의 말 뒤에는 자신의 충성과 그 동안의 봉사에도 불구하고 다윗이 자신을 좋아하지 않는다는 사실에 대한 분개가 나타나 있다. 그가 "사랑하는 자들"과 "신복들과 종들"에 대해 이야기할 때 그것은 실상은 바로 자신에 대한 말이었다. 결국 그의 과장된 말은 다윗에 대한 정확한 묘사라기보다는 그의 감정을 드러낸 것이라고 보아야 한다. 결국 과장법은 말하는 이의 숨은 저의와 감정을 파악하는 데 도움이 된다.

9. 현숙한 여인은 과연 가능한가

"누가 현숙한 여인을 찾아 얻겠느냐
그 값은 진주보다 더 하니라……
그런 자는 살아 있는 동안에 남편에게 선을 행하고
악을 행치 아니하느니라
그는 양털과 삼을 구하여 부지런히 손으로 일하며
상고의 배와 같아서 먼 데서 양식을 가져오며
밤이 새기 전에 일어나서
그 집 사람에게 식물을 나눠 주며
여종에게 일을 정하여 맡기며
밭을 간품하여 사며

그 손으로 번 것을 가지고 포도원을 심으며
힘으로 허리를 묶으며
그 팔을 강하게 하며
자기의 무역하는 것이 이로운 줄을 깨닫고
밤에 등불을 끄지 아니하고
손으로 솜뭉치를 들고 손가락으로 가락을 잡으며
그는 간곤한 자에게 손을 펴며
궁핍한 자를 위하여 손을 내밀며
그 집 사람들은 다 홍색 옷을 입었으므로
눈이 와도 그는 집 사람을 위하여 두려워하지 아니하며
그는 자기를 위하여 아름다운 방석을 지으며
세마포와 자색 옷을 입으며"(잠 31:10-22).

위의 본문은 현숙한 아내의 지극한 헌신을 묘사하고 있다. 성경을 문자적으로 이해하는 독자들은 이 세상에 어떻게 이렇게 완벽한 여인이 있을 수 있을까 의아해 할 만하다. 완벽해도 너무 완벽하기 때문이다. 현숙한 여인은 탁월한 경제인인데다가, 근면하며 식견이 높은 매니저이다. 주도적이고, 힘이 있으며, 진취적이기까지 하다. 이렇게 매사에 분주하고 바쁘면서도 가난한 자를 잊지 않는 지혜롭고 어진 여인이다.

동서 고금을 막론하고 이런 자질을 갖춘 여인은 아마 없었을 것이다. 그러나 현숙한 아내가 가져다 주는 행복을 과장법을 써서 강조하고 있음을 안다면 우리는 잠언 기자의 의도가 무엇인지 파악하는 데 큰 어려움이 없다. 특별히 위의 본문은 매행의 첫 단어의 첫 자음이 히브리어의 알파벳 순서로 되어 있는 특별한 형식의 시이다. 이런 특별한 형태 또한 묘사하려는 현숙한 여인의 특징이 이상적임을 잘 보여 준다.

10. 결론

과장법은 허위나 비진실을 날조하려는 것이 아니라, 전달하려는 개념이나 사실을 강조하려는 데 목적이 있는 것으로, 외시 의미로는 거짓이나, 함축 의미로는 우리에게 눈에 안 보여 잊어버리기 쉬운 것의 중요성을 되새기게 하는 진실의 언어적 장치라 할 수 있다. 또한 과장법은 말하는 이의 숨은 저의와 감정을 파악하는 데 도움이 되기도 한다. 이런 점에서 성경에 쓰인 과장법을 찾아내는 것은 본문의 함축 의미를 파악하는 데 큰 도움이 될 것이다.

18
패러디에 유의하라

1. 패러디란

　패러디(parody)는 우리 말로는 골계(滑稽)라고도 하는데 익살을 의미한다. 옥스포드 사전에서는 "남의 작품을 우스꽝스럽게 보이도록, 특히 골계적으로 부적당한 주제에 적용함으로써 우스꽝스럽게 보이도록 모방하는 한 작가의 어구 표현과 사고의 특징적 경향의 작법"이라고 풀이하고 있다. 따라서 어떤 이들은 패러디를 풍자적 우스개라고 부르기도 한다. 남의 작품의 시구나 문체를 따와서 내용이 전연 다른 것을 표현하여 외형과 내용의 부조화를 통해 어떤 메시지를 전하려는 기법이라고 할 수 있다.

　웹스터 사전은 "다른 작가나 작곡가의 작품의 특징적 스타일을 모방하되, 매우 심각한 주제를 우스꽝스러운 방식으로 모방한 작품"이라고 패러디를 정의하고 있다. 최근 한국에 이런 패러디 풍의 코미디가 유행한 적이 있었다. 코미디언들이 웃음의 소재를 찾아내기가 힘드니까 외국의 유명한 영화 작품이나 국내외의 고전을 우스꽝스럽게 모방하여 값싼 웃음을 자아내려고 하다가 여론의 따가운 눈총을 받기도 하였다.

그러나 패러디는 그저 남의 작품이나 말을 본따서 웃음을 지어
내는 것이 다가 아니다. 어떤 대상을 희화화하여 날카롭게 풍자하
려는 의도도 숨어 있다.

2. 애굽이 젖과 꿀이 흐르는 땅인가

> "네가 우리를 젖과 꿀이 흐르는 땅에서 이끌어 내어
> 광야에서 죽이려 함이 어찌 작은 일이기에
> 오히려 스스로 우리 위에 왕이 되려 하느냐
> 이뿐 아니라 네가 우리를 젖과 꿀이 흐르는 땅으로
> 인도하여 들이지도 아니하고
> 밭도 포도원도 우리에게 기업으로 주지 아니하니
> 네가 이 사람들의 눈을 빼려느냐
> 우리는 올라가지 아니하겠노라"(민 16 : 13 - 14).

"젖과 꿀이 흐르는 땅"이란 표현은 오경에 자주(출 3 : 8, 17, 13 : 5, 33 : 3 ; 레 20 : 24 ; 민 14 : 8, 16 : 14 ; 신 6 : 3, 11 : 9, 26 : 9, 15, 27 : 3, 31 : 20) 등장하며, 오경 밖에서는 다섯 번(수 5 : 6 ; 렘 11 : 5, 32 : 22 ; 겔 20 : 6, 15) 등장한다. 이 어구의 의미가 정확히 무엇을 의미하는지는 확실치 않다. 일반적으로 가나안의 목축과 포도원 경작의 풍요함을 가리키는 용도로 쓰인다. 이 경우 꿀은 벌에서 나오는 꿀이 아니라 포도에서 나오는 꿀을 의미한다.

그러나 동시에 젖과 꿀이 흐르는 땅이란 다른 의미로도 해석이 된다. 고대 근동 아시아에서는 젖과 꿀은 신들의 음료요 음식이었다.[1] 그렇다면 젖과 꿀이 흐르는 땅이란 젖과 꿀이 풍요로운 신들

---

[1] P. J. Budd, *Numbers*, WBC(Waco : Word Books, 1984), 145에서

의 동산을 가리키는 것일 것이다.² 그렇다면 이 표현은 가나안을 일종의 낙원에 비교하는 것이다.

어떤 해석이 옳든지간에 가나안은 그 당시 매우 풍요로운 곳이었음이 분명하다. 주전 18세기의 시누헤(Sinuhe)라는 애굽인은 가나안에 대해 다음과 같이 밝히고 있다.

> 야아(Yaa)라고 불리우는 아름다운 나라이다. 무화과와 포도나무가 있으며, 물보다는 포도주가 많은 곳이다. 꿀도 풍요하며, 감람나무도 셀 수 없이 많고, 온갖 종류의 과수가 나무에 달려 있다. 보리와 밀이 있으며, 헤아릴 수 없는 가축들이 있다……나는 매일 음식으로 빵과, 음료로 포도주를 마셨으며, 삶은 고기와 구운 거위와 사막에서 사냥한 고기들을 먹었다.³

어찌되었든 이스라엘의 전통에서는 젖과 꿀이 흐르는 땅은 오직 약속의 땅인 가나안뿐이었다. 물론 고대 근동 아시아에서 "젖과 꿀이 흐르는 땅"이 가나안을 가리키는 고정적인 표현이었다는 것은 아니다. 젖과 꿀이 흐르는 땅이란 적확한 표현은 아니지만, 우가릿 문헌에도 기름(젖)과 꿀이 평행으로 나온다.

"만일 전능한 바알루(바알 신)가 살아 있다면

젖과 꿀이 원래 신들의 음식이었다는 추측에 대한 강한 근거가 없다고 주장한다.
² 창세기 13:10은 요단 들을 "하나님의 동산" 같았다고 적고 있다. 이렇게 본다면 젖과 꿀이 흐르는 땅이란 신의 동산이란 의미로 쓰였을 가능성이 크다.
³ H. Gressmann, *Altorientalische Texte und Bilder*, 2nd ed., 1926, 55-61. N. M. Sarna, *Exploring Exodus : The Heritage of Biblical Israel*(N.Y. : Schocken Books, 1987), 46-47 참조.

땅의 주인 왕이 살아 존재한다면
자비로운, 선한 일루(우가릿의 최고 신)의 꿈 안에서
피조물의 창조주의 환상 안에서
하늘은 기름을 내릴 것이며
와디는 꿀을 흘릴 것이다."
　　　　　　　　　-KTU 1. 6 : Ⅲ. 3-7-

　이 점을 고려한다 하더라도 성경의 전통 안에서는 "젖과 꿀이 흐르는 땅"은 가나안뿐이다. 그런데 여기서 다단과 아비람은 애굽을 가리켜 "젖과 꿀이 흐르는 땅"이라고 부르고 있다. 이것은 매우 충격적인 것이 아닐 수 없다. 그러나 다단과 아비람이 모세에게 대항하면서 보인 태도로 볼 때 그리 놀랄 일도 아니다. 사실상 이것은 출애굽기 3 : 8에서 떨기나무 불꽃 가운데 나타나신 여호와께서 하신 말씀 가운데 가나안 땅에 대한 표현을 패러디한 것으로 볼 수 있다. 가나안 땅을 젖과 꿀이 흐르는 땅으로 묘사한 것은 성경에서 이곳이 처음이기 때문이다. 창세기의 족장들의 약속에는 "젖과 꿀이 흐르는 땅"이란 언급은 단 한번도 없다.

"나는 네 조상의 하나님이니
아브라함의 하나님, 이삭의 하나님,
야곱의 하나님이니라……
내가 애굽에 있는 내 백성의 고통을 정녕히 보고
그들이 그 간역자로 인하여 부르짖음을 듣고
그 우고를 알고 내가 내려와서
그들을 애굽인의 손에서 건져 내고
그들을 그 땅에서 인도하여
아름답고 광대한 땅,
젖과 꿀이 흐르는 땅

곧 가나안 족속, 헷 족속, 아모리 족속
브리스 족속, 히위 족속,
여부스 족속의 지방에 이르려 하노라"(출 3:6-9).

여호와께서는 분명히 이스라엘을 애굽에서 건져 내어 젖과 꿀이 흐르는 땅으로 인도하여 들이겠다고 선언하였다. 그럼에도 불구하고 다단과 아비람은 하나님의 의도와는 정반대로 애굽을 젖과 꿀이 흐르는 땅으로 부르면서 도대체 모세가 말하는 젖과 꿀이 흐르는 땅은 어디에 있느냐고 조롱하고 있다. 가나안에 대한 하나님의 특징적 표현을 애굽에 적용시킨 다단과 아비람의 자의적 패러디는 그만큼 심각한 것이다. 이들이 식구들과 함께 땅 속에 빠져 비참한 최후를 맞은 것은 이런 점에서 볼 때 충분히 이해할 만한 것이다.

3. 교회로 오라, 그리고 죄를 범하라

"너희는 벧엘에 오라, 그리고 범죄하라
길갈에 오라, 그리고 죄를 더하라
아침마다 너희 희생을 드리라
삼 일마다 너희 십일조를 드리라
누룩 넣은 것을 불살라 수은제로 드리라
낙헌제를 소리내어 광포하라
이스라엘 자손들아
이것이 너희의 기뻐하는 바니라"(암 4:4-5).

"너희는 벧엘에 오라"[4], "길갈에 오라"는 명령은 제사장들이 외

---

[4] "오라"고 번역되어 있는 히브리어 בוא는 오라 혹은 가라로 번역될 수

치는 예배에의 부름처럼 들린다. 전통적인 예배 의식에서는 예배에 초입경(初入經, introit)이라는 순서가 있다. 이 말은 "들어간다"는 뜻인데, 예배가 시작될 때 제사장이 제단이 있는 곳으로 들어가는 것을 가리키는 순서를 의미한다. 오늘날은 예배에의 부름이라고 흔히 부른다. 미국의 루터파 교회에서는 오순절이 시작되는 제25주 중일에 "오라, 창조주 주님 앞에 무릎 꿇어 엎드려 절하고 예배드리자"라고 되어 있다고 한다. 이것은 시편 95편에서 인용한 것이다. "오라 우리가 여호와께 노래하며 우리의 구원의 반석을 향하여 즐거이 부르자"(1절). 이 구절 또한 고대 이스라엘 백성들을 예배에로 부르는 기능을 가지고 있었다.

그렇다면 "벧엘로 오라, 하나님께 예배드리자." 이런 투의 초입경은 벧엘이나 길갈과 같은 이름난 성소에서는 제사장들로부터 흔히 들을 수 있었을 것이다.[5] 따라서 아모스가 "벧엘로 오라"고 하였을 때, 당시 이스라엘 백성들은 당연히 "하나님께 예배하라" 혹은 이와 유사한 내용을 기대하였을 것이다. 그러나 아모스는 전연 기대하지 않았던 "범죄하라"를 외쳤다. 아모스는 제사장들의 예배에의 부름을 패러디화하여 비웃고 있는 것이다. 현대에 맞게 번역한다면 "교회로 오라, 그리고 죄를 지으라"고 할 수 있을 것이다.

있다. 한글 개역 성경에서는 "가라"로 번역하고 있다.
  [5] 벧엘은 여로보암 1세 왕이 예루살렘에 대항하려는 목적에서 세운 두 성소 가운데 하나이다(왕상 12:28-32). 그러나 벧엘은 족장 시대부터 중요한 성소였으며(창 28:10ff.), 사사 시대에는 지파들의 종교적 삶에서도 역할을 감당하였다(삿 20:18). 더욱이 8세기 중반에 벧엘은 "왕의 성소요 왕의 궁"으로까지 격상되었다(암 7:13). 한편 길갈은 여리고 동쪽 경계에 있는 성소로서, 이스라엘이 가나안 땅에 들어올 때 중요한 역할을 담당하였다(수 4-5장). 사울이 이곳에서 왕으로 기름 부음받았으며(삼상 11:14-15), 8세기에는 순례와 제사가 끊이지 않는 성소로 알려졌다.

도대체 벧엘에 가서 무엇을 하길래, "벧엘로 와서 범죄하라"고 비웃는 것일까? 당시의 성소 순례자들은 순례 첫날 희생 제사를 드리고, 제 3 일에는 일년의 십일조를 드렸던 것 같다.[6] 그런데 아모스는 한 술 더 떠 매일같이 희생 제사를 드리고, 매 3 일마다 십일조를 바치라고 부추기고 있다. "아침마다 너희 희생을 드리라. 삼일마다 너희 십일조를 드리라."

그러고는 왜 이를 가리켜 "죄를 더하는" 것이라고 비웃는 것인가? 어찌하여 아침마다 드리는 희생과, 삼일마다 드리는 십일조가 죄를 더하는 것인가?

그 이유를 우리는 예배에의 부름의 이유를 담은 구절에서 찾을 수가 있다. "이스라엘 자손들아 이것이 너희의 기뻐하는 바니라." 보통 예배에의 부름 다음에는 이에 대한 이유가 등장한다. 시편 95편에서도 예배로의 부름이 있은 후에 "대저 저는 우리 하나님이시요 우리는 그의 기르시는 백성이며 그 손의 양이라"(7절)는 이유가 등장한다. 그런데 아모스의 풍자에서는 예배드리는 이유가 "이것이 너희의 기뻐하는 바니라"고 되어 있다. 아모스는 벧엘에서 행해지는 예배는 하나님을 기쁘시게 하는 데 목적이 있는 것이 아니라고 선언한다. 오히려 정반대로 자기 자신을 기쁘게 하는 데 있다고 비꼬고 있다.

특별히 벧엘은 십일조와 연관되어 있는 성소이다(창 28 : 22). 따라서 많은 이스라엘 백성들이 벧엘에 가서 십일조를 드리고 낙헌제와 수은제를 드리는 일을 요란스레 거행하였다. 이에 아모스는 "낙헌제를 소리내어 광포하라"고 부추기고 있다. 그러나 이런 모

---

[6] J. L. Mays, *Amos*, OTL(Philadelphia : Westminster, 1969), 75.

든 종교 행위는 아모스가 볼 때에는 자신을 드러내며, 자신의 유익을 위해 추구하는 자기 예배 행위였다. 따라서 이런 종교 행위는 하나님과의 화해를 가능케 하는 것이 아니라, 하나님께 반역하는 범죄 행위였던 것이다. 결국 예배의 근거는 여호와가 아니라 바로 이스라엘 자신들이었다.

오늘날 일천번제라 하여 예배 모임 때마다 헌금을 내는 것을 독려하는 일부 목회자들과 이에 편승하여 이름까지 밝히면서 헌금을 하는 것을 자랑으로 여기는 한국 교인들에게 아모스가 무엇이라고 할까? 교회에 와서 죄를 범하라고 하지는 않을까?

4. 산헤립의 패러디

히스기야 왕(주전 715-687)은 부친 아하스가 치세 기간 내내 앗수르에 복속되어 있었던 것을 참지 못하였다. 이에 왕위에 오르자 앗수르로부터 벗어나는 정책을 채택하였다. 사르곤 2세가 통치하고 있는 동안에는 앗수르와 노골적인 단교 조치를 취하지는 않았으나, 아들 산헤립(주전 704-681년)이 왕위를 계승하자 히스기야는 이제 기회가 왔다고 생각하였다. 따라서 앗수르에 대한 조공을 거부하고(왕하 18:7), 독립을 추진하였다. 이로 인해 히스기야는 산헤립의 공격을 받게 되었다.

정확히 몇 번의 공격을 받았는지에 대해서는 학자들의 의견이 분분하나, 열왕기하 18:17-19:37에 언급되어 있는 사건들은 주전 701년의 공격이 아니라, 688년의 침공인 것으로 보인다.[7] 산헤

---

[7] 존 브라이트, 이스라엘 역사, 박문재 역(서울: 크리스챤 다이제스트, 1993), 393.

립은 해안 평야에 나타나서 유다의 국경 요새들을 항복시키고, 히스기야를 다시 한번 예루살렘에 봉쇄해 놓았디. 그러나 이집트의 디르하가가 히스기야를 도우러 진격해 왔다. 산헤립은 바로와 대결하기 전에 유다 문제를 해결하길 원하였으나, 공격으로는 오랜 시간이 걸릴 것을 알았다. 따라서 총사령관인 랍사게를 보내 항복을 권유하였다. 열왕기하 18:32의 본문은 랍사게가 항복을 권유하던 가운데 나오는 문장이다.

"내가 장차 와서 너희를 한 지방으로 옮기리니
그곳은 너희 본토와 같은 지방
곧 곡식과 포도주가 있는 지방이요
떡과 포도원이 있는 지방이요
기름 나는 감람과 꿀이 있는 지방이라
너희가 살고 죽지 아니하리라"(왕하 18:32).

랍사게는 "여호와께서 정녕 우리를 건지실찌라"(왕하 18:30)고 말하는 히스기야의 말에 속지 말라고 외친다. 오직 산헤립만이 생명을 줄 수 있다고 선언한다. "너희가 살고 죽지 아니하리라"(왕하 8:32). 그뿐만이 아니다. 산헤립은 여호와만이 주실 수 있는 것을 주겠다고 약속한다. 그런데 이 표현은 신명기 8:7-9을 생각나게 한다.

"네 하나님 여호와께서
너로 아름다운 땅에 이르게 하시나니
그곳은 골짜기에든지 산지에든지
시내와 분천과 샘이 흐르고
밀과 보리의 소산지요
포도와 무화과와 석류와

감람들의 나무와 꿀의 소산지라
너의 먹는 식물의 결핍함이 없고
네게 아무 부족함이 없는 땅이며
그 땅의 돌은 철이요
산에서는 동을 캘 것이라"(신 8:7-9).

이렇게 보면 열왕기하 18:32은 신명기 8:7-9의 패러디인 것처럼 보인다.[8] 랍사게가 주겠다고 약속한 것은 사실상 하나님만이 주실 수 있는 것이다. 포도나무와 무화과의 결실이 보장하는 안전, 좋은 것들로 가득 찬 땅, 생명은 인간이 보장할 수 있는 것들이 아니다. 그럼에도 불구하고 산헤립은 자기가 이것들을 주겠다고 큰소리 친다. 우리에게 중요한 것은 산헤립의 말이 신명기의 한 구절의 패러디라는 데 있다.

그렇다면 이 같은 패러디는 어떤 효과와 기능을 갖는가? 패러디는 산헤립의 주장이 얼마나 교만한지를 잘 보여 준다. 산헤립의 말을 신명기의 하나님의 말씀에 대한 패러디로 만듦으로써 성경 기자는 산헤립의 교만을 강하게 부각시키고 있다.

이것은 연이어 나오는 신성 모독에 가까운 랍사게의 말에 의해 증명이 된다.

"히스기야가 너희를 면려하여 이르기를
여호와께서 우리를 건지시리라 하여도 듣지 말라

---

[8] R. Nelson, *First and Second Kings*, Interpretation(Atlanta : John Knox, 1987), 238-239.
　　T. R. Hobbs, *2 Kings*, WBC(Waco, Texas : Word Books, 1985), 259.

열국의 신들 중에 그 땅을
앗수르 왕의 손에서 건진 자가 있느냐
하맛과 아르밧의 신들이 어디 있으며
스발와임과 헤나와 아와의 신들이 어디 있느냐
그들이 사마리아를 내 손에서 건졌느냐
열국의 모든 신 중에 누가 그 땅을 내 손에서 건졌기에
여호와가 예루살렘을 내 손에서
능히 건지겠느냐 하셨느니라"(왕하 18 : 32 - 35).

여기서 산헤립은 유다에게 여호와와 자신 가운데 택일을 요구하고 있다. 과연 이스라엘의 하나님은 천하의 유일하신 참하나님이신가? 아니면 산헤립이 폐위시킨 다른 헛된 신들처럼 공허한 존재임이 드러날 것인가? 산헤립의 도전은 여호와 유일신을 섬기는 자들에게 묵과할 수 없는 도전이었다.

그러나 산헤립의 비참한 말로는 이런 도전이 가져올 치명적인 위험을 웅변적으로 보여 주고 있다.

"이 밤에 여호와의 사자가 나와서 앗수르 진에서 군사 십팔만 오천을 친지라 아침에 일찌기 일어나 보니 다 송장이 되었더라 앗수르 왕 산헤립이 떠나 돌아가서 니느웨에 거하더니 그 신 니스록의 묘에 경배할 때에 아드람멜렉과 사레셀이 저를 칼로 쳐 죽이고 아라랏 땅으로 도망하매 그 아들 에살핫돈이 대신하여 왕이 되니라"(왕하 19 : 35 - 37).

5. 부담스런 하나님의 지나친 관심

"사람이 무엇이관대 주께서 크게 여기사

그에게 마음을 두시고
아침마다 권징하시며
분초마다 시험하시나이까
주께서 내게서 눈을 돌이키지 아니하시며
나의 침 삼킬 동안도 나를 놓지 아니하시기를
어느 때까지 하시리이까
사람을 감찰하시는 자여
내가 범죄하였은들 주께 무슨 해가 되오리이까
어찌하여 나로 과녁을 삼으셔서
스스로 무거운 짐이 되게 하셨나이까"(욥 7:17-20).

하나님께서, 인간이 어떤 죄를 저지르는지를 눈이 빠지게 바라보며 감시할 필요가 무엇이냐고 욥은 항의한다. 침을 삼킬 동안도 내버려 두지 않는 하나님의 관심이 욥에게는 짐이었다. 세상을 창조하고 홀로 다스리시는 만왕의 왕이 무엇 때문에 티끌보다 못한 인생에 대해 관심을 갖느냐는 것이다. 인간이 죄를 지어 보았자 하나님께는 해가 될 턱이 없을텐데 무엇 때문에 인생이 죄를 짓는지 안 짓는지 감찰할 필요가 무엇이 있느냐는 것이다. 무엇 때문에 인생이 하는 일을 아침마다, 분초마다 시험하셔서 스스로 짐이 되게 하느냐는 것이다. 하나님이 세상의 일에 지나친 관심을 갖는 것이 욥에게는 부담스러운 것이었다.

원래 이 욥의 말은 시편 8:4-5을 패러디한 것이다.[9]

"사람이 무엇이관대 주께서 저를 생각하시며

---

[9] Thomas Jemielity, *Satire and the Hebrew Prophets*, Literary Currents in Biblical Interpretation(Louisville : Westminster/John Knox Press, 1992), 36.

인자가 무엇이관대 주께서 저를 권고하시나이까
저를 천사보다 조금 못하게 하시고
영화와 존귀로 관을 씌우셨나이다."

여기서는 인간에게 관심을 가지시는 하나님을 찬양하고 있다. 별 볼일 없는 인간을 생각하시고, 영화와 존귀로 관 씌우신 하나님을 노래하고 있다. 그러나 욥은 오히려 이 같은 하나님의 인간에 대한 지대한 관심이 반갑지 않았다. 역경과 재난 가운데서 욥은 오히려 이 같은 관심이 고통스럽고 괴로웠다. 이에 욥은 시편 8편을 패러디화하여 우주의 스크루지 하나님을 풍자화하고 있는 것이다.

여기서 우리는 큰 교훈을 얻을 수 있다. 우리가 원하는 대로 상황이 전개되지 않을 때 우리는 하나님이 우리에게 관심을 보이지 않는다고 생각한다. 그러나 이것은 사실과 다르다. 오히려 하나님께서 지나친 관심을 가지신 것이 문제일 수 있기 때문이다.

사실 그의 백성이 죄를 좀 지은들 무슨 상관이 있는가? 그냥 내버려 두시면 안 되는가? 왜 하나님께서는 사사건건 참견하시는 것인가? 그의 백성이 잘되면 무엇이 문제인가? 그냥 못 본 척하셔도 될 것 같은데 하나님께서는 그렇게 하지 않으신다. 그 이유가 무엇인가? 하나님의 지극한 관심 때문이다. 그냥 놔둬도 될 터인데, 아침마다 권징하시며 분초마다 시험하시는 이유가 무엇인가? 하나님의 돌보심 때문이다.

하나님은 우리의 아버지이시기에 지극한 관심을 가지고 우리를 돌보신다. 아버지로서 하나님은 자식을 돌보고 자식의 안전을 책임지는 역할을 하신다. 아버지가 된다는 것의 핵심적인 의미는 자식을 돌보고, 자식의 안전을 책임지는 것이다. 하나님께서 "이스라엘은 내 아들 내 장자라……내 아들을 놓아서 나를 섬기게 하라"(출 4:22-23)고 하신 것은 당연한 권리 요구였다.

이렇게 자식을 돌본다면 부친은 자식에게 요구할 권리도 있는 것이다. 신명기 32:6에는 "우매무지한 백성아 여호와께 이같이 보답하느냐 그는 너를 얻으신 너의 아버지가 아니시냐 너를 지으시고 세우셨도다" 하여 여호와를 이스라엘을 지으신 창조주로 제시하며, 이스라엘의 감사를 요구하시는 분으로 나타낸다. 그러기에 자식들이 부친의 요구에 제대로 순응하는지를 늘 감찰하시는 것이다. 스스로 짐이 될 정도로 그의 자녀들의 일거수 일투족을 살펴보시는 것이다.

그러다가 자녀들이 순종치 않으면 징계하시는 것이다. 그러다 보면 그의 자녀들은 어려움을 겪게 된다. 병으로, 기근으로, 전쟁으로 고통을 당한다. 우리가 원하는 대로 되지 않는다. 그러나 이것은 자녀를 징계하는 아버지의 관심에서 나온 것이다.

그러나 극심한 고통 가운데 있는 욥에게는 이런 관심이 즐거울 리 없는 것이다. 이에 하나님의 지극한 관심을 찬양하고 있는 시편 8편을 패러디화하여 자신의 고통을 호소하고 있는 것이다.

> 욥에게 있어서 하나님의 관심은 더 이상 하나님의 은혜의 지표가 아니었다. 오히려 그것은 삶의 고통의 일부였다. 냉엄한 현실 속에서 삶은 오직 눈물 골짜기였다. 하나님의 임재는 단지 그에게 자신의 보잘것없음을 상기시켜 주는 역할만을 할 따름이다. 창조에 있어서의 (인간의) 특별한 지위에 대한 이스라엘의 신앙 고백은 짐이 되었다. 욥은 현실적으로 살아가야 하는 삶과, 창조 속에서

의 사람의 특별한 지위에 대한 종교적 전통 사이에 긴장
을 깊이 느끼고 있었다.[10]

그렇다면 인간에게 약속된 창조 안에서의 특별한 지위와 현재의 냉엄한 현실의 고통 사이의 괴리는 어떻게 되는 것인가? 히브리서 기자는 이 같은 인간의 문제는 그리스도의 삶 가운데서 그 해답을 발견할 수 있다고 본다. 예수 그리스도에 비추어 인간을 이해할 때만이 하나님이 인간에게 의도한 것이 무엇인가를 알 수 있다는 것이다. 하나님은 일상적인 삶의 위협들로부터 자유로운 인간을 의도하시지 않았다는 것이다. 오히려 그리스도는 모든 사람들에게 삶을 가져다 주기 위하여 잠시 동안 인간의 모든 고통 속으로 스스로 들어오신 분이시기 때문이다.

"사람이 무엇이관대 주께서 저를 생각하시며
인자가 무엇이관대 주께서 저를 권고하시나이까
저를 잠깐 동안 천사보다 못하게 하시며
영광과 존귀로 관 씌우시며
만물을 그 발 아래 복종케 하셨느니라 하였으니

만물이 저에게 복종케 하셨은즉
복종치 않은 것이 하나도 없으나
지금 우리가 만물이 아직 저에게 복종한 것을 보지 못하고
오직 우리가 천사들보다 잠깐 동안 못하게 하심을 입은 자
곧 죽음의 고난받으심을 인하여
영광과 존귀로 관 쓰신 예수를 보니

---

[10] 브레바드 S. 차일즈, 성경 신학의 위기, 박문재 역(서울 : 크리스챤 다이제스트, 1992), 157.

이를 행하심은 하나님의 은혜로 말미암아
모든 사람을 위하여 죽음을 맛보려 하심이라"(히 2:6-9).

위의 본문에서 히브리서 기자도 시편 기자와 마찬가지로 인간이 피조물 가운데서 특별한 위치, 즉 하나님의 한없는 사랑의 대상임을 인정한다. 왜냐하면 하나님이 그의 아들을 보내신 것은 이 세상을 사랑하셨기 때문이라는 것이다. 그러나 사람이 이런 존귀한 지위를 획득하는 것은 고통과 죽음을 통해서만 가능하다. 이 점을 예수 그리스도는 삶으로 확증하였다는 것이다.

이렇게 본다면 시편 8편, 욥기 7장, 히브리서 2장은 약속된 인간의 높은 지위와 인간의 현실적 고통에 대한 성경 전체의 메시지라 할 수 있다. 이 점에서 우리는 차일즈의 다음의 말에 주목할 필요가 있다.

> 우리 시대에 있어서 기독교 해석자의 도전은 성경 전체 안에 있는 전체 음계를 듣고 이 성경적 증언의 함의와 씨름하는 것이며, 무엇보다 더 여전히 선지자들과 사도들을 통하여 말씀하고 계시는 살아 계신 하나님 앞에서 우리 시대의 고뇌와 정면으로 씨름하는 것이다.[11]

6. 하나님의 핵폭탄 선언

"여호와께서 이르시되
그 이름을 로암미라 하라
너희는 내 백성이 아니요

---

[11] 차일즈, 성경 신학의 위기, 158.

나는 너희의 에흐예(Ehyeh)[12]가 아니라"(호 1:9).

호세아가 고멜과의 사이에서 세번째 아이를 낳자, 여호와께서는 그 이름을 로암미라고 지으라고 지시하셨다. 그러고는 이름에 대한 부연 설명을 붙이셨다. "너희는 내 백성이 아니요." 여기서 "백성"이라는 단어는 이스라엘과 여호와의 언약 용어 가운데 하나이다. 시내산에서 맺은 언약을 설명하는 기본 공식은 "너희는 내 백성이 되고 나는 너희 하나님이 되리라"(출 6:7; 레 26:12; 신 26:17ff.; 삼하 7:24; 렘 7:23, 11:4)이다.

따라서 호세아의 셋째 아이의 이름을 로암미라 지으라고 한 것과 "너희는 내 백성이 아니라"고 선언한 것은 언약이 더 이상 유효하지 않음을 선포한 것이다. 그렇다면 언약 공식에 따라, "너희는 내 백성이 아니요"라고 했다면 "나는 너희 하나님이 되지 아니할 것이라"는 후반부를 기대하였을 것이다.[13] 그러나 여호와께서는 하나님이란 용어 대신 에흐예를 사용하셨다. 문자적으로 번역하면 "나는 너희의 에흐예가 아니다"(I am not your I-AM<Ehyeh>)이다.[14] 더 정확히 번역하자면 "나는 너희의 로에흐예이다"라고 해야 할 것이다. 이렇게 되면 로에흐예(not your Ehyeh)와 로암미(not my people)는 잘 맞는 한 쌍의 단어가 된다.[15]

---

[12] אֶהְיֶה

[13] 한글 개역 성경은 맛소라 히브리 본문이 쉽게 이해되지 않으므로 하나님이란 단어를 넣어서 읽고 있다. 그러나 맛소라 본문은 그대로 유지되어야 한다. 칠십인경은 kai egō ouk eimi hymōn(나는 너희의 것이 아니라, I am not yours)으로 되어 있어 맛소라 본문을 지지하고 있다. 에흐예(Ehyeh)는 고유 명사이기 때문에 소유대명사 접미사가 붙지 못하고, 간접적으로 너희에게(לָכֶם)라는 어구가 붙은 것이다.

[14] לֹא־אֶהְיֶה

[15] 히브리어로 로(לֹא)는 "아니"라는 의미의 조사이다.

여기서 에흐예는 여호와의 이름이 모세에게 계시되는 출애굽기 3:14에만 나타나는 동사 형태의 신명(神名)이다. 물론 형태는 동사이나, 출애굽기 3:14에는 이름으로 쓰인 것이 분명하다.

"하나님이 모세에게 이르시되
에흐예 아셰르 에흐예[16](Ehyeh is who I am).[17]
또 이르시되 너는 이스라엘 자손에게 이같이 이르기를
에흐예[18]가 나를 너희에게 보내셨다 하라."

여기서 우리는 에흐예가 고유 명사로 쓰이고 있음을 분명히 알 수가 있다. 그렇다면 에흐예는 여호와(YHWH)[19]라는 공식 명칭과 대조되는 비밀 이름으로 쓰였는지 모른다. 사실상 에흐예의 발음, 의미, 역사가 어떠하든지간에 에흐예는, 같은 동사(하야: hāyāh)[20]에서 파생한 3인칭 형태의 여호와라는 이름에 상응하는 1인칭 형태의 이름이라 할 수 있다.[21]

이런 문맥에서 살펴볼 때, 여호와께서 "나는 너희 에흐예가 아니라"고 하신 선언은 엄청난 충격으로 다가온다. 나는 너희 하나님이 아니라고 하신 것보다는 훨씬 강력한 효과를 드러낸다. 왜냐하면 단지 언약 공식을 넘어, 신비하고 전능하신 하나님의 임재마저 부인하는 핵폭탄 같은 선언이기 때문이다. 그 동안 이스라엘의 구원이 가능했던 것은 바로 에흐예의 임재 때문이었다. 그런데 여호와께서는 호세아를 통해 이스라엘 백성들에게 "나는 너희의 에흐

---
[16] אֶהְיֶה אֲשֶׁר אֶהְיֶה
[17] Andersen and Freedman, *Hosea*, 199.
[18] 한글 개역 성경은 "스스로 있는 자"라고 번역하고 있다.
[19] יהוה
[20] הָיָה
[21] Andersen and Freedman, *Hosea*, 199.

예가 아니다"라고 선언하신 것이다. 출애굽기 3:14의 신명인 에흐예를 패러디화하여, 하나님의 임재가 아니라 하나님의 부재를 선포하고 있는 것이다.

이 하나님의 이름에 대한 패러디는 이스라엘 백성들이 더 이상 하나님으로부터 어떤 보호와 축복도 기대할 수 없음을 웅변적으로 선언하고 있다. 이것은 여호와와 이스라엘 백성 사이가 이제 끝장이 났음을 의미하는 것이 아니다. 이제 여호와께서 언약을 어긴 자에게 언약의 저주를 실행할 것임을 선포하고 있는 것이다.

7. 결론

패러디는 남의 작품의 시구나 문체를 따 와서 내용이 전연 다른 것을 표현하여 외형과 내용의 부조화를 통해 어떤 메시지를 전하려는 기법이라고 할 수 있다. 이 기법은 현대 코미디에서처럼 그저 웃음을 지어내기 위해서 사용하는 테크닉이 아니다. 대상을 희화화하여 날카롭게 풍자하거나, 전달하려는 요점의 충격을 극대화하려는 데 그 목적이 있는 탁월한 문예 기법이다.

제 5 부

결론 : 언어는 존재의 집

19
언어의 직공이 되라

1. 미안하다는 말 한마디

　서울대 여조교의 성희롱 사건이 1심 재판부에서 원고의 승소로 끝났을 때, 원고인 여조교가 한 말이 무엇인가? 인간적으로는 아버지뻘 되는 사람에게 망신을 끼쳐 미안하다고 하면서, 문제가 불거져 나온 이후, 교수가 한 번이라도 "미안하다"는 말을 했다면 법정으로까지 비화되지는 않았을 것이라고 했다. 미안하다는 말을 하고 안 하고가 이토록 대수인가? 꼭 말로 해야 하는가? 사람들은 이렇게 항변조로 말한다. 그러나 이것이 인간 세상이다. 흔히 사람들은 수사법이나 문학 기교를 내용 전달과는 상관이 없는 그저 장식품으로 생각한다. 그러나 이것은 잘못이다. 어떻게 전달하느냐에 따라 내용이 달라지기 때문이다.

2. 성경 기자는 언어의 장인

　이를 입증하기라도 하듯, 성경 기자는 탁월한 언어의 장인(匠人)이었다. 자신이 하려는 이야기를 곡진하고 실감나게 하기 위해 언어와 치열한 싸움을 한 언어의 대가라고나 할까! 그저 사상이나 개념을 전달하기 위해 중립적인 전달의 용기로 언어를 사용한 것이 아니다. 성경 기자는 그저 단어들의 사전적 의미의 합산만으로 메시지를 전달한 기계적 필사자들이 아니었다.

성경 기자는 소리의 기교나 테크닉을 이용하여 본문에 주의를 기울이게 하고, 특정한 주제를 부각시키며, 특정한 분위기를 창출할 줄 아는 능력의 소유자였다. 성경 기자는 유사하거나 동일한 발음을 반복하여 새로운 유기적 질서를 구축하고 새로운 의미를 창출할 줄 아는 소리의 대가였음을 살펴보았다. 본문의 가장 밑바닥에 깔린 소리의 층이 단지 형식으로서의 가치만 지니는 것이 아니라, 내용과 유기성을 가지도록 구성되었다는 점은 이를 잘 보여 주고 있다.

어디 그뿐인가? 성경 기자는 독자를 설득하기 위해 고도의 함축적인 언어 기술을 사용한 비유의 대가였다. 독자들은 언제 끌려왔는지 모르게 자연스럽게 성경 기자의 판단과 해석에 고개를 끄덕이게 된다. 추상적 사고를 생동감 있게 전달하는 직유, 세계 인식의 수단이요, 세계 축조의 도구이며 정서 전달의 채널이 되는 은유, 사물에 대한 인습적 시각을 거부하고 고유한 별명을 통해 사물에 대한 새로운 인식을 가능케 하는 제유와 환유, 인간적 표현들을 통해 세계의 현상을 이해하고 현실에 대응하는 방식을 제시하는 의인법, 인간의 상상의 신경을 건드려 전인격에 호소하는 상징, 속뜻을 숨기고 다른 사물을 내세워 그것으로 감추어진 의미를 드러내는 알레고리 같은 설득의 장치를 성경 기자는 유효 적절하게 사용하였다. 이런 장치는 단순한 언어의 장식적 요소가 아니다. 돼지 목에 금목걸이 정도로 내용과는 아무 의미가 없는 미적 요소만을 증진시키는 정도의 장식 기법이 아니다. 이런 언어 장치들은 세계를 이해하고 그 안에서 인간의 사고 행동을 통제하는 인식과 행동의 도구이다. 이런 사실은 인간의 마음 또는 의식의 총체가 은유, 환유, 범주, 상징, 이미지 등의 망상 조직으로 이루어져 있다는 현대 언어학과 철학의 주장과도 일치한다. 결국 이런 언어 장치를 수사학적 도구로 사용한 성경 기자들은, 언어학과 철학의 발전이 있기 수천년 전에 이미 이런 사실을 알고 있었던 선각자였다고 한다면 지나친 주장일까?

더욱이 성경 기자는 독자로 하여금 스스로 이야기를 해석하도록 안내하는 수사학적 기법을 사용하였다. 단도 직입적으로 이야기하기보다는 우회적으로 말함으로 더 큰 효과를 거두는 방법을 택한 것이다. 비판적 의도를 속으로 숨기고 시침을 떼면서도 날카로운 비수를 조용히 허리에 갖다 대는 아이러니, 잘못된 모순이나 현실의 부조리를 빗대어 비웃으며 폭로함으로써 은폐된 인간의 악과 어리석음을 드러내는 풍자, 우리 눈에 안 보여 잊어버리기 쉬운 것의 중요성을 드러내 보여 주는 과장법, 남의 표현이나 문체를 따 와서 외형과 내용의 부조리를 통해 어떤 메시지를 전하려는 패러디 같은 언어 장치는 독자를 해석의 과정에 깊이 들어와 스스로 결론을 내리게 만드는 탁월한 설득의 장치이다.

이렇게 볼 때에 우리는 성경 기자가 탁월한 언어의 장인이었다는 사실을 확실히 느낄 수가 있다. 그러나 우리는 성경을 성경 기자가 어떤 신통력을 받아서 일사천리로 단숨에 써 내려간 것으로 착각한다. 하나님의 영감을 받아서 기록했다는 것을 이런 식으로 해석하는 이들도 적지 않으니, 슬픈 일이 아닐 수 없다. 하나님의 영감은 성경 기자의 문학적 재질, 당시의 문예적 관습과 신학적 전통과 결별한 상태로 주어진 것이 아니다. 더욱이 성경 본문은 한 사람의 독창적이고 천재적인 성경 기자에 의해 어느 날 밤 단숨에 쓰여진 것이 아니다. 오랜 세월 동안 하나님의 백성들과 시인들과 제사장들과 선지자들에 의해 전해져 내려오던 것을 하나님의 영감을 받은 성경 기자들이 각고의 노력으로 결정화시킨 것이다.

여기서 한 가지 오해를 조심해야 한다. 성경 기자가 언어의 장인이었다는 것은 말에 멋부리기를 잘했다는 말이 아니다. 게다가 찬란한 문채와 휘황한 언어 구사에 뛰어난 인물이라는 뜻은 더 더욱 아니다. 청산 유수로 줄줄 말을 뱉어 내는 빼어난 입담의 소유자라는 말도 아니다. 인간과 우주와 하나님에 관해 깊이 통찰한 생각, 사려 깊게 정리한 생각, 조리 있는 생각이 간략하면서도 명쾌하게, 단순해 보이면서도 그 깊이를 알 수 없는 천금의 무게로 전달되고 있다는 말이다.

좋은 생각이 없이는 좋은 글이 될 수 없는 것이다. 성경 본문에 담긴 영롱한 진리는 단순히 말의 때깔 부리기에서 생겨난 것이 아니다. 계시를 통해 하나님과 인간과 우주에 대한 탁월한 통찰력과 직관에서 생겨난 것이다. 그러나 이런 통찰력과 직관은 그저 내용만 전달되면 되는 것이 아니다. 물론 감동적인 글은 머리가 아니라 가슴으로 쓰는 것이다. 그러나 더 좋은 글은 감동적인 것을 이성적인 마음으로 쓰는 것이다. 훌륭한 글, 독자를 감동시키는 글은 쓴 사람의 세밀한 계산에 의해 쓰여진 글이 대부분이다. 치밀한 구도와 정확한 언어의 선택이 없이는 감동을 창출할 수가 없다. 우리는 이런 사실을 성경 기자들이 수천년 전에 기록으로 남긴 구약성경 가운데서 확인할 수 있었다. 성경 기자가 탁월한 언어의 직공이었다는 점은 구약성경이 하나님의 계시의 말씀이라는 진리로부터 연역해 낸 명제가 아니다. 실제적인 언어 분석을 통해 드러난 사실이다.

3. 우리도 언어의 직공이 되어야 한다

만일 성경 기자가 언어의 직공이었다면, 성경 해석자들은 어찌 해야 하는가? 성경 기자가 소리의 층과 의미의 층을 유기적으로 연결시켜 핵심적 의미를 강화하는 기법을 사용하고 있는데, 해석자가 이를 알아 차릴 줄 아는 눈이 없다면 어떻게 되는 것인가? 만일 이런 소리의 층이 의미 전달과는 무관한 장식적 요소라면 큰 문제는 없을지도 모른다. 그러나 소리의 층이 의미 전달의 핵심 채널이 되고 있다면, 이를 알아 차리지 못하는 것은 본문의 의미를 놓치는 결과가 되고 만다. 성경 기자가 특정 이미지를 함축 의미가 담긴 상징으로 사용하고 있는데, 이를 알지 못하고 외시 의미에만 집착한다면 본문의 의미를 제대로 이해할 수가 없는 것이다. 성경 기자는 성경 본문을 함축 의미의 본문으로 구성하였는데, 해석자가 단어들의 외시 의미의 산술적 합산으로만 이해한다면 이는 본문을 왜곡할 수도 있는 것이다.

따라서 우리도 언어의 직공이 되어야 한다. 성경 기자가 언어적 설득 장치들을 탁월하게 구사한 언어의 장인이라면, 우리는 이를 찾아낼 줄 아는 능력을 구비해야 한다. 우선 이를 위해서 성경 기자가 탁월한 언어의 예술가였다는 사실을 인식해야 한다. 이것이 언어의 직공이 되는 첫번째 길이다. 대부분의 성경 독자들이 성경이 유기적 영감으로 기록되었다는 사실을 고백하면서도, 성경 기자가 언어의 예술가였다는 사실을 쉽사리 인정하려 들지 않는다.

이런 경향은 이들의 잘못만은 아니다. 그 동안 교계와 신학계가 보인 지배적인 태도 때문이다. 그 동안 교계와 신학계는 진보와 보수를 막론하고 성경 본문의 역사적 측면과 신학적 측면만을 고집하였으며, 예술적 측면을 등한히 한 것이 사실이다. 성경 본문은 과거의 이스라엘의 역사와 신앙을 담은 역사 문서라는 점과, 하나님의 계시인 신학적 문서라는 점을 강조하여 왔다. 따라서 성경이 역사 기록이라는 주장과 종교적 문헌이라는 점은 하등 반발의 대상이 되지 않았다. 그러나 이런 역사적-종교적 문서가 "문자"라는 형식을 통해 기록되었다는 사실에는 그리 주의를 기울이지 않았다. 따라서 성경 기자가 역사가요 신학자인 동시에 예술가였다는 사실을 주장하면 즉시 반발이 튀어나오는 것을 볼 수가 있다. 리런드 라이컨이 말하였듯이, "성경을 하나님의 말씀으로서 소중히 생각하는 기독교 신자들이 너무 성경의 신학적인 내용에만 종종 골몰하여 성경의 예술적 특색을 깨닫지 못하고 있기"[1] 때문이다.

그러나 앞서 살펴본 대로 성경 기자는 과거의 이스라엘 역사나 하나님의 계시를 무덤덤하게 현대의 기자들의 중립적 관점에 의해 기록한 이들이 아니다. 성경 기자는 자기가 하려는 이야기를 곡진하고 실감나게 하기 위해 온갖 언어적 장치를 사용한 탁월한 예술인이었다. 아직도 이 같은 점이 설득력 있게 들리지 않는다면 성경 본문을 아무것이라도 택해서 오랫동안 씨름해 보라.

두번째로 언어의 직공이 되기 위해서는 성경 기자가 사용한 언어 장치들을 통해 그가 본 것을 볼 줄 아는 상상력을 키워야 한다. 성경 본문을 보고 첫인상이나 몇 가지 관찰에 근거하여 자기 멋대로 지어내는 상상력이 아니라, 성경 기자가 사용한 언어 장치를 렌즈로 사용하여 그가 본 것을 볼 줄 아는 상상력 말이다.

루이스(C. S. Lewis)가 문학에 대해서 한 말이지만, 성경이 문

---

[1] 리런드 라이컨, 상상의 승리 : 기독교적 관점에서 본 문학, 최종수 역(서울 : 성광문화사, 1982), 24.

학은 아니되 문학 이상으로 문학적이라는 사실만 명심한다면 성경에도 해당되는 말이 된다.

> 우리는 우리 존재의 확대를 바란다. 우리는 현재의 자기 이상의 것이 되기를 원한다. 우리들 각자는 천성적으로 자기의 고유한 안목이나 선호에 의한 한 가지 관점에 서만 전세계를 보는 것이다……우리는 우리들의 눈과 상상력과 가슴뿐 아니라, 다른 사람들의 눈과 상상력과 가슴으로 보고, 상상하고, 느끼고자 원한다.[2]

상상력 하면 우리는 흔히 허구를 만들어 내는 공상과 동일시하는 경향이 있다. 따라서 기독교인들은 상상력과 기독교와는 별로 관계가 없는 것처럼 이야기한다. 그러나 성경은 상상력을 진리를 알고 표현하는 가치 있는 방편으로 인정하고 있다. 우리가 상상력이라고 부르는 것은 허구를 창조하는 공상(imaginary)이 아니다. 이성과 감정을 종합하는 능력을 가리키는 상상력(imaginative)을 의미한다. 사실상 우리의 하나님은 상상력이 뛰어나신 하나님이시다. 창조의 하나님은 우리가 도저히 생각조차 할 수 없는 환상적인 동물들과 식물들을 만드셨다. 그는 실로 이미지를 만드시는 분이시다. 구약성경의 많은 부분이 시나 묵시로 이루어졌다는 사실을 기억하라. 이것은 모두 상상력의 산물이다. 더욱이 주님은 비유로 하나님의 나라를 설명하셨다. 주님은 상징을 좋아하셨으며, 상상력을 동원하여 스토리를 만드시길 즐기셨다.

그러나 현대 그리스도인은 상상력을 거부하고 오직 이성과 논

---

[2] C. S. Lewis, *An Experiment in Criticism*(Cambridge : Cambridge Univ. Press, 1961), 137ff.

리만을 중시하고 있다. "오늘날에는 모든 것을 신학화하려고 한다. 신학적 개념과 개요가 성경 기자들의 상상적 대담함을 대신하고 말았다."[3] 그러나 진리는 오직 우리의 이성이나 지성을 통해서만 전달되는 것은 아니다. 때로는 이미지와 상징과 은유를 통해 전달되기도 한다. 어찌 보면 현대 기독교의 약점은 모든 것을 신학화하는 데 있는 것인지 모른다. 너무 이성적인 신학과 지나치게 추상적 교리로 인해 사육된 우리의 상상력이 현실의 벽을 뛰어넘지 못하게 하는 것일 수도 있다.[4]

그렇다고 마음대로 상상의 나래를 펴라는 말은 아니다. 성경 기자가 상상력을 동원해 만들어 놓은 상징과 이미지와 은유와 환유를 통해 그가 묘사하고자 하는 하나님 나라를 볼 줄 아는 상상력을 의미하는 것이다.

세번째로 이런 상상력을 소유한 언어의 직공이 되기 위해서는 언어와의 치열한 싸움이 있어야 한다. 성경 언어의 성격과 특징은 무엇이며, 성경 언어가 성경의 신학적 내용과 역사적 자료를 어떤 방식으로 전달하고 있는지에 대해 깊은 연구가 있어야 한다. 성경의 언어는 그저 내용을 담는 중립적 용기가 아니기 때문이다. 성경 언어에 대한 깊은 이해가 없이는 이 언어로 기록된 내용을 제대로 이해할 수는 없는 노릇이다. 따라서 우리는 성경 언어의 특성, 관례, 수사적 전략, 비유적 표현 등에 대해 많은 연구를 해야 한다. 말 그대로 성경 언어와의 치열한 싸움이 있어야 한다.

---

[3] 리런드 라이컨, 상상의 승리, 59.
[4] 더 상세한 것은 필자의 논문을 참조하라. 김지찬, "설교자는 시인이 되어야 한다: 설교에 있어서 은유적 사고의 중요성," 신학지남 245(1995 겨울호), 229-271.

심지어는 허구의 이야기를 다루는 소설가도 언어에 대한 훈련을 이만저만 받지 않는다. 어떤 소설가는 자기 머리 속에 언어가 좀더 생생히 살고 명멸케 하기 위하여, 잠잘 때 국어 대사전을 베고 잔다는 말을 들은 적이 있다. 국어 대사전을 베고 자니 목은 아프고 불편하지만 잠 속에서도 언어에 대한 사랑을 늦추지 않기에 주옥 같은 문체를 쓸 수 있다는 것이다. 명창들이 득음(得音)을 하기 위해 뼈가 흔들리고 이빨이 무너지며 목에서 피를 토할 때까지 연습한다고 하지 않는가? 아니 그런 연습만으로는 안 되어서 똥물까지 퍼 마시고서야 득음을 했다는 소리꾼의 이야기는 지어낸 소리가 아니다. 진정한 경지란 피를 토하는 지고의 노력 후에만 가능한 것이다. 성경 기자가 언어와 치열한 투쟁을 거쳐 만들어 놓은 유기적 예술체인 본문을 이해하기 위해서는 적어도 그 정도의 노력이 있어야 한다.

이것은 성경을 해석하는 자들이 유의해야 할 대목이다. 그림과 음악도 궁극적으로는 전달하려는 내용이 있지만, 이를 표현하는 방식에 더 많은 신경을 쓴다. 따라서 그림이나 음악을 전공하는 사람은 그림이나 음악의 재료에 대한 이해와 습득에 남다른 각고의 연마를 거친다. 선이나 색채나 소리는 일반인이 접근하기 어려운 소재라는 생각 때문인지도 모른다. 그러나 성경의 경우에는 그렇지 못하다. 그림이나 음악의 경우만큼 형식이나 재료에 해당되는 언어에 많은 신경을 쓰지 않는다. 이것이 문제이다. 언어는 늘상 우리가 쓰고 있는 것이기에 별것 아니라고 생각하는 것 같다.

그러나 성경을 해석하는 자들은 일생 동안 언어의 집에서 살 수밖에 없다. 해석의 대상인 성경은 언어로 기록되어 있다. 해석자는 이를 자신의 언어로 해석하여, 언어로 전달해야 하는 임무를 맡고 있다. 성경 해석자는 평생 언어의 집에서 살아야 한다. 그가 작업하는 재료가 언어인 이상 언어에 대한 이해와 습득에 많은 신경을 써야 한다.

네번째로 언어의 직공이 되려면 삶에 대한 진지한 태도가 있어야 한다. 언어의 직공이 되는 것은 단지 말초적인 언어의 연습만으로 가능한 것이 아니다. 수사법을 배우고, 언어의 기교와 기술에 대해 안다고 해서 언어의 기술자가 되는 것은 아니다. 언어의 거장이 되는 것은 그저 말놀이에 능함을 의미하지 않는다. 성경 기자는 인간들이 만들어 놓은 불순종의 세계 가운데 새로운 세계, 하나님의 나라가 뚫고 들어옴을 묘사하고 있다. 성경 기자는 생생하고 구체적인 언어를 통해 이 새로운 세계, 하나님 나라의 세계를 그려내고자 애를 쓰고 있다. 세상에 뚫고 들어오는 하나님 나라의 세계를 바라보며, 그 세계를 신뢰하고 그 안에 살기로 작정하는 삶에의 진지한 태도가 있어야 한다. 이러한 세계를 경험해 본 자만이 이런 세계를 언어로 표출하고자 하는 강한 열망을 가지게 되며, 이 세계를 옳게 표현하기 위해 언어와 치열한 싸움을 하기 마련인 때문이다.

따라서 언어의 직공이 되려는 성경 해석자들은 선지자들처럼 삶에 대해 진지한 태도를 지녀야 한다. 너무 쉽게 기존 질서 안에 편입되어 정통의 탐욕에 안주하는 자에게는 인간의 현실을 초월하는 세계를 그릴 창조적 언어가 불가능하다. 현실의 벽 안에 안주하는 이성의 법칙과 현실 논리에 상상력이 사육되어, 하나님이 미래에 일으키실 위대한 구원의 세계를 바라보고 그려낼 수 있는 능력이, 즉 창조적 언어를 구사할 수 있는 힘이 없기 때문이다. 그러기에 이스라엘의 선지자들은 안도 아니고 밖도 아닌, 긴장과 경계선의 자리에 선 자들이었다. 기존 질서의 너무 안쪽으로 들어가면 진정한 창조적 언어가 태어나기 어려우며, 너무 밖으로 나가면 긴장과 시대 인식이 결핍되어 비판 기능을 감당할 수가 없다. 따라서 안과 밖, 그 사이 경계선에 긴장으로 서 있으며 삶과의 치열한 싸움을 싸울 수밖에 없었다.

그러나 선지자들은 단지 삶에의 진지한 태도를 소유한 자들만은 아니었다. 그저 자신만 옳으면 그만이라는 방관자적 태도를 지니지 않았다. 침묵이나 무보다는 언어로써 하나님의 백성들의 잘못을 지적한 인물들이었다. 대담한 상상력을 동원하여 환상의 언어로 다가오는 새로운 가능성을 지적했던 자들이 바로 선지자들이었다. 선지자들은 철저히, 언어는 존재의 집임을 믿는 자들이었다. 하이데거가 "언어는 존재의 집이다"라고 하여 유명해졌지만, 이미 수천년 전에 이스라엘 선지자들은 이 진리를 삶으로 실천하였다. 하이데거가 "언어는 존재의 집이다"라고 했을 때, 하려고 한 말이 무엇인가? 원래는 무엇인지 알 수 없었던 대상이 "해"라는 언어의 조명을 받아 "해"라는 의미를 갖는 존재가 되었다는 식으로 해석할 수 있다는 것이 아닌가? 사실상 "태초에 말씀이 계시니라"는 성경 말씀도 언어는 존재의 집임을 드러내지 않는가?

이것이 사실이라면 오늘 우리가 취해야 할 태도는 무엇인가? 성경 기자의 독창적인 유일신론적 인식은 성경 기자가 택한 언어적 표현으로 가시화되는 것이기에, 성경의 언어적 표현에 대한 이해가 없이는 성경에 대한 기본 이해는커녕 존재의 의미마저도 불투명해진다. 성경 기자가 소유한 언어의 창조적 인식 기능이 인간 존재의 의미를 새로이 조명해 주기 때문이다. 평생 성경이라는 언어의 집에서 살아야 할 그리스도인들이라면, 언어는 존재의 집임을 깨닫고, 안도 아니고 밖도 아닌, 긴장과 경계선의 자리에 서서 삶을 살아가야 할 것이다. 엄밀히 말하자면 성경 해석의 문제는 단순히 언어의 문제가 아니다. 생명이냐, 죽음이냐, 선택을 요구하는 삶과 행위의 문제이다. 그렇다면 언어의 직공이 되는 것은 삶의 직공이 되는 것이리라.

참고 도서

1. 국내 서적

김경용. 기호학이란 무엇인가. 서울 : 민음사, 1994.

김지찬. "설교자는 시인이 되어야 한다 : 설교에 있어서의 은유적 사고의 중요성", 신학지남 245. 1995, 겨울호.

김희보. 구약 아가서 주해. 서울 : 총신대학 출판부, 1994.

석원태. 솔로몬의 아가 : 아가서 강해. 서울 : 은성문화사, 1974.

이형기. 당신도 시를 쓸 수 있다. 문학사상사, 1991.

이형기. 시란 무엇인가. 서울 : 한국 문연, 1993.

정한숙. 소설 문장론. 서울 : 고려대학교 출판부, 1991.

한명수. 사람이기에 앓는 병. 서울 : 엠마오, 1991.

2. 번역서

노스롭 프라이. 문학의 구조와 상상력. 이상우 역, 서울 : 집문당, 1992.

데니스 레인. 강해 설교. 최낙재 역, 성서 유니온, 1993.

리런드 라이컨. 상상의 승리 : 기독교적 관점에서 본 문학. 최종수 역, 서울 : 성광문화사, 1982.

마크 알렌 포웰. 서사 비평이란 무엇인가. 이종록 역, 대한 예수교 장로회 총회 교육부편, 1993.

바클레이 미켈슨. 기초 성경 해석학. 원세호 역, 국제 신학 연구소, 1991.

버나드 W. 앤더슨. 구약 성서 이해 상. 하, 강성열. 노항규 공역, 서울 : 크리스챤 다이제스트, 1994.

브레바드 S. 차일즈. 성경 신학의 위기. 박문재 역, 서울 : 크리스챤 다이제스트, 1992.

아브라함 요수아 헤셀. 예언자들 상. 이현주 역, 서울 : 종로서적, 1994.

월터 브루지만. 예언자적 상상력. 김쾌상 역, 서울 : 대한 기독교 출판사, 1981.

윌리암 L. 할러데이 편집, 구약 성경의 간추린 히브리어, 아람어 사전. 손석태, 이병덕 공역, 서울 : 도서출판 참말, 1988.

윌리암 다이어네스. 주제별로 본 구약 신학. 김지찬 역, 생명의말씀사, 1984.

작크 엘룰. 뒤틀려진 기독교. 서울 : 대장간, 1994.

조엘 그린. 어떻게 예언서를 읽을 것인가. 한화룡 역, 한국 기독 학생회 출판부, 1984.

존 브라이트. 이스라엘 역사. 박문재 역, 서울 : 크리스챤 다이제스트, 1993.

존 팀머. 하나님 나라 방정식 : 예수님의 비유에 대한 새로운 접근. 류호준 역, 서울 : 크리스챤 다이제스트, 1991.

플라비우스 요세푸스. 유대 전쟁사. 2권 8장 9절, 요세푸스 전집. 제3권, 김지찬 역, 생명의말씀사, 1987.

G. 레이코프, M. 존슨. 삶으로서의 은유. 노양진, 나익주 공역, 서울 : 서광사, 1995.

J. 림버그. 예언자와 약자. 이군호 역, 서울 : 대한 기독교 출판사, 1993.

M. H. 아브람스. 문학 용어 사전. 최상규 역, 서울 : 보성출판사, 1991.

3. 원서

Alexander, J. A. *The Prophecies of Isaiah*. Grand Rapids : Zondervan, 1970 reprinting.

Alonso-Schökel, Luis. *A Manual of Hebrew Poetics*. Subsidia Biblica 11, Roma, 1988.

Andersen, F. I. and D. N. Freedman. *Hosea*. Anchor Bible, Garden City : Doubleday, 1985.

Bar-Efrat, Sh. *Narrative Art in the Bible*. JSOTS 70, Sheffield : JSOT Press, 1989.

Barclay, W. *The Letters to Timothy, Titus and Philiemon*. The Daily Study Bible, Edinburg : St. Andrew Press, 1975.

Baumgartner, W. and H. Hartmann and E. Y. Kutscher, J. J. Stamm. *Hebräische und aramäisches Lexikon zum Alten Testament*. Lief. 1, Leiden : E. J. Brill, 1967.

Bowling, Andrew. "mal'ak", in : R. L. Harris. (eds.). *Theological Wordbook of the Old Testament*. Vol. 1, Chicago : Moody Press, 1980.

Brueggemann, W. *Genesis*. Interpretation, Atlanta : John Knox Press, 1982.

Budd, P. J. *Numbers.* WBC, Waco : Word Books, 1984.

Caird, G. B. *The Language and Imagery of the Bible.* Philadelphia : Westminster, 1980.

Casssuto, U. "The Palace of Baal", *JBL* 61. 1942.

Conroy, C. *Absalom, Absalom.* Analecta Biblica 81, Rome : Biblical Institute Press, 1978.

Darr, Katheryn P. "Like Warrior, Like Woman : Destruction and Deliverance in Isaiah 42 ;10-17", *CBQ* 49. 1987.

De Moor, J. C. "'ar, 'Honey-Dew'", *Ugarit Forschungen* 7. 1975.

De Moor, J. C. *An Anthology of Religious Texts from Ugarit.* Leiden : E. J. Brill, 1987.

Dhorme, Douard. A *Commentary of the Book of Job.* T. by H. Knight, Nashville : Thomas Nelson Publishers, 1984.

Dietrich, M. and O. Loretz and J. Samnartin. *Die keilalphabetischen Texte aus Ugarit.* Bd. 1, Neukirchen-Vluyn, 1976.

Fitzmyer, Joseph A., S. J. *The Aramaic Inscriptions of Sefire.*

Biblica et Orientalia, no. 19, Rome, 1967.

Fokkelman, J. P. *Narrative Art and Poetry in the Books of Samuel.* Vol. 1, King David, Assen : Van Gorcum, 1981.

Fokkelman, J. P. *Narrative Art and Poetry in the books of Samuel.* Vol. 2, The Crossing Fates, Assen : Van Gorcum, 1986.

Gevirtz, Stanley. *Patterns in the Early Poetry of Israel.* The Oriental Institute of the University of Chicago, Studies in Ancient Oriental Covilization, no. 32, Chicago : the University of Chicago Press, 1971.

Gordis, R. *The Book of Job : Commentary New Translation and Special Studies.* New York, 1978.

Grayson, A. K. *Assyrian Royal Inscriptions.* Vol. 2, Wiesbaden, 1976.

Gressmann, H. *Altorientalische Texte und Bilder.* 2nd ed., 1926.

Heschel, Abraham J. *Prophets.* Vol. 1, New York : Harper & Row, 1969.

Hiers, Richard H. "Day of the Lord", in : D. N. Freedman(eds.). *Anchor Bible Dictionary.* Vol. 2, New

York : Doubleday, 1992.

Hobbs, T. R. *2 Kings*. WBC, Waco, Texas : Word Books, 1985.

Holladay, W. L. *Jeremiah* 1. Hermenia, Philadelphia : Fortress, 1986.

Jacob, Smith and Charles M. Jacob(eds.). *Luther's Correspondence*. United Lutheran Publication House, Philadelphia, 1918.

Jastrow, M. *A Dictionary of the Talgumim, the Talmud Babli and Yershalmi, and the Midrashic Literature*. New York : Pardes, 1950.

Jemielity, Thomas. *Satire and the Hebrew Prophets*. Literary Currents in Biblical Interpretation, Louisville : Westminster/John Knox Press, 1992.

Kautzsch, E. and A. E. Cowley. *Gesenius Hebrew Grammar*. Oxford : Clarendon Press, 1910.

Keel, Othmar. *The Symbolism of the Biblical World : Ancient Near Eastern Iconography and the Book of Psalms*. Tr. by T. J. Hallett, New York : Crossroad, 1985.

Klein, R. W. *1 Samuel*. WBC, Waco : Word Books, 1983.

Lewis, C. S. *An Experiment in Criticism*. Cambridge: Cambridge Univ. Press, 1961.

Martens, E. A. *Jeremiah*. Believers Church Bible Commentary. Scottdale, Pennsylvania: Herald Press, 1986.

Mays, J. L. *Amos*. OTL, Philadelpha: Westminster, 1969.

Mays, J. L. *Hosea*. OTL, Philadelphia: Westminster, 1969.

Nelson, R. *First and Second Kings*. Interpretation, Atlanta: John Knox, 1987.

Paul, Shalmon M. "Cuneiform Light on Jer. 9,20", *Bib* 49. 1968.

Pope, M. *Song of Songs*. Anchor Bible, Garden City: Doubleday, 1985.

Pritchard(eds.), James B. *Ancient Near Eastern Texts Relating to the Old Testament.* Princeton: Princeton Univ. Press.

Rehkopf, Friedrich. *Septuaginta-Vokabular.* Gttingen: Vandenhoeck & Ruprecht, 1989.

Rhoads, D. and D. Michie. *Mark as Story: An Introduction to the Narrative of a Gospel*. Philadelphia, 1987.

Ryken, L. *The Literature of the Bible.* Grand Rapids, 1976.

Sailhamer, J. H. *The Pentateuch as Narrative : A Biblical-Theological Commentary.* Library of Biblical Interpretation, Zondervan, 1992.

Sarna, N. M. *Exploring Exodus : The Heritage of Biblical Israel.* N.Y. : Schocken Books, 1987.

Schultz, Carl. "עוּד", In : R. L. Harris(eds.). *Theological Wordbook of the Old Testament.* Vol. 2, Chicago : Moody Press, 1980.

Soggin, J. A. *Judges.* OTL, London : SCM, 1987.

Sternberg, M. *The Poetics of Biblical Narrative : Ideological Literature and the Drama of Reading.* Bloomington : Indiana Univ. Press, 1987.

The New Brown - Driver - Briggs - Gesenius Hebrew and English Lexicon. Peabody, Massachusetts : Hendrickson Publish-ers, 1979.

Victor P. Hamilton. *The Book of Genesis : Chapters 1-17.* NICOT, Grand Rapids, 1990.

Von Rad, G. *Genesis.* OTL, Philadelphia : Westminster, 1972.

Watson, W. G. E. *Classical Hebrew Poetry : A Guide to its Techniques*. JSOTS 26, Sheffield : JSOT Press, 1986.

Wellek, R and A. Warren. *Theory of Literature : A Seminal Study of the Nature and Function of Literature in all its contexts*. London : Penguin Books, 1985.

Wenham, G. J. *Genesis 1-15*. WBC, Waco : Word Books, 1987.

Westermann, C. *Genesis 1-11 : A Commentary*. Tr. by John J. Scullion S.J., Minneapolis : Augsburg Publishing House, 1974.

Westermann, C. *Isaiah 40-66*. OTL, Philadelphia : Westminster, 1969.

Wolff, H. W. *Hosea*. Hermenia, Philadelphia : Fortress, 1974.

Wolff, H. W. *Joel and Amos*. Hermenia, Philadelphia : Fortress, 1977.

Wyatt, N. "Sea and Desert : Symbolic Geography in West Semitic Religious Thought", *Ugarit Forschungen* 19. 1987.

Youngblood, R. F. "תלע", in : R. L. Harris(eds.). *Theological Wordbook of the Old Testament*. Vol. 2, Chicago : Moody Press, 1980.

사명선언문

너희가 흠이 없고 순전하여……세상에서 그들 가운데 빛들로
나타내며 생명의 말씀을 밝혀 _ 빌 2:15-16

1. 생명을 담겠습니다
만드는 책에 주님 주신 생명을 담겠습니다.
그 책으로 복음을 선포하겠습니다.

2. 말씀을 밝히겠습니다
생명의 근본은 말씀입니다.
말씀을 밝혀 성도와 교회의 성장을 돕겠습니다.

3. 빛이 되겠습니다
시대와 영혼의 어두움을 밝혀 주님 앞으로 이끄는
빛이 되는 책을 만들겠습니다.

4. 순전히 행하겠습니다
책을 만들고 전하는 일과 경영하는 일에 부끄러움이 없는
정직함으로 행하겠습니다.

5. 끝까지 전파하겠습니다
모든 사람에게, 땅 끝까지, 주님 오시는 그날까지
복음을 전하는 사명을 다하겠습니다.

서점 안내

광화문점	서울시 종로구 새문안로 69 구세군회관 1층 02)737-2288(T) 02)737-4623(F)
강남점	서울시 서초구 신반포로 177 반포쇼핑타운 3동 2층 02)595-1211(T) 02)595-3549(F)
구로점	서울시 구로구 시흥대로 577 3층 02)858-8744(T) 02)838-0653(F)
노원점	서울시 노원구 동일로 1366 삼봉빌딩 지하 1층 02)938-7979(T) 02)3391-6169(F)
분당점	경기도 성남시 분당구 황새울로 315 대현빌딩 3층 031)707-5566(T) 031)707-4999(F)
일산점	경기도 고양시 일산서구 중앙로 1391 레이크타운 지하 1층 031)916-8787(T) 031)916-8788(F)
의정부점	경기도 의정부시 청사로47번길 12 성산타워 3층 031)845-0600(T) 031) 852-6930(F)
인터넷서점	www.lifebook.co.kr